Alles über Aktien

Stefanie Kühn, Markus Kühn

Alles über Aktien

Stiftung Warentest

Inhaltsverzeichnis

.1

ie viel Aktien können
e sich leisten?
nd Sie sicherheits-
ientiert oder
ikobereit?

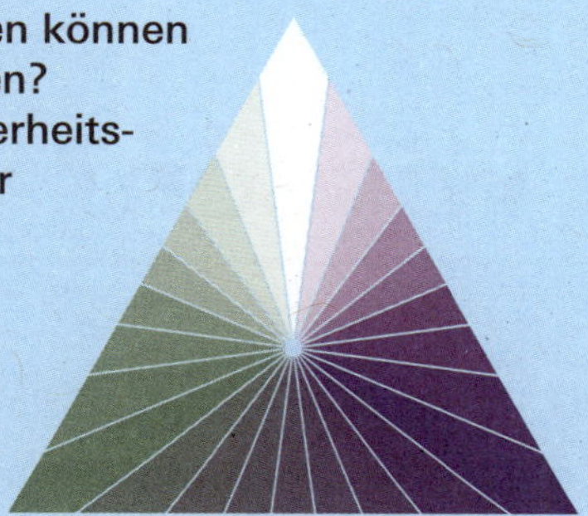

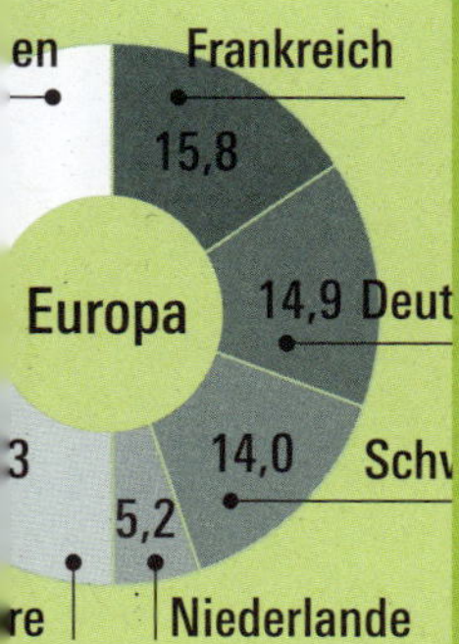

89

Aktienindizes sind die Gradmesser an der Börse. So funktionieren sie, darauf sollten Sie achten.

33

vermeiden Sie
pische Anleger-
nler. Die große
ntersuchung
n Finanztest.

Was wollen Sie wissen?

Aktien bieten hohe Renditechancen, sind aber nicht risikolos. Dieser Ratgeber zeigt Ihnen, wie Börse und Aktienanlagen funktionieren, wie Sie aussichtsreiche Werte finden und handeln können, und hilft Ihnen, teure Anlagefehler zu vermeiden.

Wie funktioniert die Börse?

Aktien und andere Wertpapiere werden an Börsen gehandelt. Fachleute sprechen zwar von „der" Börse, wenn sie den Aktienmarkt meinen, aber es gibt weltweit zahlreiche Wertpapierbörsen. Allein in Deutschland gibt es acht davon. Eine Börse ist im Grunde nichts anderes als ein organisierter Markt, auf dem spezielle Waren – an einer Wertpapierbörse eben Wertpapiere – gehandelt werden. Es gibt Präsenz- und Computerbörsen, wobei die Computerbörsen die Präsenzbörsen zunehmend verdrängen. Als Privatanleger können Sie dort nicht direkt als Händler auftreten, sondern benötigen zwischengeschaltete Vermittler. Sie kaufen die Wertpapiere bei Ihrer Bank, und diese leitet die Order an die Börse weiter. Was die zentralen Aufgaben der Börsen sind, wo die größten Börsenplätze liegen, wie und zu welchen Handelszeiten Sie dort Geschäfte tätigen können, erfahren Sie unter „Börsenwissen für Einsteiger", ab S. 45.

Ich habe 20 000 Euro geerbt. Ist es sinnvoll, sie in Aktien zu investieren?

Aktien versprechen in der Regel gute Renditechancen, allerdings kann ihr Wert erheblich schwanken. Auch erfordert die Aktienanlage einen gewissen Aufwand: Sie benötigen Zeit, um die passenden Werte zu finden und zu verwalten. Generell gilt bei der Geldanlage, dass eine vernünftige Streuung über Anlageklassen und Einzelwerte die Verlustrisiken verringern kann. Vor der Anlage des gesamten Erbes müssen Sie daher klären, welche Ziele Sie mit Ihren Anlagen verfolgen, wie viel Risiko Sie tragen und mental aushalten können und ob Aktien zu Ihrem Gesamtvermögen passen. Hilfe bei der Planung Ihrer Geldanlagen finden Sie im Kapitel „Die ersten Schritte" ab S. 13. Möchten Sie erstmalig in Aktien investieren, ist die Anlagesumme von 20 000 Euro zu gering, um mit Einzelaktien eine vernünftige Streuung zu erreichen. Auch sind dann die anteiligen Kosten zu hoch (siehe „So gehen Sie mit Aktien um", S. 127).

Kann ich mit Aktien einen Totalverlust erleiden?

Der Preis einer Aktie bestimmt sich vor allem nach dem Grundsatz von Angebot und Nachfrage. Viele Faktoren beeinflussen dabei den Marktwert eines Unternehmens, der sich in seinem Börsenkurs widerspiegelt (siehe „Was sind Aktien?", S. 56). Steckt das Unternehmen in ernsthaften Schwierigkeiten, kann das den Börsenkurs in den Keller treiben. Bei einer Insolvenz wird auch die Aktie wertlos und Anleger erleiden einen Totalverlust. Verschiedene Kennzahlen wie die Volatilität, der Betafaktor oder der Maximum Drawdown helfen, das Schwankungs- und Verlustrisiko einer Aktie einzuschätzen (siehe „Die Risiken von Aktienanlagen", S. 78).

Kann ich als Aktionär wirklich mitbestimmen?

Als Aktionär haben Sie grundsätzlich das Recht, auf der Hauptversammlung über die weitere Entwicklung des Unternehmens mitzubestimmen. Die Teilnahme dort ist ein Aktionärs-Grundrecht. Wie Sie sich für die Hauptversammlung „Ihres" Unternehmens anmelden, wie eine Hauptversammlung abläuft und welche wichtigen Punkte dort überhaupt zur Abstimmung gelangen, erfahren Sie im Abschnitt „Die Hauptversammlung" ab S. 61. Sie müssen häufig nicht persönlich teilnehmen. Oft werden alternative Beteiligungsmöglichkeiten über Internet oder Briefwahlen angeboten. Sie können auch andere Personen oder Aktionärsvereinigungen mit der Wahrnehmung Ihrer Stimmrechte beauftragen. Vom Stimmrecht in der Hauptversammlung ausgeschlossen sind Anleger, die Vorzugsaktien besitzen. Was die Vorzüge dieser Aktiengattung sind, erfahren Sie im Abschnitt „Stamm-, Namens- und Inhaberaktien" ab S. 58.

Wie wichtig ist die Dividende?

Viele Anleger investieren in Aktien, um Gewinne mit hohen Wertsteigerungen zu erzielen. Doch auch Dividendenzahlungen des Unternehmens können einiges zum Gesamtertrag eines Aktieninvestments beisteuern. So betrug die Dividende bei den 1 600 größten Unternehmen weltweit in den letzten 20 Jahren im Schnitt über 2 Prozent jährlich. Welchen Anteil am Gesamtertrag Dividendenzahlungen in verschiedenen Märkten in den letzten Jahren durchschnittlich geliefert haben, erfahren Sie im Abschnitt „Die Dividende" ab S. 63. Dort lesen Sie auch, wann Aktionäre Anspruch auf eine Dividende haben, welche Arten von Dividenden es gibt und was Sie bei Dividenden ausländischer Unternehmen beachten müssen.

Wie erkenne ich gute Aktien?

Eine gute Aktie zu erkennen, erfordert etwas Zeit und Mühe. Bei den Tausenden verschiedenen Aktien, die weltweit gehandelt werden, können Sie sich erstmal „vortasten" und überlegen, ob Sie zum Beispiel eher auf etablierte Standardwerte oder spekulative kleine Unternehmen (Small-Caps) setzen wollen. Je nach Branche können Unternehmen auch unterschiedlichen Konjunkturphasen unterliegen. Bestimmte Kennzahlen und Fundamentaldaten helfen dann, einzelne Aktien zu bewerten. Um die richtige Auswahl zu treffen, können Sie verschiedene Ansätze nutzen, wie zum Beispiel die Fundamentalanalyse. Dabei können Sie „Top-down" oder „Bottom-up" vorgehen. (Mehr dazu siehe „Aktien gezielt auswählen", S. 122.)

Muss ich mich regelmäßig um meine Aktien kümmern?

Wenn Sie Aktien nicht nur zur Spekulation, sondern zur langfristigen Geldanlage gekauft haben, müssen Sie nicht täglich die Börsenkurse verfolgen. Sie sollten aber regelmäßig, zum Beispiel jährlich, überprüfen, ob Ihre Aktienquote noch zu Ihrer persönlichen Risikoeinstellung passt. Haben sich die Aktien in einem Jahr besonders gut entwickelt, nehmen möglicherweise die Aktienanlagen einen zu großen Anteil an Ihren Gesamtanlagen ein. Dann sollten Sie reagieren und ein sogenanntes Rebalancing durchführen. Wie das geht, erfahren Sie im Abschnitt „Regelmäßig anpassen" ab S. 131. Typische Anlegerfehler bei der Aktienanlage sind „Übermäßiges Handeln" und „Verlierer aussitzen". Wie diese Fehler sich auf Ihren Anlageerfolg auswirken können und wie Sie sie vermeiden, lesen Sie auf S. 135/136 unter den gleichnamigen Abschnitten.

Welche Fehler machen Anleger? Wie kann ich sie vermeiden?

Aktienanleger überschätzen oft ihre eigenen Fähigkeiten. Nach einer Studie im Auftrag von Finanztest haben viele Anleger, die in Einzeltitel investiert haben, durchschnittlich mehr als 5 Prozent Rendite gegenüber einer einfachen Anlage in marktbreite Aktien- und Rentenindizes verschenkt. Die Jagd auf die ultimative Gewinneraktie – sozusagen die nächste Microsoft- oder Google-Aktie – oder die Anlage in hochspekulative Pennystocks haben selten etwas mit ernsthaftem Investieren zu tun. Hohe Verluste sind häufig die Folge. Aber auch die Jagd auf Aktien aus gerade angesagten Trendbranchen oder die Konzentration auf heimische Aktien verhindern oft den Anlageerfolg. Wie Sie dafür sorgen können, dass Sie nicht in diese typischen Fallen tappen, erfahren Sie im Abschnitt „Fehler, die Sie vermeiden sollten", S. 133.

Sind Fonds oder ETF eine Alternative zu Einzelaktien?

Aktienfonds bündeln das Anlagekapital vieler Anleger und investieren es in viele unterschiedliche Aktien. Bei gemanagten Fonds übernimmt ein professioneller Fondsmanager die Auswahl und Verwaltung der Einzelaktien für die Anleger. Bei börsengehandelten Indexfonds (ETF) hingegen steht von vornherein fest, in welche Werte der Fonds investiert. Sie folgen einem Index (siehe „Aktienindizes", S. 89) und entwickeln sich analog zu diesem. Egal, ob aktiv gemanagt oder ETF: Der Vorteil beider Fondsarten gegenüber Einzelaktien liegt vor allem in der breiten Risikostreuung. Sie als Anleger müssen nicht genau die richtigen Aktien finden und überwachen. Welche weiteren Vor- und Nachteile Fonds gegenüber der Einzeltitelauswahl haben, erfahren Sie im Kapitel „Aktienfonds und -ETF" ab S. 151. Möglicherweise fahren Sie auch zweigleisig und bauen sich mit Fonds/ETF eine Basisanlage auf, die Sie dann sukzessive mit interessanten Einzelwerten aufpeppen (siehe „Anlageideen mit Fonds", S. 162).

Wo kann ich Aktien kaufen?

Bevor Sie Aktien kaufen können, müssen Sie ein Depot bei einer Filial- oder Direktbank eröffnen. Dann kann es losgehen. Aktien werden meist an verschiedenen Börsen gehandelt. In Deutschland läuft ein Großteil über den elektronischen Handelsplatz Xetra an der Frankfurter Wertpapierbörse. Daneben ist aber häufig ein Kauf oder Verkauf von Aktien an einer der Regionalbörsen wie Stuttgart oder München möglich. Anleger sollten hier auf den günstigsten Kurs, aber vor allem auch auf den Umsatz und den Spread achten. Beim Kauf von ausländischen Aktien müssen Sie Ihre Order häufig an einer ausländischen Börse platzieren. Banken und Discountbroker bieten anstelle des Wertpapierhandels über die Börse einen sogenannten Direkthandel an. Der Direkthandel ist auch zu Zeiten möglich, in denen die Börsen geschlossen haben. Allerdings ist er oft nicht so transparent wie der Börsenhandel (siehe „Aktien handeln", S. 146).

Wie kann ich beim Aktienkauf sparen?

Geringere Kosten bei der Aktienanlage bedeuten automatisch eine höhere Rendite. Zwei wesentliche Stellschrauben sind dabei die Depotgebühren und die Transaktionskosten. Anleger, die bereit sind, bei Ihrer Bank auf Onlinebanking umzusteigen oder zu einer Direktbank zu wechseln, haben immense Sparmöglichkeiten. Ein Wechsel zu einem kostenlosen Wertpapierdepot bei einer Direktbank ist einfacher, als viele denken. Auch die Kosten für eine Aktienorder (Kauf oder Verkauf von Aktien) betragen bei Direktbanken häufig nur einen Bruchteil dessen, was Filialbanken in Rechnung stellen. Die Preismodelle unterscheiden sich hier aber mitunter stark. Je öfter Sie Wertpapiere handeln, umso größer ist Ihr Sparpotenzial, wenn Sie die Bank mit dem für Sie passenden Gebührenmodell wählen. Weitere Einzelheiten dazu erfahren Sie im Abschnitt „So finden Sie die richtige Bank und das passende Depot", S. 40.

Die ersten Schritte

Aktienbasierte Anlagen gehören in jedes breit gestreute Portfolio. Der Erfolg Ihrer Geldanlagen hängt aber entscheidend davon ab, dass diese im Zusammenspiel mit Ihren anderen Investments zu Ihren Zielen passen. Worauf es dabei ankommt, erfahren Sie in diesem Kapitel.

Das ist wichtig bei der Geldanlage

Der Erfolg der Geldanlage hängt in erster Linie davon ab, wie gut sie geplant ist. Die Auswahl der Einzelprodukte ist erst der zweite Schritt.

„Auch der weiteste Weg beginnt mit einem ersten Schritt." Dieses Zitat wird dem chinesischen Philosophen Konfuzius (551 bis 479 vor Christus) zugeschrieben. Zwar hat er dabei vermutlich nicht an die Geldanlage gedacht, dennoch lässt es sich gut darauf übertragen. Bevor Sie damit anfangen, Ihr Geld willkürlich in Aktien zu investieren, die vielleicht hohe Renditen versprechen, sollten Sie beurteilen können, ob diese zu Ihren Zielen und Erwartungen passen. Dazu benötigen Sie ein solides Grundwissen darüber, wie Geldanlage funktioniert. Zudem sollte eine genaue Analyse Ihrer persönlichen Ausgangssituation am Anfang jeder Anlageentscheidung stehen. Wo stehen Sie heute finanziell? Wofür wollen Sie sparen, wann benötigen Sie das Geld wieder, wie sicher sollen Ihre Anlagen sein, und welche Rendite streben Sie an?

All diese Fragen zu klären und dann die richtigen Entscheidungen zu treffen, erfordert einen gewissen Aufwand. Aber schließlich arbeiten Sie hart für Ihr Geld, und das Gleiche sollte Ihr Geld für Sie tun. Wenn Sie noch kein Anlageprofi sind, sollten Sie daher mit diesen ersten Schritten beginnen, bevor Sie sich in den folgenden Kapiteln ab S. 55 mit den Besonderheiten von Aktien beschäftigen. Starten wir also mit einem kleinen Crashkurs zur Geldanlage.

Das magische Dreieck der Geldanlage

Die ideale Geldanlage brächte eine hohe Rendite, wäre absolut sicher und könnte jederzeit wieder ohne Verlust zu Geld gemacht werden. Leider gibt es diese eine Anlage nicht. Sie können zwar aus einer unüberschaubaren Anzahl an Finanzprodukten auswählen. Aber bei keiner Anlageform sind optimaler Ertrag, maximale Sicherheit und jederzeitiger Zugriff gleichzeitig zu erreichen. Sonst hätte man die eierlegende Wollmilchsau der Geldanlage gefunden.

Ein bekanntes Modell, um diese Zielkonflikte zu beschreiben, ist das „Magische Dreieck der Geldanlage". Dieses hat nichts mit Zauberei zu tun, sondern veranschaulicht, dass bei jeder Anlage grundsätzlich drei verschiedene Ziele verfolgt werden. Diese sind Rendite, Sicherheit und Verfügbarkeit einer Anlage, Fachleute sprechen von Liquidität. Sie bilden die Eckpunkte des magischen Dreiecks. Oft muss man bei einer Anlage Abstriche bei einem Ziel machen, wenn ein anderes stärker im Vordergrund steht. So besteht beispielsweise zwi-

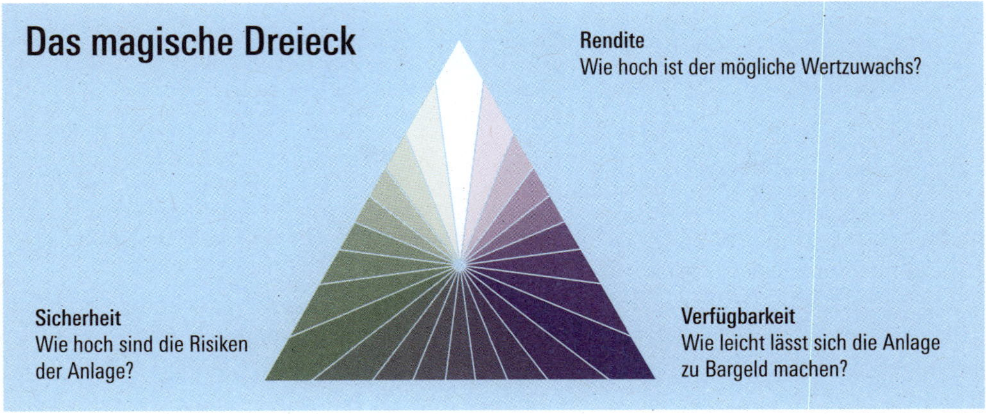

schen den Zielen Rendite und Sicherheit regelmäßig ein Konflikt, da der Preis für höhere Renditechancen fast immer ein höheres Risiko und damit eine weniger sichere Anlage ist.

Man könnte das magische Dreieck noch um weitere Eckpunkte erweitern. So können weitere wichtige Kriterien bei der Geldanlage sein:

- Bequemlichkeit. Wie viel Aufwand möchten Sie mit der Auswahl und Verwaltung einer Geldanlage in Kauf nehmen?
- Ethische Gesichtspunkte. Das können Fragen sein wie: „Welche Auswirkungen hat das Investment auf die Umwelt, zukünftige Generationen oder die Menschen eines Landes?"
- Steuern. Auch Steuersparmöglichkeiten werden vereinzelt als Eckpunkt eines magischen Vielecks angesehen.

Diese Zielkonflikte zeigen, dass es bei der Auswahl der richtigen Anlageform vor allem auf eines ankommt: Sie muss zu Ihren Anlagezielen passen. Sie müssen wissen, zu welchem Zweck und wie lange Sie Ihr Geld anlegen wollen. So haben unter anderem Ihr Alter, Ihr Familienstand und Ihre persönlichen Lebensumstände Einfluss auf die Wahl der für Sie passenden Geldanlagen.

Ihre persönlichen Anlageziele können zum Beispiel sein:

- Ich möchte die Familie absichern
- Ich möchte für bestimmte Anschaffungen sparen
- Ich möchte fürs Alter vorsorgen
- Ich möchte Geld für die Ausbildung meiner Kinder zurücklegen
- Ich benötige Eigenkapital, weil ich ein Haus oder eine Wohnung kaufen möchte
- Ich möchte Rücklagen für Notfälle bilden
- Ich möchte vorzeitig in den Ruhestand gehen
- Ich plane eine Weltreise
- Ich möchte ein Unternehmen gründen

Wenn Sie sich im Klaren über Ihre Spar- und Anlageziele sind, wissen Sie auch, welcher Eckpunkt des magischen Dreiecks für Sie Priorität hat und wo Sie bereit sind, Einschränkungen in Kauf zu nehmen. So ist beispielsweise beim Ziel „Altersvorsorge" die Verfügbarkeit der Anlage nicht so wichtig, wohl aber die Rendite und die Sicherheit.

Die Rendite einer Anlage

Die Rendite oder auch Rentabilität einer Anlage zeigt ihren Erfolg. Vereinfacht gesagt ist dies der Ertrag, den das eingesetzte Kapital innerhalb einer bestimmten Zeit erwirtschaftet. Die Rendite wird üblicherweise auf ein Jahr umgerechnet und in Prozent angegeben.

Je nachdem, um welche Art der Anlage es sich handelt, kann die Rendite schon von Anfang an feststehen, oder sie ergibt sich erst mit der Veräußerung der Anlage. Bei den meisten festverzinslichen Produkten lässt sich die Rendite vorab berechnen, wenn Anleger sie bis zum Laufzeitende halten. Denn die für die Renditeberechnung notwendigen Angaben wie Rückzahlungstermin und jährliche Ausschüttungen sind von Anfang an festgelegt. Anders sieht es im Aktien- oder Fondsbereich aus. Diese haben keine feste Laufzeit, sodass die Rendite nur zu einem bestimmten Stichtag oder beim Verkauf rückwirkend bestimmt werden kann. Die Rendite einer Aktienanlage hängt insbesondere von der Wertentwicklung und den Ausschüttungen ab. Letztere, die sogenannte Dividende, ist wiederum vom Jahresgewinn des Unternehmens abhängig.

Generell gilt: Je größer die Renditechancen, desto größer das Risiko. Bei Anlagen, bei denen auch die Substanz an Wert gewinnen kann – zum Beispiel bei Aktien –, sind höhere Erträge möglich als bei Festzinsanlagen, bei denen nur ein Zinsertrag fließt, der Substanzwert jedoch gleich bleibt. Aktien können dafür aber auch stärker an Wert verlieren, wenn es bei den Unternehmen schlecht läuft. Suchen Sie eine sehr sichere Anlage, bei der Verluste ausgeschlossen sind, müssen Sie daher auf Renditechancen verzichten. Kommt es Ihnen hingegen auf hohe Ertragschancen an, müssen Sie mögliche Verluste in Kauf nehmen.

Im Zweifel für die Verfügbarkeit

Bei zwei Anlagen mit annähernd gleicher Sicherheit und gleichen Ertragschancen sollten Sie grundsätzlich die mit der höheren Liquidierbarkeit wählen, also diejenige, die Sie schneller wieder zu Geld machen können.

Ein häufig anzutreffender Glaubenssatz ist: „Ein Prozent mehr oder weniger Rendite – was macht das schon?“ Wenn Sie Ihre Erinnerung an Zinseszins-Berechnungen, die Sie sicherlich im Mathematikunterricht gemacht haben, hervorholen und anwenden, werden Sie sehen, dass ein Prozent mehr Rendite eine ganze Menge ausmachen kann. Auch ohne Rechenkünste können Sie den Zinseszins einer Anlage leicht mit Rechentools im Internet berechnen, wie zum Beispiel unter www.zinsen-berechnen.de/zinsrechner.php.

Einen Überblick über die Bedeutung des Zinseszinses gibt Ihnen die ➚ Tabelle „Das bringt der Zinseszinseffekt bei Einmalanlagen“. Sie sehen daraus, dass Sie bei einer Anlagesumme von 10 000 Euro schon nach zehn Jahren leicht mehr als 1 000 Euro extra verdienen können, wenn Sie nur ein Prozent mehr Rendite erzielen. Legen Sie noch länger an, kann sich der Zinseszinseffekt besonders gut auswirken. Legen Sie 20 Jahre lang an und erzielen jährlich 4 Prozent Rendite, erhalten Sie insgesamt 11 911 Euro Zinsen. Bei 3 Prozent Rendite wären es nur 8 061 Euro. Bezogen auf Ihr eingesetztes Kapital von 10 000 Euro würden Sie bei 4 Prozent Verzinsung 38,5 Prozent

Das bringt der Zinseszinseffekt bei Einmalanlagen

So viel Euro haben Sie bei einer Anlagesumme von 10 000 Euro nach … Jahren Laufzeit bei einem Zinssatz von … Prozent.

Laufzeit in Jahren	Anlageergebnis einer Einmalanlage von 10 000 Euro bei einem Zins von						
	1,0 %	2,0 %	3,0 %	4,0 %	5,0 %	6,0 %	7,0 %
1	10 100	10 200	10 300	10 400	10 500	10 600	10 700
2	10 201	10 404	10 609	10 816	11 025	11 236	11 449
3	10 303	10 612	10 927	11 249	11 576	11 910	12 250
4	10 406	10 824	11 255	11 699	12 155	12 625	13 108
5	10 510	11 041	11 593	12 167	12 763	13 382	14 026
6	10 615	11 262	11 941	12 653	13 401	14 185	15 007
7	10 721	11 487	12 299	13 159	14 071	15 036	16 058
8	10 829	11 717	12 668	13 686	14 775	15 938	17 182
9	10 937	11 951	13 048	14 233	15 513	16 895	18 385
10	11 046	12 190	13 439	14 802	16 289	17 908	19 672
11	11 157	12 434	13 842	15 395	17 103	18 983	21 049
12	11 268	12 682	14 258	16 010	17 959	20 122	22 522
13	11 381	12 936	14 685	16 651	18 856	21 329	24 098
14	11 495	13 195	15 126	17 317	19 799	22 609	25 785
15	11 610	13 459	15 580	18 009	20 789	23 966	27 590
16	11 726	13 728	16 047	18 730	21 829	25 404	29 522
17	11 843	14 002	16 528	19 479	22 920	26 928	31 588
18	11 961	14 282	17 024	20 258	24 066	28 543	33 799
19	12 081	14 568	17 535	21 068	25 270	30 256	36 165
20	12 202	14 859	18 061	21 911	26 533	32 071	38 697

(3850 Euro) – nicht nur 1 Prozent – mehr Geld zurückbekommen, als wenn Sie nur für 3 Prozent anlegen würden. Deshalb unterscheiden Fachleute zwischen Prozent und Prozentpunkt. Genau genommen beträgt der Unterschied zwischen 3 und 4 Prozent Rendite nicht ein Prozent, wie man gern umgangssprachlich sagt, sondern einen Prozentpunkt. Und ein Prozentpunkt mehr oder weniger Rendite macht eine ganze Menge aus – eben weit mehr als ein Prozent.

Wenn Sie wissen wollen, wie rentabel Ihre Anlagen wirklich waren, dürfen Sie nicht nur auf die Erträge, die sogenannte Bruttorendite, schauen.

Wenn Sie wissen wollen, wie rentabel Ihre Anlagen wirklich waren, dürfen Sie nicht nur auf die Erträge, die sogenannte Bruttorendite, schauen. Denn einen Teil der Bruttorendite zehren Kosten (zum Beispiel Depotgebühren, Kauf- und Verkaufsgebühren, Provisionen) wieder auf. Auch das Finanzamt will in Form von Steuern an Ihrem Anlageerfolg beteiligt werden. Was Ihnen danach verbleibt, ist die Nettorendite Ihrer Anlagen nach Steuern. Ist diese niedriger als die allgemeine Steigerung der Lebenshaltungskosten (Inflation), haben Sie letztlich sogar Geld verloren.

Das bleibt von Ihrer Investition nach Abzug der Inflation – ein Beispiel:

Anlagebetrag	10 000,00 €
minus Kaufgebühren	– 50,00 €
Tatsächliche Anlage	**9 950,00 €**
3 % Zinsen auf 9 950 Euro	**298,50 €**
minus Abgeltungsteuer auf Zinsen	–78,73 €
minus Verkaufsgebühren von 0,5 % auf die tatsächliche Anlage	–49,75 €
minus Kaufkosten	–50,00 €
Ertrag nach Kosten und Steuern	**120,02 €**
Nettorendite nach Steuern in Prozent	1,2 %
Inflationsrate	–0,8 %
Ergebnis nach Inflation	**0,4 %**

Das Beispiel zeigt, dass es wichtig ist, auch Anlagen mit höheren Renditechancen, wie zum Beispiel Aktien, in Ihre Überlegungen mit einzubeziehen.

Manchmal schreiben Banken und Finanzdienstleister in ihren Werbebroschüren von der „durchschnittlichen Wertentwicklung" einer Anlage. Diese ist grundsätzlich höher als die Rendite. Hier wird der Zinseszinseffekt zur Beschönigung der Ertragsstärke missbraucht.

Sie sollten auch nicht den Fehler machen, bei mehrjährigen Anlagen die Wertentwicklungen einfach zu addieren. Hat eine Aktie im ersten Jahr eine Wertentwicklung von 20 Prozent erzielt und im zweiten Jahr einen Verlust von 10 Prozent, beträgt die Gesamtperformance nur 8 Prozent – nicht, wie viele meinen (20 Prozent minus 10 Prozent =) 10 Prozent. Denn bei einem angenommenen Kaufkurs von 100 Euro stieg der Wert auf 120 Euro im ersten Jahr und fiel dann auf 108 Euro, was einer Wertsteigerung von 8 Prozent entspricht.

Sicherheit und Risiken

Unter Sicherheit verstehen die meisten Anleger die Wahrscheinlichkeit, das eingesetzte Kapital am Ende der Laufzeit oder bei einem Verkauf wieder vollständig zurückzubekommen.

Kapitalverluste können unterschiedliche Gründe haben. Je nach Anlageklasse (Aktien, Festzinsanlagen, Immobilien etc.) sind sie unterschiedlich ausgeprägt. So kann vielleicht nicht der gesamte Kapitaleinsatz gefährdet sein, dafür besteht die Gefahr, dass die Erträge geringer ausfallen als erwartet (Ertragsrisiko). Das kann beispielsweise der Fall sein, wenn die Gewinne und damit die Dividende bei einem Aktienunternehmen zurückgehen oder eine Immobilie nur zu einem geringeren Mietpreis weitervermietet werden kann.

Bei börsennotierten Wertpapieren müssen Sie einkalkulieren, dass sie im Wert schwanken (Kursrisiko). Daneben besteht bei Anlagen in fremder Währung ein Währungsrisiko. Ändert sich der Wechselkurs der Fremdwährung zum Euro, beeinflusst das ihren Wert. Ein Währungsrisiko stellt gleichzeitig aber eine Währungschance dar. Ihre Rendite steigt, wenn der Euro-Wechselkurs nach dem Kauf einer ausländischen Aktie fällt. Sie erhalten dann beim Verkauf in Euro mehr Euros für Ihre Aktie.

Sie müssen bei jeder Geldanlage genauer hinschauen, welche Risiken (und damit auch Chancen) diese aufweist, und abwägen, ob Sie lieber mehr Sicherheit oder mehr Rendite haben wollen.

30 SEKUNDEN FAKTEN

Riskantere Aktienanlagen bieten höhere Renditechancen als ein sicheres Sparbuch. Das zeigen auch Zahlen **der letzten 20 Jahre.**

7 %

jährliche Rendite konnten **Aktien** trotz des Zusammenbruchs der New Economy Anfang des Jahrtausends und der Finanzkrise erzielen.

4,8 %

Plus im Jahr brachte ein Portfolio aus je einem **Aktien- und Renten-ETF.**

1 %

Zinsen hätten Sie mit einem **Sparbuch** im Jahr erzielt.

Quelle https://index.fmh.de/fmh-index/zinsentwicklung/detailversion/.

Die größten Zielkonflikte im magischen Dreieck der Geldanlage bestehen in der Regel zwischen den Ertragsaussichten und der Sicherheit einer Anlage. Daneben spielt aber auch die Liquidität eine entscheidende Rolle bei der Suche nach der individuell passenden Anlageform. Je liquider Ihre Geldanlagen sind, umso schneller können Sie wieder über sie verfügen. Der Haken dabei ist, dass liquidere Anlagen oft niedrigere Renditen erwarten lassen. Zum Beispiel erhalten Sie grundsätzlich höhere Zinsen bei Festzinsanlagen, je länger Sie Ihr Geld festlegen. Für das höchst liquide Girokonto erhalten Sie meist keine Zinsen.

Einen Teil Ihres Vermögens müssen Sie liquide halten, um Ihre täglichen Rechnungen und auch die außerplanmäßigen bezahlen zu können. Dafür benötigen Sie eine ➚ Notfallreserve. Wenn Sie nicht liquide genug sind, weil Sie Ihr gesamtes Geld in langlaufende Anlagen gesteckt haben, besteht die Gefahr, dass Sie sich für ungeplante Ausgaben Geld leihen und dafür Verzugs- und Überziehungszinsen zahlen müssen, die höher sind als die Renditen Ihrer Geldanlagen. Achten Sie daher auf eine Balance zwischen Liquidität und Renditechancen Ihrer Anlagen.

Mehr dazu siehe „Eine Notfallreserve ist Pflicht", S. 24.

Neben Anlagen, bei denen Sie von vornherein wissen, dass Sie erst nach einer bestimmten Zeit wieder an Ihr Geld kommen, gibt es Anlagen, die Sie zwar täglich verkaufen und zu Geld machen können, aber es ist ungewiss, zu welchem Preis. Eine Aktie ist sehr liquide, da sie börsentäglich verkauft werden kann – der Preis in der Zukunft ist jedoch unbekannt. Es kann daher sein, dass die Aktie gerade tief im Minus steckt, wenn Sie das Geld zu einem bestimmten Zeitpunkt in nicht allzu ferner Zukunft brauchen. Möchten Sie beispielsweise liquide bleiben, weil Sie nach einer Immobilie für sich suchen, wäre ein Aktieninvestment daher nicht die passende liquide Anlage.

Wie bequem soll es sein?

Für manchen Anleger sind ein geringer Aufwand sowie die leichte Verständlichkeit wichtige Faktoren bei der Entscheidung für eine Geldanlage. Das magische Dreieck der Geldanlage wird sozusagen um den Punkt „Bequemlichkeit" zum Viereck erweitert. Eine bequeme Geldanlage zeichnet sich grundsätzlich dadurch aus, dass Sie diese und das Marktumfeld während der Laufzeit kaum beobachten müssen. Beispiele für solche Anlagen sind Festzinsanlagen bei Banken und Sparkassen. Diese kann ein Anleger nach dem Abschluss grundsätzlich einfach bis zum Ende der Laufzeit liegen lassen. Würde er mit seinem Geld hingegen ein Portfolio aus Einzelaktien aufbauen, sollte er dieses regelmäßig beobachten, um auf Marktveränderungen oder Unternehmensnachrichten reagieren zu können.

Anleger müssen bei bequemen Produkten meist bereit sein, teilweise erhebliche Abstriche bei der Rendite in Kauf zu nehmen. Zumindest innerhalb der gleichen Produktart sollten sich aber auch bequeme Anleger die Mühe machen, die besten Angebote zu finden, denn auch dort können die Ertragsaussichten stark voneinander abweichen. So kann beispielsweise das Festzinsangebot der Hausbank wesentlich schlechter sein als das einer Direktbank.

Nicht alle Eier in einen Korb

Vorsichtige Sparer und Anleger, die mit riskanteren Anlageformen einmal Verluste erlitten haben, neigen dazu, ihr Kapital ausschließlich in eine Anlageform zu stecken, die sie für sicher halten. Doch wer sein ganzes Geld auf einem Sparbuch oder in deutschen Staatsanleihen parkt, begeht womöglich einen schweren Anlagefehler. Will er beispielsweise für sein Alter vorsorgen, könnte die erwirtschaftete Rendite viel zu niedrig sein, um im Ruhestand davon leben zu können.

Viele Untersuchungen haben bestätigt, dass Anleger das Risiko ihrer Geldanlagen senken können, wenn sie „nicht alle Eier in einen Korb legen". Fällt der Korb runter, sind alle Eier kaputt. Hat man die Eier (das zur Verfügung stehende Geld) auf mehrere Körbe (Anlageklassen und -produkte) verteilt, ist das Verlustrisiko wesentlich geringer.

Das ist der Kern der modernen Portfoliotheorie, für die Harry Markowitz 1989 den Nobelpreis für Wirtschaftswissenschaften erhielt. Markowitz wies nach, dass eine vernünftige Streuung des Kapitals auf verschiedene Anlageformen und -länder das Verlustrisiko eines Portfolios vermindern und dabei sogar die Renditechancen erhöhen kann. Auch wenn es verschiedene Kritikpunkte an der Portfoliotheorie gibt und Teile davon sogar als überholt gelten, ist diese Kernaussage weiterhin richtig.

Der erste Überblick

Bevor Sie Geld investieren, sollten Sie wissen, was Sie schon besitzen und wie viel Sie überhaupt zum Anlegen übrig haben. Starten Sie mit einer Bestandsaufnahme und einer Notfallreserve.

Bevor Sie mit dem Investieren beginnen, müssen Sie erst einmal herausfinden, wie viel Geld Ihnen dafür überhaupt zur Verfügung steht. Haben Sie eine bestimmte Summe geerbt und wollen diese jetzt anlegen, kennen Sie den Anlagebetrag natürlich. Im ersten Schritt sollten Sie überlegen, ob Sie eventuelle Kredite ablösen können. Meist bietet das die höchste Rendite. Das ziehen Sie vom zur Verfügung stehenden Geld ab, der Rest ist Ihr Anlagebetrag.

Anders ist es, wenn Sie auf ein Ziel hin sparen. Wollen Sie beispielsweise für die Altersvorsorge regelmäßig sparen, ist es sinnvoll, sich zunächst darüber klar zu werden, wie viel Sparen Sie sich leisten können. Eines der wichtigsten Hilfsmittel dazu ist ein Haushaltsbuch.

In dieses schreiben Sie über ein paar Monate alle Ihre Ausgaben und Einnahmen. Das, was am Monatsende regelmäßig übrig bleibt, ist Ihr möglicher Sparbetrag.

Das Führen eines Haushaltsbuches hat aber meist noch einen zusätzlichen positiven Effekt: Es hilft Ihnen herauszufinden, wo „Geldfresser" in Ihrem Alltag versteckt sind. Das können beispielsweise Abonnements für Zeitschriften sein, die Sie gar nicht mehr lesen, oder Beiträge für Vereine, die Sie schon lange nicht mehr besuchen. Durchforsten Sie Ihre Ausgaben kritisch danach, auf welche Posten Sie verzichten oder welche Ausgaben Sie senken könnten.

Haushaltsbücher finden Sie im Buch- und Schreibwarenhandel. Es muss nicht das klassische Buch sein. So finden Sie im Internet kostenlose Haushaltsbuch-Programme. Mit diesen können Sie sich dann unter anderem auch grafische Auswertungen Ihres Einnahme-/Ausgabeverhaltens erstellen lassen.

Es reicht aber nicht, zu wissen, wie hoch Ihr monatliches Sparpotenzial ist, um mit der Geldanlage loszulegen. Sie sollten sich auch einen Überblick darüber verschaffen, welche Anlagen Sie schon besitzen. Häufig schließen Sparer bei ihrer Bank einfach neue Produkte ab, wenn sie mal wieder etwas Geld übrig haben, ohne sich darüber im Klaren zu sein, wie sich dies auf ihre Gesamtvermögensverteilung und die persönliche Risikoeinstellung auswirkt. Um Chancen und Risiken Ihres vorhandenen Vermögens richtig beurteilen und anschließend optimieren zu können, sollten Sie daher zunächst eine Bestandsaufnahme machen.

Größere Unternehmen sind gesetzlich verpflichtet, regelmäßig Bilanzen über ihre Vermögenswerte und Verbindlichkeiten aufzustellen. Dabei werden die Vermögensgegenstände und Darlehen geordnet erfasst und bewertet. Das Gleiche können und sollten auch Privatanleger tun.

So bringen Sie Ordnung in Ihre Kapitalanlagen

Tragen Sie alle Ihre Vermögensgegenstände zusammen und ordnen Sie sie nach den folgenden Anlageklassen:

▶ **1. Liquidität**

a. Girokonto
b. Tagesgeldkonto
c. Geldmarktfonds

▶ **2. Festverzinsliche Anlagen**

a. Festgelder/Sparbriefe
b. Anleihen (Staatsanleihen, Unternehmensanleihen, Pfandbriefe)
c. Bausparverträge
d. Rentenfonds

▶ **3. Aktieninvestments**

a. Einzelaktien
b. Aktienfonds/ETF
c. Zertifikate auf Aktien und Aktienindizes

▶ **4. Immobilien**

a. Vermietete Immobilien
b. Offene Immobilienfonds

- **5. Sonstige Vermögenswerte**
  a. Kapitallebensversicherungen
  b. Private Rentenversicherungen

- **6. Beteiligungen**
  Zum Beispiel geschlossene Immobilienfonds, Schiffsfonds, Containerfonds, Bürgerbeteiligungen

- **7. Rohstoffanlagen**
  a. Goldanlagen
  b. Rohstoffzertifikate/ETC

Nicht aufzuführen brauchen Sie Vermögenswerte, die Sie nicht zur Kapitalanlage besitzen. Dazu gehört insbesondere das Eigenheim. Denn dieses besitzen Sie in der Regel nicht als Kapitalanlage, sondern weil Sie sich darin wohlfühlen wollen. Sie werden Ihr Familienheim wohl kaum veräußern, um das Geld in andere Kapitalanlagen umzuschichten.

Ebenfalls nicht in die Vermögensbilanz aufnehmen sollten Sie Vermögenswerte, die sich kaum bewerten oder nur zu einem niedrigen Preis veräußern ließen, wie Antiquitäten oder Briefmarkensammlungen. Auch der Hausrat oder das Auto gehören nicht in die Bilanz, diese sind kein Kapitalanlagevermögen, sondern Dinge, die Sie zum täglichen Leben benötigen.

Wenn Sie gerade dabei sind, Ihr Vermögen zu ordnen, bietet es sich an, dass Sie die Unterlagen Ihrer Anlagen in Ordnern zusammenfassen, die Sie entsprechend den Anlageklassen unterteilen und beschriften. Sortieren Sie unwichtige Schreiben wie Werbung aus und legen Sie sich eine Systematik zu, auf die Sie jederzeit zurückgreifen können. Ordnen Sie zukünftig alle wichtigen Schreiben und Unterlagen in diese Ordner (neueste Schreiben immer nach oben), und Sie behalten stets den Überblick über Ihre Finanzanlagen.

So bewerten Sie Ihre Anlagen

Grundsätzlich sollten Sie alle Ihre Anlagen mit deren aktuellen Werten ansetzen. Dazu können Sie bei Aktien, Fonds und Anleihen einen aktuellen Depotauszug heranziehen. Für sonstige Bankanlagen nutzen Sie die entsprechenden Kontoauszüge. Haben Sie Kapitallebens- oder Rentenversicherungen, erhalten Sie gewöhnlich eine jährliche Mitteilung über die aktuellen Rückkaufswerte. Wenn nicht, fordern Sie diese an.

Bei Immobilien ist es naturgemäß schwieriger, den aktuellen Verkehrswert zu bestimmen. Hier können Sie vorsichtig schätzen, welchen Preis Sie bei einem Verkauf erzielen könnten. Dazu können Sie vergleichbare Immobilien heranziehen, die bei den großen Immobilienportalen im Internet zum Verkauf stehen. Oder Sie nutzen die dort angebotenen Immobilienbewertungen, die kostengünstig einen recht guten Orientierungswert finden. Natürlich könnten Sie auch einen Sachverständigen oder Makler mit der Bewertung beauftragen, was entsprechend teurer wäre.

Auch Beteiligungen sind während der Laufzeit schwer zu bewerten, da sie sich vor Ende der Laufzeit kaum veräußern lassen. Manchmal gibt es Nachfrage nach bestimmten „gebrauchten" geschlossenen Fonds. Im Internet (www.zweitmarkt.de) führt die von den Börsen

Hamburg und Hannover initiierte „Fondsbörse Deutschland“ als größte Handelsplattform auf dem Zweitmarkt für geschlossene Fonds Anbieter und Käufer zusammen. Die Kaufpreise liegen meist weit unter den ursprünglichen Investitionssummen. Sollte Ihre Beteiligung hier geführt werden, können Sie den Kurs, mit dem sie gehandelt wird, als Grundlage für Ihre Bewertung nehmen. Wird beispielsweise ein Anteil an dem geschlossenen Fonds, bei dem Sie investiert sind, zum Kurs von 30 Prozent gehandelt, multiplizieren Sie Ihre Investitionssumme mit 30 Prozent und tragen diesen Wert in Ihre Bilanz ein.

Ihre Vermögensbilanz

Alle Ihre Kapitalanlagen und deren Werte tragen Sie auf der linken Seite Ihrer Bilanz bei den Aktiva ein. Diese Seite der Bilanz zeigt, wie Ihr Vermögen derzeit angelegt ist. Wie eine Bilanz aussehen kann, zeigt die ➚ Grafik „Die Bilanz: Ein Beispiel“.

Um neben Ihrem Brutto-Gesamtvermögen auch Ihr Netto-Gesamtvermögen (Eigenkapital) darstellen zu können, müssen Sie noch Ihre Verbindlichkeiten in die rechte Seite der Bilanz eintragen. Diese Seite zeigt, wo Ihr Vermögen herkommt. Setzen Sie auch hier die aktuellen Darlehensstände an. Aus der Differenz von Aktiva und Verbindlichkeiten errechnet sich Ihr Nettovermögen.

Wenn Sie die einzelnen Anlageklassen, zum Beispiel Ihre Aktieninvestments, ins Verhältnis zur Summe Ihrer Aktiva setzen, können Sie anhand der Prozentwerte leicht erkennen, wie Ihre Vermögensverteilung, die sogenannte Asset-Allocation, aussieht. In unserem Beispiel machen die Aktieninvestments rund 10 Prozent aus ((21 000 Euro / 204 000 Euro) x 100).

Wenn Sie mit Excel oder OpenOffice Calc arbeiten, können Sie sich mit der Diagramm-Funktion ein anschauliches Kuchendiagramm Ihrer Vermögensverteilung darstellen lassen.

Eine Notfallreserve ist Pflicht

Bevor Sie aber mit der Umschichtung Ihrer Geldanlagen oder dem Sparen anfangen, sollten Sie sicherstellen, dass Sie eine ausreichende Notfallreserve besitzen. Denn nicht immer läuft alles im Leben nach Plan. Arbeitslosigkeit, eine längere Krankheit oder aber auch mehrere teure Haushaltsgeräte, die ausgerechnet zur gleichen Zeit ihren Dienst versagen, können für Ihre Finanzen ganz schön Stress bedeuten.

„Als Faustregel für die Höhe der Notfallreserve können Sie die Summe veranschlagen, die Sie benötigen, um drei bis fünf Monate ohne Einkommen bewältigen zu können.

Bilden Sie für solche Fälle eine Notfallreserve, auf die Sie jederzeit zugreifen können. Denn müssen Sie Ihr Girokonto überziehen oder gar einen Kredit aufnehmen, zahlen Sie dafür meist viel höhere Zinsen, als Sie mit Ihren Geldanlagen verdienen können. Als Faustregel für die Höhe der Notfallreserve können

Die Bilanz: Ein Beispiel

Auf der linken Seite unter „Aktiva" finden Sie die Vermögensverwendung, auf der rechten unter „Passiva" die Vermögensherkunft.

Wie ist das Vermögen angelegt? (Aktiva)

	in Euro	in %
Liquidität	**8 000**	**4%**
Girokonto	3 000	
Tagesgeldkonto	5 000	
Festverzinsliche Anlagen	**30 000**	**15%**
Rentenfonds	20 000	
Festgeld	5 000	
Bundesanleihe	5 000	
Aktieninvestments	**21 000**	**10%**
Aktienfonds	17 000	
Einzelaktien	4 000	
Immobilien	**110 000**	**54%**
Vermietete Eigentumswohnung	110 000	
Sonstige Vermögenswerte	**19 000**	**9%**
Kapitallebensversicherung	19 000	
Beteiligungen	**0**	**0%**
Schiffsfonds etc.	0	
Rohstoffanlagen	**16 000**	**8%**
Rohstoffzertifikat	5 000	
Goldbarren/-münzen	11 000	
Summe	**204 000**	

Wo kommt das Vermögen her? (Passiva)

	in Euro	in %
Verbindlichkeiten	**30 000**	**15%**
Darlehen ETW	30 000	
Nettovermögen (Eigenkapital)	**174 000**	**85%**
Summe	**204 000**	

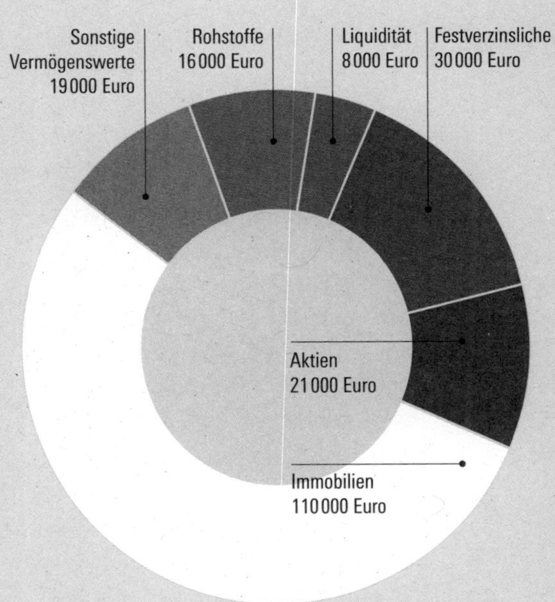

Checkliste

Passen Ihre Anlagen noch zu Ihnen?

Ihre Anlagen müssen zu Ihnen und Ihrer Lebenssituation passen. Wichtige Kriterien dabei sind:

- ☐ **Ihre Ziele:** Wie viel Geld wollen Sie langfristig anlegen und über welche Summen möchten Sie schon in den kommenden Jahren verfügen?
- ☐ **Ihre Einstellung:** Entscheiden Sie, wie viel Zeit und Energie Sie in Ihr Geld stecken möchten, und suchen Sie entsprechende Anlageprodukte aus.
- ☐ **Ihre Risikomentalität:** Wie riskant dürfen Ihre Anlagen sein? Beachten Sie dabei aber, dass Sie bei der Beurteilung von Risiken nicht nur auf mögliche Wertschwankungen, sondern auch auf die Geldwertstabilität schauen müssen.

Sie die Summe veranschlagen, die Sie benötigen, um drei bis fünf Monate ohne Einkommen bewältigen zu können.

Es ist nicht empfehlenswert, die Notfallreserve auf Ihrem Girokonto zu parken. Denn dort ist das Geld zum einen mit Ihren normalen Ein- und Ausgaben vermischt. Es ist dann schwieriger, den Überblick zu behalten, wie hoch Ihre Reserve genau ist. Zum anderen sind Girokonten meist unverzinst. Nutzen Sie daher für Ihre Notfallreserve besser ein Tagesgeldkonto. Dort ist es ebenfalls jederzeit verfügbar und Sie bekommen Zinsen, auch wenn sie derzeit eher mager ausfallen.

Wenn Sie noch nicht über eine Notfallreserve verfügen und diese erst ansparen müssen, machen Sie sich am besten einen Plan. Sie wissen ja bereits, wie viel Sie monatlich sparen können. Würde es mit dieser Sparrate länger als sechs bis zwölf Monate dauern, die erforderliche Reserve aufzubauen, überlegen Sie, ob demnächst vielleicht Anlagen fällig werden, die Sie auf dem Notfallkonto anlegen können. Ist eine solche Umschichtung nicht möglich, weil Sie gerade am Anfang Ihrer Sparerkarriere stehen, versuchen Sie (mithilfe Ihres Haushaltsbuches) weitere Sparpotenziale zu finden.

Jetzt können Sie weitere Anlagen planen

Ist die Notfallreserve unter Dach und Fach, können Sie Ihre weiteren Geldanlagen planen. Oft sind Anleger, die das erste Mal eine Bilanz ihres Vermögens erstellen, überrascht, welches Übergewicht einzelne Anlagen im Verhältnis zum Gesamtvermögen haben. So kann zum Beispiel ein Anleger, der sich für sehr risikoscheu hält, feststellen, dass er eine sehr hohe Aktienquote hat oder dass diese gar nicht so hoch ist und es keinen Grund gibt, sich Sorgen zu machen.

Wie Sie bereits wissen, verringert eine sinnvolle Streuung der Anlagen das Gesamtrisiko des Anlagevermögens eines Investors. Erinnern Sie sich an das magische Dreieck der Geldanlage? Je höher die Renditechancen einer Anlage, umso höher auch grundsätzlich das Risiko. Im folgenden Abschnitt „Welche Anlagen für welchen Anlegertyp" erfahren Sie, wie eine sinnvolle Aufteilung des Vermögens je nach Risikoeinstellungen und Lebenssituation aussehen kann. Stellen Sie nach der Lektüre fest, dass Sie zu viele riskante Anlagen haben, sollten Sie eine Umschichtung in Betracht ziehen – also überlegen, ob Sie riskante Anlagen verkaufen und dafür sicherere kaufen.

Möglicherweise reicht es aber für Sie aus, künftig mehr in sicherere Anlagen zu investieren, sodass sich ihr prozentualer Anteil erhöht. Ebenso kann es sein, dass Sie feststellen, dass Sie künftig mehr in renditeträchtigere Anlagen investieren sollten. Den Betrag, den Sie zum regelmäßigen Sparen einsetzen können, haben Sie ja bereits ermittelt, oder Sie sind mithilfe eines Haushaltsbuches gerade dabei.

Welche Anlagen für welchen Anlegertyp?

Es gibt eine Vielzahl von Anlageformen. Umso wichtiger ist es, zu überlegen, welche zu Ihnen passen, bevor Sie sich an die Auswahl der einzelnen Produkte machen.

Auch wenn sich die Anlageziele des magischen Drei- oder Vielecks nicht alle in einer Anlageform vereinigen lassen, können Sie natürlich verschiedene Anlagen so kombinieren, dass Ihr Gesamtportfolio Ihren Anlagezielen möglichst nahe kommt. Ihre Risikotragfähigkeit und Ihre Risikobereitschaft bestimmen dabei die Zusammenstellung Ihrer Anlagen wesentlich.

Ihre Risikotragfähigkeit als objektives Risikomaß

Ihre Risikotragfähigkeit wird maßgeblich davon bestimmt, wie viel Zeit Sie für das Erreichen Ihrer Ziele haben, wie hoch Ihr Einkommen und Ihr Gesamtvermögen bereits ist. Je mehr Vermögen Sie schon besitzen, umso größere absolute Verluste können Sie in der Regel wegstecken, ohne dass Ihre Existenz oder Ihr

Checkliste

Wie schätze ich meine Risikotragfähigkeit ein?

- ☐ Welcher Verlauf meiner Geldanlagen (zum Beispiel mehrjähriger Börsenabschwung um x Prozent, Zahlungsausfall eines Anleiheschuldners) würde meine Existenz gefährden?
- ☐ Welcher Verlauf meiner Geldanlagen würde meine persönlichen Ziele (zum Beispiel Hausbau, Ausbildungsfinanzierung, Ruhestand) gefährden?
- ☐ Hätte ich im Verlustfall genügend Zeit, den Verlust durch sonstiges Einkommen (zum Beispiel Arbeitseinkommen, Mieteinnahmen, Erbschaft) zu verkraften und wieder auszugleichen?

Lebensstandard gefährdet sind. Sind Sie noch nicht in der glücklichen Lage, finanziell weitgehend ausgesorgt zu haben, spielt Ihr Anlagehorizont, also der Zeitraum, für den Sie investieren können und wollen, eine wesentliche Rolle bei der Beurteilung, welches Risiko Sie mit Ihren Anlagen eingehen können.

Stehen Sie beispielsweise am Anfang Ihrer beruflichen Karriere und wollen für Ihr Alter vorsorgen, können Sie größere Schwankungen Ihrer Geldanlagen aussitzen oder Verluste im Laufe Ihres Arbeitslebens noch ausgleichen. So könnten Sie beispielsweise auch zu einem höheren Anteil in Aktien und Investmentfonds investieren, die in ihrer Wertentwicklung schwanken. Denn selbst wenn die Börsen einige Monate oder gar Jahre schlecht laufen würden, könnten Sie eine solche Phase überbrücken und Ihre Anlagen erst verkaufen, wenn diese sich wieder auf einem ordentlichen Niveau eingependelt hätten.

Wenn Sie hingegen bereits den Ruhestand vor Augen haben, können Sie mögliche Verluste und Wertschwankungen nicht mehr so einfach aussitzen. Dann brauchen Sie die Gewähr, dass in wenigen Jahren der benötigte Geldbetrag vorhanden ist. Der Schwerpunkt Ihrer Anlagen muss dann eher auf Investments liegen, bei denen der Zahlungszeitpunkt und die Höhe der Auszahlungen feststehen. Wie Sie bereits wissen, bieten Anlagen, die diese Kriterien erfüllen, aber geringere Renditechancen.

Typische Beispiele unterschiedlicher Anlagehorizonte sind:

- **Kurzer Anlagehorizont:** Sie sind beispielsweise gerade auf der Suche nach einer Immobilie, die Sie selbst nutzen möchten. Sobald Sie das richtige Objekt gefunden haben, möchten Sie es kaufen. Dann muss das Geld sofort zur Verfügung stehen. In einem solchen Fall steht die Liquidität einer Anlage bis zu diesem Zeitpunkt klar im Vordergrund.

Checkliste

Wie groß ist meine Risikobereitschaft?

- ☐ Welche Erfahrungen habe ich in der Vergangenheit mit meinen Anlagen gemacht?
- ☐ Habe ich schon einmal größere Verluste erlitten?
- ☐ Was war der Grund für diese Verluste (zum Beispiel ein Börsencrash, Aktienverkäufe zum falschen Zeitpunkt, zu hektisches Agieren, unüberlegter Kauf eines Finanzproduktes oder: mangelnde Streuung – die Hauptursache für schlechte Erfahrungen)?
- ☐ Wie habe ich mich dabei gefühlt, als die Verluste eingetreten sind?
- ☐ Auch wenn ich es mir leisten könnte: Ab welchen zwischenzeitlichen Verlusten (zum Beispiel Schwankungen bei Aktienkursen) könnte ich „nachts nicht mehr schlafen"?
- ☐ Ziehe ich es vor, höhere Renditechancen zu haben, auch wenn es dann nicht sicher ist, dass ich mein Anlageziel erreiche, oder ist es mir wichtiger, mein Ziel ganz sicher zu erreichen, auch wenn ich dafür auf Renditechancen verzichten muss?
- ☐ Welchen Aufwand kann und will ich mit der Auswahl und Kontrolle meiner Geldanlagen betreiben?

- **Mittlerer Anlagehorizont:** In wenigen Jahren sind Ersatzinvestitionen oder Sanierungsarbeiten fällig, wie ein neues Auto, eine neue Küche oder eine Dachsanierung. Auch hier können Sie sich kaum schwankungsreiche Anlagen leisten, die zum Zeitpunkt der notwendigen Anschaffung oder Reparatur vielleicht nur mit Verlust flüssig gemacht werden können.
- **Langfristiger Anlagehorizont:** Beginnen Sie mit der Geburt Ihrer Kinder mit dem Sparen für deren Ausbildung, haben Sie noch lange Zeit, Schwankungen der ertragreicheren Anlagen auszusitzen und gegebenenfalls in sicherere Anlagen umzuschichten.

Ihre Risikobereitschaft ist subjektiv

Auch wenn Sie bereits ein beträchtliches Vermögen angespart oder geerbt haben oder Ihr Anlagehorizont noch viele Jahre umfasst, möchten Sie möglicherweise dennoch keine größeren Schwankungen mit Ihren Investments hinnehmen. Die Bereitschaft eines Anlegers, Risiken bei der Geldanlage einzugehen, ist immer ganz individuell und wird unter anderem von der Erziehung, den Einstellungen und den Erfahrungen mit Geldanlagen beeinflusst. Hat ein Anleger schon einmal viel Geld mit Aktien verloren, etwa nach dem Platzen der New-Economy-Blase Anfang des Jahrtausends oder beim Börsencrash durch die Finanzkrise 2008, hat er vielleicht die Entscheidung getroffen, dass Aktien nichts für ihn sind. Hat er hingegen mit guten Aktientipps innerhalb kurzer Zeit hohe Gewinne eingefahren, ist er eventuell eher bereit, für seine Altersvorsorge oder die Ausbildung der Kinder in risikoreichere Anlagen zu investieren.

Ihre Risikobereitschaft können nur Sie bestimmen

Denken Sie immer daran: Während Ihnen ein Berater helfen kann, die objektive Risikotragfähigkeit zu ermitteln, können nur Sie selbst Ihre Risikobereitschaft benennen. Sätze wie „Das Risiko können Sie schon eingehen" sind fehl am Platz, wenn es um die Risikobereitschaft geht.

Schätzen Sie sich realistisch ein

Die Fragen in den beiden Checklisten können Ihnen Anhaltspunkte geben, wie hoch Ihre „Risikotragfähigkeit" und Ihre „Risikobereitschaft" sind. Ihre ehrlichen Antworten auf diese Fragen geben Ihnen ein Gefühl dafür, wie Ihr Risikoprofil in etwa aussehen könnte. Rechnen Sie bei der Einschätzung Ihrer Risikobereitschaft nicht nur in Prozent, sondern auch in absoluten Zahlen.

Beispiel: Sie wollen 50 000 Euro in einem Aktienfonds anlegen und sind der Meinung, dass Sie eine Schwankungsbreite und damit zwischenzeitliche Wertminderungen von 30 Prozent gut aushalten können. Überlegen Sie sich dann auch, was das in konkreten Zahlen bedeuten würde. Würde Ihr Aktienfonds nach dem Kauf 30 Prozent verlieren, wäre er nur noch 35 000 Euro wert. Sie hätten also – zumindest auf dem Papier – 15 000 Euro und damit den Wert eines Kleinwagens verloren. Könnten Sie in diesem Fall noch ruhig schlafen und darauf vertrauen, dass eine solche zwischenzeitliche Wertschwankung normal ist und Sie langfristig eine hohe Chance auf eine gute Rendite haben? Müssen Sie sich diese Frage ehrlicherweise mit „Nein" beantworten, sollten Sie überlegen, einen konservativeren Fonds auszuwählen oder einen geringeren Betrag in den anvisierten Fonds anzulegen und den Restbetrag auf risikoärmere Anlagen aufzuteilen.

Welche Anlagen passen zu Ihrer Risikobereitschaft?

Wichtig ist jetzt, dass Sie Ihre Anlagen passend zu Ihrer Risikobereitschaft ausrichten. Fachleute sprechen von Asset Allocation. Sie verhindert, dass Anleger wahllos Produkte kaufen, die ihnen gerade angeboten werden.

Finanztest unterscheidet drei Risikostufen: defensiv, ausgewogen oder offensiv. Defensiv bedeutet sicherheitsorientiert, offensiv risikobereit, ausgewogen liegt dazwischen und ist für viele eine gute Lösung. Überlegen Sie also anhand Ihrer Risikotragfähigkeit und Ihrer Risikobereitschaft, zu welcher Gruppe Sie zählen. Nachfolgend finden Sie einige Beispiele, welche Präferenzen Anleger in den verschiedenen Risikoklassen häufig haben. Beachten Sie, dass dies nur eine grobe Übersicht sein kann, da Geldanlage immer eine sehr individuelle Angelegenheit ist und Ihre Anlagen zu Ihren Bedürfnissen passen müssen.

▶ Defensive Anleger

Anleger in dieser Risikoklasse sind nicht bereit, größere Verlustrisiken einzugehen. Ihr vorrangiges Ziel ist der Kapitalerhalt. Renditeaspekte werden diesem Ziel weitgehend untergeordnet. Zur Verfügung stehende Geldmittel könnten schwerpunktmäßig in sichere festverzinsliche Sparanlagen investiert werden. Das sind insbesondere einlagengesicherte Festgelder, Sparbriefe sowie bestimmte Rentenfonds. Da eine gewisse Aktienquote das Risiko der Gesamtanlagen streuen und sogar verringern kann, können sicherheitsorientierte Anleger bis zu 25 Prozent aktienbasierte Anlagen beimischen. Um das Risiko auszuschließen, die falschen Aktien auszuwählen, sollten sie dabei aber weltweit anlegende Aktienfonds und ETF Einzelwerten vorziehen.

▶ Ausgewogene Anleger

Sie wünschen eine Rendite ihrer Anlagen, die über dem sicheren Zinsniveau liegt. Um mittel- bis langfristig höhere Erträge zu erzielen, sind sie bereit, gewisse Verlustrisiken einzugehen. Sie wünschen eine ausgewogene Mischung zwischen ertragsorientierten Anlagen mit niedrigerem Risiko und chancenorientierten Anlagen mit höherem Risiko. Je nach Anlagehorizont können sie bis zu 50 Prozent in Aktien und Aktienfonds anlegen. Für vermögende Anleger kommen auch vermietete Immobilien in Betracht. Die Basis ihrer Anlagen bilden aber ebenfalls festverzinsliche Sparanlagen, Rentenfonds und Anleihen bonitätsstarker Schuldner.

▶ Offensive/risikobereite Anleger

Sie haben einen hohen Ertragswunsch deutlich über Zinsniveau und wollen die Chancen auf überdurchschnittliche Wertsteigerungen ihrer Anlagen wahrnehmen. Anlagen mit erhöhtem und hohem Risiko überwiegen die sicheren, festverzinslichen Anlagen klar. Offensive Anleger können Aktienquoten von um die 75 Prozent vertragen. Auch Investments in Derivate und Rohstoffe sind möglich. Offensive Anleger sollten immer prüfen, ob sie sich eine solche subjektive Risikoeinstellung leisten können, sie also die entsprechende Risikotragfähigkeit besitzen.

Nehmen Sie sich für die richtige Zusammenstellung Zeit. Was viele, auch Fortgeschrittene, nicht beachten: Die Aufteilung von Aktien und Zinsanlagen hat einen größeren Einfluss auf den Verlauf der Geldanlage als die Auswahl einzelner Produkte.

Dabei sollten Sie auch bedenken: Voraussetzung für eine Anlage in Fonds und riskantere Anlagen sollte sein, dass Sie das Geld nicht kurzfristig brauchen.

Wo finden Sie Beratung und Informationen?

Selbst finanziell gebildete Anleger benötigen manchmal Hilfe von Experten oder zusätzliche Auskünfte. So finden Sie die richtigen Berater und Informationen.

Auch wenn Sie sich schon gut mit Finanzthemen auskennen, brauchen Sie vielleicht doch hin und wieder den Rat und die Unterstützung eines professionellen Finanzberaters. Eine gute Finanzberatung hilft Ihnen, Fehler bei Ihrer Geldanlage zu vermeiden und die für Ihre Ziele richtigen Finanzanlagen und Produkte zu finden. Darüber hinaus erspart Ihnen eine gute Beratung Zeit, die Sie sonst selbst in den Aufbau Ihres Finanzwissens und die Recherche nach den passenden Produkten stecken müssten.

In Deutschland gibt es eine große Vielfalt an Finanzdienstleistern, aus denen Sie auswählen können. Ein wichtiges Kriterium bei der Auswahl sollte für Sie sein, ob Sie in erster Linie eine Beratung zu Finanz- oder Versicherungsthemen suchen oder ob für Sie der Kauf konkreter Finanzprodukte im Vordergrund steht. Ihnen sollte klar sein, dass Sie im Finanzdienstleistungsbereich meist Beratern und Verkäufern von Finanzprodukten in einer Person gegenüberstehen. Verdienen solche Finanzvermittler nur dann etwas an Ihnen, wenn sie Ihnen ein Produkt vermitteln, können sie in Interessenskonflikte kommen. Denn raten sie von einem Produkt ab, verdienen sie nichts. Es besteht überdies die Gefahr, dass sie Ihnen nicht das beste Produkt empfehlen, sondern das, bei dem der Produktanbieter (zum Beispiel die Fonds- oder Versicherungsgesellschaft) die höchste Provision zahlt. Verfügen Berater und Verkäufer nur über ein eingeschränktes Angebot, müssen Sie zudem damit rechnen, dass sie Ihnen Produkte aus dem eigenen Angebot empfehlen, obwohl andere Anbieter bessere oder besser zu Ihnen passende Angebote hätten.

Banken und Sparkassen

Die meisten, die hierzulande eine Anlageberatung suchen, wenden sich an den Berater ihrer Hausbank. Auch wenn die Zahl der Bankfilialen zurückgeht, müssen sie dafür keine weiten Wege auf sich nehmen. Verschiedene Untersuchungen von Finanztest haben aber leider immer wieder gezeigt, dass Banken und Sparkassen oft Produkte empfehlen, die nicht optimal zu den Zielen der Anleger passen. Zwar werden Bankberater in der Regel von der Bank bezahlt und verdienen somit auch etwas, wenn Kunden nach einem Beratungsgespräch kein Produkt abschließen, doch häufig erhalten sie einen vom Verkaufserfolg abhängigen Bonus.

Provisionen sind die häufigste Vergütungsart in der Anlage-, Kredit- und Versicherungsberatung. Man unterscheidet im Wesentlichen zwischen Abschluss- und Bestandsprovisionen. Die Abschlussprovision wird Kunden beim Kauf eines Produktes berechnet. Damit werden insbesondere die Kosten des Vertriebes bezahlt. Die Bestandsprovision erhalten die Vermittler des Finanzproduktes für die laufende Betreuung und Verwaltung des Produktes.

Die Bank als Arbeitgeber des Beraters erhält Provisionen vom Produktanbieter oder verdient an den Abschluss- und Verwaltungsgebühren hauseigener Produkte und hat daher natürlich ein Interesse am Verkauf der Produkte. Regelmäßig gibt es auch Berichte über Bankberater, denen ihre Arbeitgeber Vorgaben machen, welche Produkte sie zu vermitteln haben, damit die Umsatzziele der Bank erreicht werden können. Der Bankberater ist daher meist abhängig von den Vorgaben seiner Bank und oftmals eher Verkäufer von Finanzprodukten als Finanzberater.

Finanz- und Versicherungsmakler

Makler im Finanzdienstleistungsbereich beraten je nach Schwerpunkt und entsprechender behördlicher Erlaubnis zu Finanzanlagen, Versicherungen und Finanzierungen. Sie sind rechtlich selbstständig, werden im Auftrag des Kunden tätig und sind von Produktanbietern grundsätzlich unabhängig. Makler sollten Ihnen eine umfassende und bedarfsgerechte Beratung auf der Grundlage einer breiten Markt- und Produktübersicht anbieten können. Bezahlt werden Makler über Provisionen des Produktanbieters. Das bedeutet, sie erhalten in der Regel eine Provision aus den vom Kunden gezahlten Produktpreisen (Abschlussprovision) und/oder laufenden Beiträgen (Bestandsprovision).

Vertreter

Bei den Vertretern kann man zwischen Ausschließlichkeits- und Mehrfachvertretern unterscheiden. Ausschließlichkeitsvertreter sind Versicherungsvermittler, die an ein Versicherungsunternehmen gebunden sind und nur Produkte dieser Versicherung vermitteln. Mehrfachvertreter sind Versicherungs-, Finanzanlagen- oder Kreditvermittler, die als selbstständige Gewerbetreibende Produkte verschiedener Anbieter vermitteln und dafür Provisionen erhalten. Sie bieten nur Produkte von Anbietern an, mit denen sie Vertriebsverträge abgeschlossen haben. Dadurch unterscheiden sie sich vom Makler, der prinzipiell auf den gesamten Markt an Produktanbietern zugreifen kann.
Makler stehen grundsätzlich auf der Seite des Kunden, Vertreter auf der Seite des Unternehmens, das sie vertreten.

Gut zu wissen

Mehrere Gespräche
Anleger sollten möglichst mehrere Beratungsgespräche führen. Im Vergleich können sie oft schnell erkennen, welchen Gehalt ein solches Gespräch hatte oder ob es nur darum ging, ein bestimmtes Produkt zu verkaufen.

Allfinanzvertriebe

Das Besondere an Allfinanzvertrieben – zum Beispiel Deutsche Vermögensberatung, MLP, Swiss Life Select (vormals AWD), OVB – ist, dass sie alles vermitteln: Haftpflicht- und Krankenversicherungen genauso wie Rentenversicherungen und fast jede Art der Geldanlage. Viele Kunden schätzen das, weil es ihnen Wege erspart und der Finanzvermittler sie im Idealfall unter Berücksichtigung ihrer gesamten wirtschaftlichen Situation berät. Ob sie jedoch im Rahmen dieser Rundumberatung immer die günstigsten Finanzprodukte angeboten bekommen, ist fraglich. Denn die Berater sind selbstständige Gewerbetreibende. Sie leben von den Provisionen, die sie für Vertragsabschlüsse erhalten. Wie bei anderen provisionsfinanzierten Beratern auch besteht die Gefahr, dass sie unpassende Produkte empfehlen, wenn diese mehr Provision einbringen. Kunden haben zudem oft kaum eine Chance zu durchschauen, was die angebotenen Produkte sie kosten würden.

Unabhängige Beratung auf Honorarbasis

Eine Alternative zu den genannten Finanzvermittlern, -maklern und -vertretern ist eine Beratung, bei der die Berater nicht von den Anbietern bezahlt werden, sondern von den Kunden. Das leisten die Beratung der Verbraucherzentralen und sogenannte Honorarberater.

- **Die Verbraucherzentralen** bieten unabhängige telefonische, schriftliche und persönliche Beratungen zu verschiedenen Finanzthemen wie Geldanlage, Versicherungen, private Altersvorsorge und Finanzierung an. Jedes Bundesland hat eigene Beratungsstellen, deren Angebote sich leicht unterscheiden, ebenso wie ihre Preise. Für eine knapp zweistündige Beratung müssen Sie ungefähr mit 150 bis 200 Euro rechnen. Über die Internetadresse www.verbraucherzentrale.de gelangen Sie schnell auf die Homepage der Verbraucherzentrale Ihres Bundeslandes.

- **Honorarberater** sind selbstständige Berater, die sich verpflichten, keine Provisionen von Produktanbietern anzunehmen. Stattdessen werden sie ausschließlich durch ihre Kunden bezahlt. Dafür gibt es verschiedene Modelle wie zum Beispiel Stundensätze, Festpreise oder eine prozentual vom Anlagevolumen abhängige Gebühr. Der Kunde muss die Beratung auch dann bezahlen, wenn er der Empfehlung des Beraters nicht folgt oder dieser ihm vom Kauf eines Produktes abrät. Nur

Übliche Provisionen im Finanzvertrieb

Produkte	Abschluss-provision [1]	Jährliche Bestandsprovision [1]	Kosten in Euro
Wertpapieranlagen			**Bei einer Anlage von 10 000 Euro [2] (Abschlusskosten / jährliche Bestandsprovision)**
Aktienfonds	4 – 6,5	0,25 – 0,5	400 – 650 / 25 – 50
Rentenfonds	3 – 5	0,1 – 0,25	300 – 500 / 10 – 25
Mischfonds	4 – 5	0,1 – 0,4	400 – 500 /10 – 40
Offene Immobilienfonds	4 – 5	0,25 – 0,5	400 – 500 / 25 – 50
Zertifikate	0,5 – 5	–	50 – 500
Versicherungen			**Bei einer Beitragssumme von 36 000 Euro (= 100 Euro Monatsbeitrag über 30 Jahre) [2] (Abschlusskosten / jährliche Bestandsprovision)**
Kapitallebensversicherung	1 – 4	0,1 – 2,5	360 – 1 440 / 1,20 – 30
Rentenversicherung	1 – 4	0,1 – 2,5	360 – 1 440 / 1,20 – 30
Fondspolice	1 – 4	0,1 – 2,5	360 – 1 440 / 1,20 – 30
Geschlossene Fonds / Beteiligungen			**Abschlusskosten bei einer Anlage von 50 000 Euro [2]**
Geschlossene Immobilienfonds	6 – 10	–	3 000 – 5 000
Umweltfonds	6 – 11	–	3 000 – 5 500
Schiffsfonds	8 – 15	–	4 000 – 7 500
Containerfonds	3 – 8	–	1 500 – 4 000
Infrastrukturfonds	6 – 8	–	3 000 – 4 000
Flugzeugfonds	7 – 9	–	3 500 – 4 500

1 In Prozent der Anlage-/Beitragssumme. 2 Bei höheren Anlage- beziehungsweise Beitragssummen erhöhen sich die Beträge, die an den Verkäufer/Vermittler fließen, entsprechend – unabhängig vom Beratungsaufwand.

so können Honorarberater neutral beraten. Da sie nicht von Anbieterprovisionen leben müssen, haben sie kein Interesse daran, Kunden ein überteuertes oder nicht bedarfsgerechtes Produkt zu empfehlen.

Falls Sie davor zurückschrecken, für eine Finanzberatung ein Honorar zu bezahlen, weil Sie dies von Ihrem Versicherungsvertreter oder Ihrer Bank bisher nicht gewohnt sind, schauen Sie sich die Tabelle „Übliche Provisionen im Finanzvertrieb" an. Dann sehen Sie, dass eine Honorarberatung für Sie häufig um ein Vielfaches günstiger sein kann als eine scheinbar kostenlose Beratung bei einem Provisionsvertrieb. Auch wird Ihnen dann schnell klar, dass eine Honorarberatung nicht nur für Superreiche, sondern grundsätzlich für jeden geeignet ist.

Natürlich ist eine Beratung gegen Honorar kein Allheilmittel, mit dem Sie garantiert immer die besten Anlagevorschläge erhalten. Eine gute Finanzberatung hängt nicht nur davon ab, wer den Berater bezahlt, sondern vor allem von dessen Kompetenz und Einstellung. Auch unter den Provisionsberatern gibt es selbstverständlich einige, die sich ausschließlich nach dem Kundeninteresse richten und gute Beratung leisten.

Das sollten Sie beim Beratungsgespräch beachten

Sie können einiges dazu beitragen, dass ein Beratungsgespräch zielführend verläuft und Sie passende Anlagevorschläge erhalten, wenn Sie folgende Regeln beherzigen:

- **Vorbereitung.** Bereiten Sie sich gut auf das Gespräch vor. Ihr Berater wird Sie fragen, wie viel Geld Sie anlegen wollen, wie lange, für welchen Zweck, und er will wissen, welches Risiko Sie dabei eingehen können. Zudem wird er Sie – das ist seine Pflicht – nach Ihren persönlichen und finanziellen Verhältnissen fragen. Nehmen Sie Unterlagen, aus denen sich Ihre finanzielle Lage ergibt, wie zum Beispiel Depotauszüge und Vermögensübersichten zum Gespräch mit.

- **Produkte.** Der Berater sollte Ihnen die Produkte, die er Ihnen vorschlägt, genau erklären und die Vor- und Nachteile aufzeigen. Wenn Sie etwas nicht verstanden haben, fragen Sie nach. Es gibt keine „dummen" Fragen. Es ist die Aufgabe des Beraters, Ihnen alles so zu erklären, dass Sie es verstehen.

- **Empfehlungen.** Bei nicht ganz unabhängigen Beratern von Banken und Finanzvertrieben kommt es regelmäßig vor, dass der Berater Ihnen lieber Produkte aus dem eigenen Haus als die der Konkurrenz anbietet. Fragen Sie nach, wie hoch die Vertriebsprovisionen sind, die der Berater oder die Bank kassiert. Der Berater muss Ihnen das sagen. So können Sie Interessenkonflikte erkennen.

- **Auswahl.** Lassen Sie sich mehrere Empfehlungen geben. Sie sehen dann, welches Produkt Ihnen besser gefällt. Ohnehin ist es klüger, sein Geld auf mehrere Anlagen aufzuteilen.

- **Kosten.** Sie sollten wissen, was für Kosten auf Sie zukommen, wenn Sie eine Geldanlage abschließen. Ein billiges Produkt ist zwar nicht unbedingt besser. Die Kosten sollten aber in einem vernünftigen Verhältnis zu den Ertragschancen stehen.

- **Entscheidung.** Lassen Sie sich Zeit. Es gibt keinen Mangel an Geldanlagen. Ob Sie heute, morgen oder übermorgen unterschreiben, spielt keine Rolle. Ein guter Berater wird Sie nicht drängen. Kaufen Sie grundsätzlich nur Finanzprodukte, die Sie verstehen, und vertrauen Sie auf Ihren gesunden Menschenverstand, wenn Ihnen etwas komisch vorkommt.

So stufen Banken ihre Kunden ein

Finanz- und Bankberater müssen bei Anlageempfehlungen zu Wertpapieren auch die Risikotragfähigkeit und Risikobereitschaft des Anlegers ermitteln und berücksichtigen. Sie stufen dazu die Anleger in fünf, bisweilen auch sechs oder sieben Risikoklassen ein und leiten daraus ab, welche Anlageklassen und -produkte für sie überhaupt infrage kommen. Die Bezeichnungen sind von Bank zu Bank unterschiedlich. Hier ein Kurzüberblick darüber, welche Produktempfehlungen sich hinter den Risikoklassen der Banken verbergen können:

- **Klasse 1:** Sicherheitsorientiert. Infrage kommen zum Beispiel Zinsanlagen wie Tages- oder Festgeld, kurzlaufende Euro-Rentenfonds sowie Euro-Anleihen mit sehr guter Bonität.

- **Klasse 2:** Konservativ. Dazu passen festverzinsliche Wertpapiere bester Qualität, deutsche Rentenfonds, kurzlaufende Fonds in Hartwährungen wie Euro, US-Dollar und Schweizer Franken, international gestreute Rentenfonds, überwiegend in Hartwährungen, sowie offene Immobilienfonds.

- **Klasse 3:** Ertragsorientiert. Hier finden sich beispielsweise Wandel- und Optionsanleihen, deutsche Aktienfonds, deutsche Standardaktien, international gestreute Aktienfonds sowie Länderfonds in europäischen Hartwährungen.

- **Klasse 4:** Spekulativ. Diese Klasse umfasst zum Beispiel deutsche Aktien-Nebenwerte, spekulative Anleihen, Optionsscheine, Optionen und Futures.

- **Klasse 5:** Sehr spekulativ. Das Geld kann in Investitionen ausländischer Aktien-Nebenwerte, sehr spekulative Anleihen, Optionsscheine aller Art sowie Optionen und Futures fließen.

Die Risikoklassen der Banken besagen allerdings nur, in welche Produkte die Gelder der Kunden – je nach Einstufung – fließen dürfen. Sie sagen noch nichts darüber aus, zu welchen Anteilen dies geschieht. Häufig bieten die Banken drei oder vier Standardstrategien an von sicherheitsorientiert bis spekulativ. Auch hier sind die Bezeichnungen der Geldinstitute nicht einheitlich.

Änderungen bei Wertpapiergeschäften durch Mifid II

Mit der Umsetzung der europäischen Finanzmarktrichtlinie Mifid II (Markets in Financial Instruments Directive) in deutsches Recht traten am 3. Januar 2018 neue Regelungen in Kraft. Mit Mifid II soll europaweit ein neuer rechtlicher Rahmen für das Wertpapiergeschäft zwischen Anleger und Bank vorgegeben werden und dadurch Transparenz und Anlegerschutz erhöht werden. Die wesentlichen Neuregelungen durch Mifid II sind:

- Das bisherige Beratungsprotokoll bei Banken wurde durch eine sogenannte Geeignetheitserklärung ersetzt. Die Unterschiede beider Dokumente sind relativ gering. Während das Beratungsprotokoll vor allem den Beratungsprozess beschrieben hat, ist die Geeignetheitserklärung ein Ergebnisprotokoll, mit dem der Berater darlegen soll, warum das empfohlene Produkt für den Anleger geeignet ist.
- Banken und viele andere Finanzdienstleister müssen Telefongespräche zu Wertpapiergeschäften jetzt aufzeichnen (sogenanntes Taping). Die Aufzeichnungen müssen gespeichert und in der Regel fünf Jahre aufbewahrt werden.
- Anleger sollen noch genauer über die bei einem Wertpapiergeschäft anfallenden Kosten informiert werden. Dazu erhält jeder Kunde vor der Unterschrift eine genaue Aufstellung der entstehenden Kosten sowohl in absoluter Größe in Euro als auch in Prozent des Anlagebetrages. Es werden sowohl die Kosten der Dienstleistungen (zum Beispiel Transaktionskosten, Verwahrungskosten) als auch die Kosten des Finanzinstrumentes (zum Beispiel Management- und Performancegebühren) aufgelistet.
- Anleger erhalten vierteljährlich Aufstellungen über den aktuellen Stand der von ihnen gehaltenen Finanzinstrumente.
- Für alle neuen Finanzinstrumente müssen die Anbieter einen Zielmarkt bestimmen. Dieser Zielmarkt dient als Grundlage der Risiko- und Bedürfnisanalyse im Beratungsgespräch und soll sicherstellen, dass die angebotenen Finanzprodukte den Bedürfnissen der Anleger entsprechen.

Produktinformationsblatt und Wesentliche Anlegerinformationen

Kurz und verständlich, die wichtigsten Fakten auf einen Blick. So sollen verschiedene gesetzlich vorgeschriebene Informationsblätter – auch „Beipackzettel“ genannt – Anleger über Finanzprodukte informieren. Seit dem 1. Juli 2011 müssen Banken und andere Finanzdienstleister Kunden neben dem Beratungsprotokoll bei Anlageberatungen zu Wertpapieren ein Produktinformationsblatt aushändigen. Dieses soll maximal drei Din-A4-Seiten umfassen und muss

- die Art des Finanzprodukts,
- seine Funktionsweise,

- die mit dem Produkt verbundenen Risiken sowie
- die mit der Anlage verbundenen Kosten beschreiben.

Produktinformationsblätter gibt es zu Aktien, Anleihen und Zertifikaten, zu Pfandbriefen und Bundeswertpapieren.

Für Investmentfonds gibt es ein eigenes Produktinformationsblatt, die „Wesentlichen Anlegerinformationen", auch „Key Investor Information Document" (KIID) genannt. Es wird von den Fondsgesellschaften erstellt und muss ebenfalls auf zwei Seiten über die wichtigsten Details wie Ziele und Anlagepolitik, Risiko- und Ertragsprofil, Kosten und die frühere Wertentwicklung des Fonds aufklären. Es muss den Kunden vor dem Kauf eines Fonds ausgehändigt werden, damit sie es in Ruhe lesen können.

Vermögensanlagen-Informationsblatt

Für geschlossene Fonds, Genussrechte und sonstige Vermögensanlagen, die seit Juni 2012 auf den Markt gekommen sind, müssen die Anbieter ein Vermögensanlagen-Informationsblatt (VIB) erstellen und bei der Bundesanstalt für Finanzdienstleistungsaufsicht (Bafin) hinterlegen. Die BaFin prüft allerdings den Inhalt des VIB während des Prospektprüfungsverfahrens nicht. Dieses darf höchstens drei Din-A4-Seiten stark sein und muss ohne die Lektüre weiterer Dokumente allgemein verständlich sein, damit Anleger Angebote leichter vergleichen und auswählen können. Das VIB muss während der gesamten Dauer des öffentlichen Angebots in der aktuellen Fassung auf der Internetseite des Anbieters zugänglich sein.

Hintergrund des VIB ist, dass viele Anleger die oft mehr als 100 Seiten starken Verkaufsprospekte für Beteiligungsmodelle wie Windräder, Bürotürme, Seniorenheime oder Studentenappartements nicht lesen. Die Blätter müssen den Anbieter, die Art der Vermögensanlage, die Anlagestrategie, die Anlagepolitik und die Anlageobjekte nennen. Sie müssen zudem Risiken, die Aussichten für die Kapitalrückzahlung und Erträge unter verschiedenen Marktbedingungen sowie Kosten und Provisionen aufführen. Hinzu kommen Pflichthinweise wie etwa auf die Stelle, bei der der ausführliche Verkaufsprospekt kostenlos erhältlich ist.

Aus der Qualität des Informationsblattes lässt sich zwar nicht auf die Qualität der Anlage schließen. Wenn Sie es aber nicht verstehen, können Sie sicher sein, dass die Vermögensanlage nichts für Sie ist. Bei Produkten, für die ein VIB erstellt werden muss, sollten Sie sowieso eher zurückhaltend sein, da diese die versprochenen Renditeziele oftmals nicht erreichen.

So finden Sie die richtige Bank und das passende Depot

Wenn Sie die Kosten Ihrer Geldanlagen senken, erhöhen Sie automatisch die Rendite – und das ganz ohne Risiko. Mit der Wahl der passenden Bank können Sie mitunter bis zu mehrere Hundert Euro pro Jahr sparen.

Es ist manchmal schon komisch. Da beschweren sich Anleger über die niedrigen Zinsen, die ihre Bank ihnen für Zinsanlagen wie Sparbuch und Festgeld zahlt, nehmen es aber ohne Murren hin, hohe Depotgebühren und Transaktionskosten zahlen zu müssen.

Bei den Kosten rund um Ihre Wertpapiere besteht ein immenses Sparpotenzial, wenn Sie bereit sind, zu der für Sie passenden Direktbank zu wechseln oder zumindest bei Ihrer Filialbank auf Onlinebanking umzusteigen. Ein Konto bei einer Direktbank zu eröffnen macht keine große Mühe.

Egal, ob Sie Fonds, Aktien, Anleihen oder andere Wertpapiere erwerben möchten: als Privatanleger können Sie sie nicht selbst an der Börse handeln. Für den Kauf und Verkauf von Wertpapieren benötigen Sie grundsätzlich eine Bank, die als Vermittler zwischen Anleger und Börse dient. Überdies müssen Ihre Wertpapiere in einem Depot verwahrt werden, das ebenfalls von Ihrer Bank geführt wird. Beim Kauf und Verkauf stellt Ihnen Ihre Bank Transaktionskosten, auch Orderkosten genannt, in Rechnung.

Isin ist die Abkürzung für „International Securities Identification Number“. Sie dient der weltweit eindeutigen Zuordnung von Wertpapieren, die an einer Börse gehandelt werden. Im Jahr 2003 wurde die Wertpapierkennnummer (WKN) durch die zwölfstellige Isin abgelöst. Die Isin beginnt mit einem Ländercode, der dem Anleger zeigt, in welchem Land das Wertpapier aufgelegt wurde. DE etwa steht für Wertpapiere aus Deutschland, FR für Frankreich, GB für Großbritannien, IE für Irland, LU für Luxemburg oder US für USA. Häufig kommen Anleger aber noch mit der kürzeren WKN weiter, wenn sie nur diese zur Hand haben.

So nagen die Kosten an Ihrer Rendite

So hoch sind Ihre Einbußen nach 20 Jahren bei einer angenommenen jährlichen Rendite von 6 Prozent – je nachdem, welcher Prozentsatz im Jahr für die Kosten abgeht.

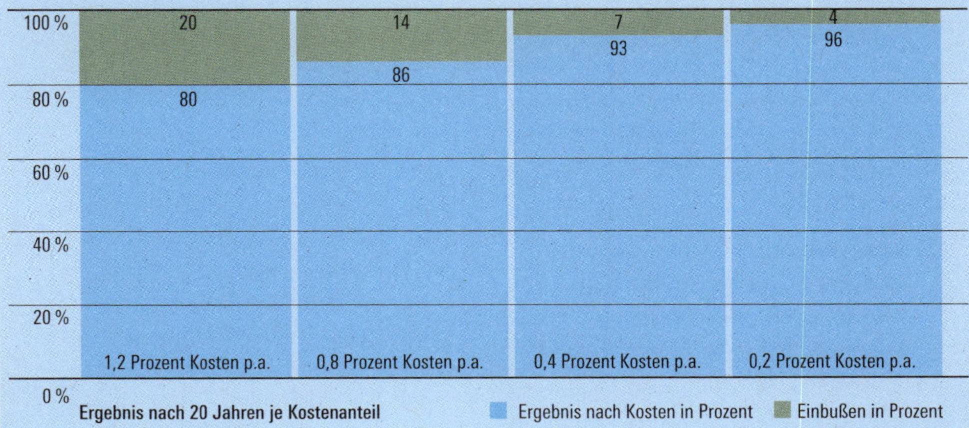

Optimieren Sie Ihre Depotgebühren

Ihre Wertpapiere – diese erkennen Sie grundsätzlich daran, dass sie eine Wertpapierkennnummer (WKN) oder Isin besitzen – müssen in einem Depot verwahrt werden, das bei Ihrer Bank geführt wird. Dafür zahlen Kunden von Filialbanken häufig über 50 Euro im Jahr, bei großen Depots mit hohen Werten von 100000 Euro und mehr auch bis zu mehreren Hundert Euro. Wesentlich günstiger ist das Depot bei Direktbanken. Dort ist die Aufbewahrung Ihrer Aktien, Fonds, Anleihen und Zertifikate meist kostenlos. Nur manche Anbieter knüpfen die Gratisverwahrung an Bedingungen wie etwa ein Mindestdepotvolumen, die Transaktionshäufigkeit, die Eröffnung eines Girokontos oder die Nutzung des Onlinepostfaches.

Achten Sie bei den Direktbanken auch darauf, welche sonstigen Kosten dort anfallen werden, insbesondere welche Kauf- und Verkaufskosten sie in Rechnung stellen. Als Faustregel gilt: Wer viel handelt, sollte vor allem ein Auge auf die Kosten haben, die die Bank für den Kauf und Verkauf von Wertpapieren berechnet. Wer wenig handelt, sollte auf möglichst geringe Depotgebühren achten.

Ein Wechsel zu einem kostenlosen Wertpapierdepot bei einer Direktbank ist einfacher, als viele denken. Es reicht, den Antrag bei der neuen Bank auszufüllen und das alte Konto zu kündigen. Es reicht hingegen nicht, nur die Wertpapiere zu übertragen, denn auch ein leeres Depot kostet Depotgebühren. Um den Übertrag der Wertpapiere kümmert sich die neue Bank. Einige Banken bieten mit dem Depotübertrag gleichzeitig den Service an, das alte Depot abzuwickeln, dabei Fondsanteil-Bruchstücke zu verkaufen und das Depot zu löschen.

Checkliste

So eröffnen Sie ein Depot bei einer Direktbank

Ein Depot bei einer Direktbank zu eröffnen ist einfach:

- ☐ **Auswahl.** Auf der Homepage der Direktbank finden Sie im Bereich „Wertpapiere" einen Button oder einen ähnlichen Link für die Neueröffnung eines Depots.
- ☐ **Unterlagen.** Lassen Sie sich dann durch das Menü für die Neueröffnung führen. Mit dem Antrag fürs Depot eröffnen Sie meist auch ein Verrechnungskonto, über das Ein- und Auszahlungen im Zusammenhang mit dem Depot abgewickelt werden. Viele Direktbanken bieten sehr übersichtliche Masken an. Manchmal müssen Sie nur Ihre Adressdaten angeben und bekommen die Eröffnungsunterlagen dann per Post. Meist lassen Banken Sie alles direkt am PC eingeben, und Sie können mit den ausgedruckten Unterlagen den nächsten Schritt angehen, die Legitimation.
- ☐ **Legitimation.** Jede Bank ist gesetzlich verpflichtet, die Identität ihrer Kunden zu überprüfen. Meist bedienen sich Direktbanken dazu des Post-Ident-Verfahrens. Dazu nehmen Sie Ihre Kontoeröffnungsunterlagen sowie Ihren Personalausweis mit zu einer Postfiliale. Der Postmitarbeiter überprüft die Angaben in Ihrem Ausweis und leitet die Unterlagen an die Direktbank weiter. Manche Banken bieten alternativ eine Identitätsprüfung per Videochat an. Dazu benötigen Sie nur einen PC oder ein Smartphone mit schneller Internetverbindung und Webcam. Ein Mitarbeiter der Bank oder eines externen Dienstleisters führt dann die Identitätsprüfung durch, bei der Sie Ihren Ausweis in die Kamera halten müssen.
- ☐ **Eröffnungspaket.** Wenn die Eröffnungsunterlagen samt Identifizierung bei Ihrer neuen Bank vorliegen, wird Ihnen ein „Eröffnungspaket" mit den wichtigsten Informationen zur Bank zugesandt. Die für Sie relevanten Daten sind dabei natürlich die Depotnummer sowie die Kontonummer des Verrechnungskontos, Ihre persönliche Identifikationsnummer (PIN) und die entsprechenden Unterlagen zum gültigen TAN-Verfahren. Mit den Transaktionsnummern (TANs) geben Sie einzelne Transaktionen frei.

Banken dürfen für den Übertrag einzelner Wertpapiere oder eines ganzen Depots kein Geld verlangen. Der Übertrag kann dennoch Kosten verursachen. Denn die Banken verwahren die Wertpapiere ihrer Kunden bei einer Verwahrstelle und reichen die Kosten, die ihnen die Verwahrstellen in Rechnung stellen, an die Kunden weiter. In der Praxis geschieht dies in der Regel aber ausschließlich bei ausländischen Wertpapieren.

Mehr dazu siehe Checkliste „Darauf sollten Sie beim Depotübertrag achten", S. 44.

Sparen Sie bei den Orderkosten

Wenn Sie regelmäßig Wertpapiergeschäfte tätigen, ist ein Wechsel zu einer preiswerten Direktbank ein Gebot der Vernunft – egal ob es sich um Fonds, Einzelaktien oder andere Wertpapiere handelt. Denn während Filialbanken beispielsweise für eine Aktienorder (Kauf- oder Verkaufsauftrag) durchschnittlich etwa 1 Prozent der Kauf- oder Verkaufssumme als Gebühren in Rechnung stellen, kostet dies bei den günstigsten Direktbanken nur einen Bruchteil. Bei Anleihen stellen Filialbanken in der Regel 0,5 Prozent in Rechnung. Außerdem gibt es bei Filialbanken – im Unterschied zu den Direktbanken – fast nie eine Obergrenze für die Transaktionskosten.

Beispiel: *Ein Anleger zahlt um die 100 Euro Ordergebühren, wenn er in einer Bankfiliale für 10 000 Euro Aktien kauft. Investiert er 30 000 Euro, berechnet die Bank rund 300 Euro für den Auftrag.*

„Auch für Anleger, die ihre Bank nicht wechseln wollen, gibt es häufig erhebliches Sparpotenzial, wenn sie sich für das Onlinebanking freischalten lassen.

Auch für Anleger, die ihre Bank nicht wechseln wollen, gibt es häufig erhebliches Sparpotenzial, wenn sie sich für das Onlinebanking freischalten lassen.

Sie haben dann bei jedem Wertpapierauftrag die Wahl, entweder den Berater in der Filiale zu beauftragen oder die Daten selbst am Computer einzugeben. Filialorders kosten bei derselben Bank mitunter ein Mehrfaches der Internetorders. Bei Sparkassen sind zudem oft die Preise im Onlinebanking im Gegensatz zur Filialorder gedeckelt.

Bei den Transaktionskosten sind die Preismodelle der Banken sehr unterschiedlich. Je öfter Sie regelmäßig Wertpapiere handeln, umso größer ist grundsätzlich Ihr Einsparpotenzial, wenn Sie die passende Bank für Ihre Ziele wählen. Vergleichen Sie vor einem Bankwechsel die Kosten, die bei verschiedenen Anbietern voraussichtlich auf Sie zukommen.

Folgende Gebührenmodelle sind verbreitet:

- **Feste Prozentsätze:** Die Ordergebühren berechnen sich, wie im vorigen Beispiel, als fester Prozentsatz vom Auftragsvolumen.

Checkliste

Darauf sollten Sie beim Depotübertrag achten

Die Depotbank zu wechseln ist sehr leicht. Sie müssen aber einige Feinheiten beachten, um unliebsamen Überraschungen vorzubeugen.

- ☐ **Handelssperre:** Der Übertrag kann je nach Anbieter zwischen ein paar Tagen und mehreren Wochen dauern. In dieser Zeit haben Sie keinen Zugriff auf Wertpapiere und Fonds, können also nichts verkaufen. Ist Ihnen das bei bestimmten Wertpapieren zu heikel, sollten Sie sich vorher von ihnen trennen.
- ☐ **Bestandsschutz:**Für Wertpapiere, die vor dem 1. Januar 2009 gekauft wurden, mussten Anleger bis Ende 2017 keine Abgeltungsteuer auf Kursgewinne zahlen. Der Bestandsschutz bleibt auch beim Depotwechsel erhalten. Das gilt jedoch nicht mehr für Investmentfonds. Seit 1. Januar 2018 gibt es für „Altfonds" nur noch einen Freibetrag auf Kursgewinne bis 100 000 Euro. Heben Sie daher die Kaufunterlagen Ihrer Altfonds auf, um später nachweisen zu können, dass Sie diese vor 2009 angeschafft haben, falls diese Informationen beim Depotwechsel nicht korrekt weitergegeben wurden.
- ☐ **Verlustübertrag:** Sie können Verluste, die Sie bei Börsengeschäften erlitten haben, mit künftigen Gewinnen verrechnen lassen. Damit sparen Sie Abgeltungsteuer. Auch ausländische Quellensteuern können Sie anrechnen lassen. Dazu benötigen Sie einen Verlustübertrag von Ihrer alten Bank.
- ☐ **Freistellungsauftrag:** Denken Sie daran, den Freistellungsauftrag bei der alten Bank zu löschen und bei der neuen Bank neu zu stellen.
- ☐ **Investmentfonds:** Bruchstücke von gemanagten Fonds lassen sich nicht ins neue Depot übertragen. Anleger können sie aber ohne Zusatzkosten an die Fondsgesellschaft zurückgeben. Wählen Sie dafür beim Verkauf mittels Onlinebanking in der Ordermaske die Fondsgesellschaft als Handelsplatz aus.

- **Preisstaffel:** Je nach Wert eines Wertpapierauftrags wird eine bestimmte Gebühr verlangt.
- **Prozentsätze mit Mindest- und Maximalgebühr:** Der Preis wird nach einem Prozentsatz vom Auftragsvolumen berechnet. Liegt er allerdings unter der Mindestgebühr, wird diese fällig. Hier müssen Anleger, die kleinere Summen investieren wollen, aufpassen. Beträgt die Gebühr bei-

spielsweise 1 Prozent bei einer Mindestgebühr von 35 Euro und beträgt der Anlagebetrag 1000 Euro, zahlt der Anleger prozentual 3,5 Prozent Ordergebühren – viel zu viel.

- **Flatrate:** Hier zahlen die Kunden unabhängig vom Auftragsvolumen immer eine feste Gebühr pro Handel. Sie müssen also nicht lange herumrechnen, um den Orderpreis zu ermitteln. Da Flatfees außerdem meist am unteren Ende der Preisskala aller ➚ Gebührenmodelle liegen, können Anleger hier kaum etwas falsch machen.

Neben den Ordergebühren, die bei einem Wertpapierauftrag an die Bank gezahlt werden müssen, fallen beim Börsenkauf in der Regel noch Fremdspesen wie Börsenplatzgebühr oder Maklercourtage an. Viele Banken reichen die Fremdspesen direkt an die Anleger weiter. Manche verlangen Pauschalpreise, die aber nicht immer alle Fremdspesen enthalten. Je nach Börsenplatz und Wertpapiergattung fallen die Fremdspesen unterschiedlich aus. Bei einer 5000-Euro-Order liegen sie meist zwischen 2 und 6 Euro.

▶ Finanztest untersucht regelmäßig die Depot- und Kaufgebühren der Banken. Welche Banken in den Tests aktuell gut abschneiden, können Sie unter www.test.de Suchwort „Depotgebühren“ nachschauen.

Börsenwissen für Einsteiger

Wertpapiere werden an Börsen gehandelt. Daher sollte jeder Anleger eine Vorstellung davon haben, wie eine Börse funktioniert.

Eine Börse ist im Grunde nichts anderes als ein organisierter Markt, auf dem spezielle Waren gehandelt werden. Sie lässt sich in unterschiedliche Teilmärkte gliedern: den Aktienmarkt, den Renten- oder Anleihemarkt, den Terminmarkt und die Devisenbörse – je nachdem, welches Finanzprodukt gehandelt wird. Anders als auf einem Wochenmarkt oder einem Internetmarkt wie Ebay findet der Handel an der Börse aber nicht direkt zwischen Käufer und Verkäufer statt, sondern zwischen dafür zugelassenen Händlern. Wichtig für Anleger ist vor allem der Aktien- und Anleihemarkt, also die Wertpapierbörse.

Zentrale Aufgaben der Börse

Unternehmen benötigen ausreichend Kapital für ihre Investitionen, etwa um neue Produkte zu entwickeln und zu produzieren oder um neue Standorte aufzubauen und zu expandieren. Dafür ist viel Geld nötig, das nicht allein über Darlehen von Banken zur Verfügung gestellt werden kann. Auch Banken und Staaten benötigen laufend Kapital. Auf der anderen Seite gibt es Millionen Menschen, die ihr Geld in renditeträchtige Anlagen investieren wollen. Um sich Kapital zu verschaffen, geben Unternehmen, Banken und Staaten Wertpapiere heraus, in die Anleger ihr Geld investieren können. Die Funktion einer Börse besteht nun darin, Angebot und Nachfragen nach diesen Wertpapieren an einem zentralen Ort während fester Handelszeiten zu bündeln. Dadurch ergeben sich ein liquiderer Handel sowie marktgerechtere und transparentere Preise der angebotenen Wertpapiere.

Der börsliche Handel wird durch staatliche Aufsichtsbehörden (in Deutschland: die Bundesanstalt für Finanzdienstleistungsaufsicht, Bafin) und durch Handelsüberwachungsstellen der Börsen kontrolliert. Um Marktmanipulationen zu verhindern, dürfen in Deutschland nur registrierte Börsenmakler und die Händler der Banken direkt an der Börse tätig werden.

Privatanleger dürfen nicht selbst an der Börse handeln, sondern brauchen einen Mittler. Sie kaufen die Wertpapiere bei ihrer Bank, und diese leitet die Order an die Börse weiter.

Es gibt mehr als eine Börse

Auch wenn Fachleute häufig von „der" Börse sprechen, wenn sie den Aktien- oder Anleihenmarkt meinen, gibt es weltweit natürlich zahlreiche Wertpapierbörsen. In den verschiedenen Ländern der Welt sind aber die organisierten Börsen jeweils auf wenige Standorte beschränkt. Das gewährleistet, dass die Zahl der jeweiligen Marktteilnehmer hoch ist und der Handel konzentriert werden kann. Selbst in den USA gibt es nur wenige Börsenplätze. Die wichtigsten Finanzplätze der Welt zeigt die ↗ Tabelle „Die größten Börsenplätze". Die nach Umsatz und Marktkapitalisierung größte Börse der Welt ist die New York Stock Exchange (NYSE).

Die weltweite Vernetzung und Verteilung der Börsen rund um den Globus führen dazu, dass Anleger Aktiengeschäfte heute praktisch rund um die Uhr abschließen können. Wenn beispielsweise der Xetra-Handel in Frankfurt um 17.30 Uhr geschlossen wird, hat in New York der Handel gerade erst begonnen (15.30 Uhr bis 22.00 Uhr unserer Zeit). Kaum ist der New Yorker Handel beendet, startet er schon wieder in Tokio (1.00 Uhr bis 7.00 Uhr unserer Zeit).

▸ Regionalbörsen in Deutschland

In Deutschland gibt es acht Wertpapierbörsen, eine Warenterminbörse, eine Wertpapierterminbörse und eine Devisenbörse. Die größte und wichtigste ist die Frankfurter Wertpapierbörse mit ihren Handelsplätzen Börse Frankfurt und Xetra. Außerdem gibt es noch Regionalbörsen. Die nach Frankfurt zweitgrößte ist die Börse Stuttgart, die speziell im Anleihenhandel stark ist. Eine bedeutende Stellung im Handel von Investmentfonds hat auch die Börse Hamburg, die von der Börsen AG gemeinsam mit der Börse Hannover betrieben wird. Weitere Regionalbörsen finden sich in Berlin, Düsseldorf, München. Die Tradegate

Die größten Börsenplätze

Weltweit gibt es rund 60 bedeutende Börsen mit einer Marktkapitalisierung von rund 69 Billionen Dollar. Die Spitzenreiter bilden die folgenden Börsen:

Ort	Land	Börse	Marktkapitalisierung in Mrd. US-$
New York	USA	NYSE	19223
New York	USA	Nasdaq	6831
London	Großbritannien	London Stock Exchange	6187
Tokio	Japan	Tokyo Stock Exchange	4485
Shanghai	China	Shanghai Stock Exchange	3986
Hong Kong	China	Hong Kong Stock Exchange	3325
Paris, Amsterdam, Brüssel, Lissabon	Niederlande (Sitz)	Euronext	3321
Toronto	Kanada	Toronto Stock Exchange (TMX Group)	2781
Shenzhen	China	Shenzhen Stock Exchange	2285
Frankfurt	Deutschland	Börse Frankfurt	1766

Quelle: The Visual Capitalist; **Stand:** April 2017

Exchange in Berlin und die European Energy Exchange in Leipzig sind zwar auch (spezialisierte) Wertpapierbörsen, sie werden aber nicht als Regionalbörsen bezeichnet.

▸ Parketthandel ist bald Vergangenheit

Auch wenn Börsensendungen im Fernsehen gerne aus den Börsensälen übertragen werden, wo früher die Händler und Börsenmakler auf dem „Börsenparkett“ untereinander schreiend und wild gestikulierend gehandelt haben, sind die meisten Börsen der Welt heute keine sogenannten Präsenz- oder Parkettbörsen mehr, sondern moderne Computerbörsen. Computerprogramme übernehmen die Berechnung der Preise der Wertpapiere und wickeln den Handel ab.

Ein solches System ist zum Beispiel das elektronische Xetra-System der Deutschen Börse AG, über das über 90 Prozent des gesamten Aktienhandels an deutschen Börsen abgewickelt werden. Den „klassischen“ Parketthandel, bei dem sich die Händler Preise zuriefen, hat die Deutsche Börse in Frankfurt am Main vor einigen Jahren eingestellt. Aktien, Anleihen, Fonds und andere Anlagen werden dort aber weiter im Parketthandel über Spezialisten gehandelt. Daneben gibt es in Deutschland weitere Parketthandelsplätze an den Regionalbörsen.

Weder im Computer- noch im Präsenzhandel werden heute an einer Wertpapierbörse physische Waren ausgetauscht. Wertpapiere in Papierform, die den Besitzer wechseln, gibt es kaum noch. Die Papiere werden vielmehr virtuell ausgetauscht, indem sie aus dem Depot des Verkäufers aus- und in das des Käufers eingebucht werden. Der Kaufpreis wird vom Käuferkonto abgebucht und dem Verkäuferkonto gutgeschrieben.

Angebot und Nachfrage bestimmen den Preis

Der Kaufpreis an der Börse wird nach dem Prinzip von Angebot und Nachfrage ermittelt. Je höher die Nachfrage nach einem Wertpapier

> **Wertpapiere, die in Papierform den Besitzer wechseln, gibt es kaum noch.**

ist, umso höher steigt sein Preis. Angebot und Nachfrage können sich mitunter im Sekundentakt ändern. Aufgabe der Börsenmakler und elektronischen Handelssysteme ist es, aus den verschiedenen Preisvorstellungen den Preis zu ermitteln, zu dem ein größtmöglicher Umsatz zustande kommt, also die größtmögliche Anzahl an Kauf- und Verkaufsaufträgen erfüllt werden kann. Den Preis, zu dem ein Wertpapier an der Börse gehandelt wird, nennt man auch „Kurs“ oder „Börsenkurs“.

Trägt man in einem Koordinatensystem auf der y-Achse den Preis des Wertpapiers und auf der x-Achse den Zeitverlauf ein, erhält man den Kurs-Chart eines Wertpapiers. Aus diesem kann man erkennen, wie sich sein Preis in einem bestimmten Zeitablauf verändert hat.

Indizes schaffen Vergleichbarkeit

Weltweit gibt es Millionen von Wertpapieren. Wollen Anleger einen allgemeinen Marktüberblick über unterschiedliche Wertpapierbereiche und die Stimmung an den Märkten erhalten, können ihnen Indizes dabei helfen. Diese zeigen die Entwicklung einer bestimmten Anzahl von Wertpapieren über einen bestimmten Zeitraum an und können Indikator für einen Gesamt- oder Teilmarkt, eine Branche oder Region sein.

Die Grundidee eines Index ist einfach: Eine bestimmte Anzahl von Aktien oder Anleihen wird zu einem Korb zusammengefasst, die Einzelkurse werden addiert und durch die Anzahl der enthaltenen Wertpapiere geteilt. Man erhält dann einen Durchschnittskurs des Wertpapierkorbes. Dieser Kurs wird als Indexstand bezeichnet. Er ändert sich entsprechend den Kursänderungen der enthaltenen Einzelwerte ständig.

Damit ein Index ein einigermaßen realistisches Bild der Markttendenz geben kann, muss er auch die unterschiedliche Bedeutung

Tages-Chart am Beispiel einer BMW-Aktie über 5 Jahre

Ein Kurs-Chart zeigt grafisch die Preisveränderung eines Wertpapiers (hier: BMW-Aktie) über einen bestimmten Zeitraum.

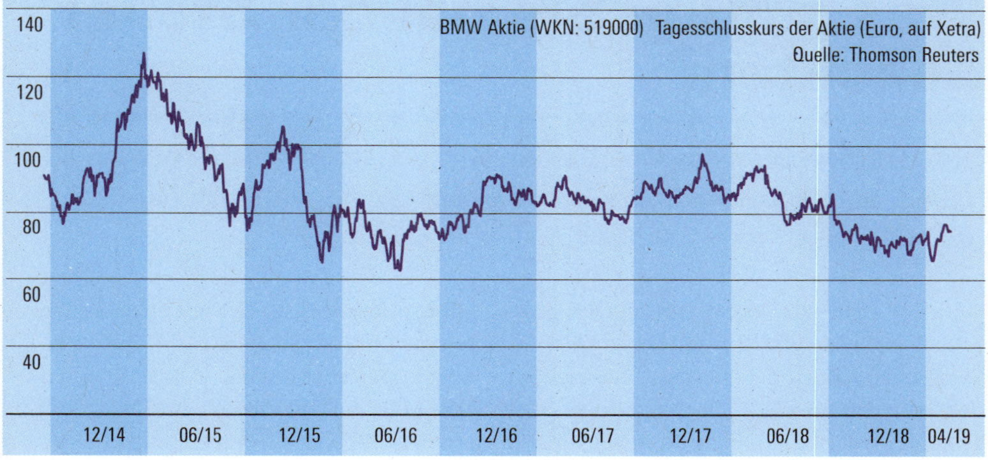

der einzelnen Indexmitglieder widerspiegeln. Die Unternehmen an der Börse haben ein unterschiedlich großes Gewicht. In einem Aktienindex, der sowohl milliardenschwere Großkonzerne als auch kleine Unternehmen enthält, werden daher die Anteile der einzelnen Unternehmen am Index unterschiedlich gewichtet. Kriterien sind bei Aktien unter anderem der Börsenwert des Unternehmens oder die Zahl der durchschnittlich pro Tag gehandelten Anteile. Bei Anleihen-Indizes ist häufig die Höhe des Emissionsvolumens ein Ordnungsmerkmal.

Indizes lassen sich fast für jede Anlageklasse bilden. Neben Wertpapierindizes auf Aktien und Anleihen gibt es Indizes bei Immobilien und Rohstoffen. Innerhalb der einzelnen Klassen lassen sich nahezu beliebige Unterklassen bilden.

Aktienindizes werden beispielsweise nach folgenden Kriterien gebildet:

- **Regionen:** wie Afrika, Asien, Emerging Markets, Europa, Eurozone, Latein-, Nordamerika, Welt
- **Länder:** wie Brasilien, China, Deutschland, Griechenland, Japan, Russland, USA
- **Sektoren:** wie Autos, Banken, Chemie, Gesundheit, Industrie, Technologie, Versorger
- **Strategien:** wie Dividenden, Nachhaltigkeit

Was sollten Sie bei der Steuer beachten?

Natürlich will auch das Finanzamt etwas von Ihren Anlageerfolgen abhaben. Bei Kapitaleinkünften greift es mit der Abgeltungsteuer direkt an der „Quelle" Ihrer Erträge zu.

Seit 2009 macht das Finanzamt keinen Unterschied mehr: Sowohl für Zinsen als auch für Dividenden und Gewinne aus dem Verkauf von Wertpapieren gilt die Abgeltungsteuer von 25 Prozent plus Solidaritätszuschlag und gegebenenfalls Kirchensteuer. Wie der Name Abgeltungsteuer bereits andeutet, handelt es sich hierbei um eine Quellensteuer, bei der der Steuerabzug an der Quelle der Einkünfte – der auszahlenden Bank – vorgenommen wird. Das macht eine gesonderte Steuerveranlagung überflüssig, da die Steuer durch den Vorwegabzug bereits abgegolten ist.

Bei diesen Abzügen bleibt es selbst dann, wenn Anleger insgesamt so viel Einkommen versteuern müssen, dass ihr persönlicher Steuersatz über 25 Prozent liegt. Ist ihr persönlicher Steuersatz niedriger, müssen sie dagegen nur den niedrigeren Satz für ihre Kapitaleinkünfte zahlen. Um in den Genuss des niedrigeren Steuersatzes zu kommen, müssen sie ihre Erträge allerdings über die Steuererklärung mit dem Finanzamt abrechnen.

Steuerfreie Kapitalerträge

Kapitalerträge sind nicht ab dem ersten Euro steuerpflichtig. Sie können jedes Jahr Kapitalerträge bis zur Höhe des Sparerpauschbetrages von 801 Euro (Ehepaare 1602 Euro) von der Abgeltungsteuer freistellen lassen. Dazu müssen Sie Ihrer Bank einen Freistellungsauftrag erteilen. Sie können den Freibetrag auch auf verschiedene Kreditinstitute aufteilen. Vermeiden sollten Sie jedoch, dass Sie mehr verteilen als die 801 Euro (1602 Euro), die Ihnen über den Pauschbetrag gewährt werden – denn das Finanzamt kontrolliert die Summe der über alle Banken erteilten Freistellungsaufträge. Der Freistellungsauftrag bei einer Bank gilt für sämtliche Erträge aus Geld- und Wertpapiergeschäften dort, also zum Beispiel für Zinsen des Tagesgeldkontos und Dividenden und Veräußerungsgewinne auf Wertpapiere.

Darüber hinaus gibt es einen Bestandsschutz für Kursgewinne bei Wertpapieren, die vor 2009 gekauft wurden: Bei einem Verkauf realisierte Kursgewinne von vor 2009 gekauften Aktien oder Anleihen bleiben steuerfrei. Eine Ausnahme sind Fonds. Hier haben sich die Regeln mit der Investmentsteuerreform ab 2018 geändert. Gewinne aus Verkäufen von Fonds, die vor 2009 gekauft wurden, waren nur bis Ende 2017 steuerfrei. Seit 2018 bleibt

Gut zu wissen

NV-Bescheinigung erspart Steuerveranlagung. Haben Sie hohe Zinsen und andere Kapitalerträge, aber ein geringes Gesamteinkommen, weil vielleicht Ihre Rente gering ist, können Sie sich von der Bank steuerfrei viel mehr auszahlen lassen, als es der Sparerpauschbetrag erlaubt. Wenn nämlich Ihr gesamtes Einkommen so niedrig ist, dass Sie keine Steuern zahlen müssen, können Sie beim Finanzamt eine Nichtveranlagungsbescheinigung (NV-Bescheinigung) beantragen und diese Ihrer Bank vorlegen. Die Bank führt dann keine Abgeltungsteuer mehr ab. Auch Schüler und Studenten können das oft nutzen. Antragsformulare für eine NV-Bescheinigung gibt es beim Finanzamt oder online unter www.formulare-bfinv.de.

Anlegern aber ein Freibetrag von insgesamt 100 000 Euro auf ihre Gewinne aus diesen Altbeständen. Für Wertsteigerungen, die ein solcher Uralt-Fonds ab 2018 erzielt hat und die bei Verkauf realisiert werden, zahlen Anleger trotzdem erst dann Steuern, wenn ihr 100 000-Euro-Freibetrag verbraucht ist.

So berechnet sich die Abgeltungsteuer

Zu den Kapitalerträgen, die unter die Abgeltungsteuer fallen, zählen neben Zinsen, Dividenden und Verkaufsgewinnen zum Beispiel auch Währungsgewinne aus Anleihen oder Mieteinnahmen aus offenen Immobilienfonds. Auch ausländische Kapitalerträge (zum Beispiel Dividenden einer ausländischen Aktiengesellschaft) eines in Deutschland ansässigen Anlegers unterliegen dem Steuerabzug, wenn die Bank des Anlegers, die diese Kapitalerträge auszahlt, ihren Sitz in Deutschland hat. Wurde im Ausland bereits eine ausländische Steuer erhoben, kann diese in vielen Fällen auf die Abgeltungsteuer angerechnet werden.

Beispiel: Ein alleinstehender Anleger hat 100 000 Euro in Aktien eines Unternehmens investiert und erhält daraus eine Dividendenzahlung von 3 000 Euro (3 Prozent). Er ist bereits vor Jahren aus der Kirche ausgetreten, zahlt also keine Kirchensteuer. Seiner Bank, bei der die Aktien im Depot liegen, hat er einen Freistellungsauftrag über 801 Euro erteilt.

So berechnet die Bank die Abgeltungsteuer:

Dividende	3 000,00 €
– Sparer-Pauschbetrag	801,00 €
Steuerpflichtige Kapitalerträge	**2 199,00 €**
Abgeltungsteuer (25 % von 2 199 Euro)	549,75 €
Solidaritätszuschlag (5,5 % von 549,75 Euro)	30,24 €

Das bleibt dem Anleger von seinen Kapitaleinkünften nach Steuern:

	Dividende	3000,00 €
–	Abgeltungsteuer	– 549,75 €
–	Solidaritätszuschlag	– 30,24 €
	Kapitaleinkünfte netto	**2420,01 €**

Auch für ausländische thesaurierende Fonds wird seit 2018 ein Quellenabzug vorgenommen. Thesaurierend heißt, dass diese Fonds die Erträge wie Zinsen oder Dividenden nicht ausschütten, sondern dem Fondsvermögen zuschlagen. Laufende Erträge aus einem ausländischen thesaurierenden Fonds unterlagen bis Ende 2017 nicht dem Quellensteuerabzug, sondern mussten nachträglich in der Steuererklärung angegeben werden. Das galt selbst dann, wenn die Fondsanteile in einem inländischen Depot verwahrt wurden. Auch das hat sich mit der Investmentsteuerreform geändert. 2018 wurde für thesaurierende Fonds eine sogenannte Vorabpauschale eingeführt, die die Depotbank automatisch abzieht.

So verrechnen Sie Verluste bei mehreren Banken

Wenn Sie bei einer Bank mit Wertpapieren Verluste und Gewinne erzielen, verrechnet diese sie grundsätzlich miteinander. Bei Verlusten mit Einzelaktien besteht jedoch eine Besonderheit: Sie können nur mit Gewinnen aus Aktiengeschäften, nicht jedoch zum Beispiel mit Gewinnen aus Fonds verrechnet werden. Dazu führt die Bank einen Verlusttopf „Aktien" und einen Verlusttopf „Sonstige".

Haben Sie Depots bei verschiedenen Banken und möchten Verluste mit Wertpapieren bei einer Bank mit Gewinnen bei einer anderen Bank verrechnen, geht das nur im Rahmen Ihrer Einkommensteuererklärung. Denn Banken verrechnen Ihre Gewinne und Verluste nicht untereinander. Das Finanzamt legt bei der Steuerveranlagung dann die Differenz zugrunde und erstattet oder verrechnet zu viel gezahlte Abgeltungsteuer bei der Einkommensteuerberechnung. Je nach Depothöhe und Anlageerfolg beziehungsweise -misserfolg können das mehrere tausend Euro Abgeltungsteuer sein, die Sie so in einem Jahr sparen können.

Um Verluste im Rahmen der Einkommensteuererklärung geltend machen zu können, benötigen Sie eine sogenannte Verlustbescheinigung der Bank, bei der die Verluste entstanden sind. Den Antrag auf eine Verlustbescheinigung müssen Sie bis zum 15. Dezember des laufenden Jahres bei der jeweiligen Bank stellen. Den Antrag können Sie nicht widerrufen, wenn er einmal gestellt ist. Die Bank setzt dann den bei ihr geführten Verlusttopf auf null zurück, damit es nicht zu einer doppelten Verlustverrechnung auf Bankseite kommt. Ohne Antrag würde die Bank einen verbleibenden Verlust ins Folgejahr übertragen und mit Gewinnen, die bei ihr anfallen, verrechnen.

Verlustverrechnung online einsehen

Viele Banken bieten Ihnen online die Möglichkeit, den Stand der Verlustverrechnungstöpfe einzusehen (meist unter dem Unterpunkt „Steuern"). Prüfen Sie, ob bei einer Bank Verluste aufgelaufen sind, die noch nicht verrechnet wurden.

Manchmal ist dennoch eine Steuererklärung erforderlich

Wenn Sie vergessen haben, Kapitalerträge mithilfe des Freistellungsauftrages vom Steuerabzug freizustellen, erleiden Sie übrigens keinen Schaden. Über die Steuererklärung können Sie zu viel gezahlte Steuern zurückholen. Sie haben durch den Freistellungsauftrag lediglich einen Liquiditätsvorteil, weil Ihr Geld nicht erst ans Finanzamt geht. Sie erhalten Ihr Geld also schneller. Bei Sparern, die insgesamt den Pauschbetrag von 801 Euro beziehungsweise 1602 Euro nicht überschreiten, ist die Vergabe von Freistellungsaufträgen aber in jedem Fall sinnvoll, denn sie ersparen sich so das Ausfüllen der Anlage KAP der Steuererklärung.

Es kann sein, dass Anleger ihre gesamte gezahlte Abgeltungsteuer mit der Anlage KAP der Steuererklärung zurückholen können, weil sie insgesamt ein so niedriges Einkommen haben, dass sie für ihre Kapitaleinkünfte gar keine Steuern zahlen müssen. Darauf sollten zum Beispiel Rentner achten und mit der Einkommensteuererklärung die Günstigerprüfung beantragen.

Die Anlage KAP ist aber für manche Pflicht: zum Beispiel für alle, die noch Kirchensteuer für ihre Kapitaleinkünfte schulden oder ausländische Kapitalerträge versteuern müssen. Letzteres betrifft zahlreiche Fondsanleger, insbesondere solche, die ETF gekauft haben.

Aktien: Nur für Reiche?

Viele Deutsche halten Aktien für „Teufelszeug" oder eine Anlageklasse nur für Reiche. Wer aber die wichtigsten Grundbegriffe kennt, kann mit Aktienanlagen sein Gesamtvermögen streuen und die Rendite langfristig verbessern.

Was sind Aktien?

Aktien sind Beteiligungen an Unternehmen. Ausschüttungen und Wertsteigerungen bestimmen die Gesamtrendite des Aktionärs.

Aktien sind Wertpapiere, die Teilhaberrechte am Grundkapital einer Aktiengesellschaft (AG) verbriefen. Das in Aktien investierte Kapital zählt daher zum Eigenkapital des Unternehmens. Wenn Sie eine Aktie kaufen, werden Sie nicht nur Aktionär, sondern auch Miteigentümer des Unternehmens und übernehmen wie ein Unternehmer ein finanzielles Risiko, sollte die Aktiengesellschaft Verluste machen. Auf der anderen Seite sind Sie auch an ihren Gewinnen beteiligt.

Nennwert- und Stückaktien

Die Höhe Ihrer Beteiligung am Gewinn und Verlust hängt davon ab, welchen Anteil am Grundkapital des Unternehmens Ihr Aktienpaket ausmacht. Der Nennwert einer einzelnen Aktie gibt an, mit welchem Anteil jede Aktie am Grundkapital der AG beteiligt ist. Dieser Nennwert war früher als Geldbetrag (zum Beispiel „5 D-Mark“) auf den effektiven Aktienurkunden aufgedruckt. Nach dem Aktiengesetz haben Aktiengesellschaften heutzutage aber die Wahl, ob sie ihre Aktien als Nennwertaktien (Nennbetragsaktien) oder nennwertlose Aktien (Stückaktien) ausgeben.

Bei nennwertlosen Aktien wird die Beteiligung des Aktionärs am Grundkapital der AG nicht in einem Nennbetrag, sondern in Stücken ausgedrückt. Der Anteil des Aktionärs am Unternehmen resultiert dabei aus dem Verhältnis seiner Aktien zur Gesamtzahl aller ausgegebenen Aktien. Das Aktiengesetz schreibt vor, dass der rechnerische Anteil am Grundkapital pro Stückaktie mindestens 1 Euro betragen muss. Damit soll sichergestellt werden, dass Inhaber von Stückaktien nicht gegenüber Inhabern von Nennbetragsaktien benachteiligt sind.

Beispiel: Das Grundkapital einer AG beträgt 8 Millionen Euro und es wurden 2 Millionen Stückaktien ausgegeben. Das bedeutet, dass der rechnerische Anteil pro Aktie 4 Euro beträgt. Wenn ein Anleger 10 000 Aktien besitzt, hat er einen rechnerischen Anteil von 40 000 Euro am Grundkapital. Er ist prozentual also mit einer Quote von ((40 000 Euro : 8 000 000 Euro) x 100 =) 0,5 Prozent am Grundkapital beteiligt.

Nennwert ist nicht gleich Kurswert

Der Börsenkurs einer Aktie spiegelt den aktuellen Marktwert eines Unternehmens wider. Bei einem erfolgreichen Unternehmen ist der Marktwert in der Regel aber wesentlich höher als sein Grundkapital. Für die Bewertung des Unternehmens spielen unterschiedliche Faktoren eine Rolle.

Zum einen fließen die Vermögensgegenstände des Unternehmens in die Bewertung ein. Denn der Marktwert ergibt sich aus der Summe aller Vermögensgegenstände (abzüglich Schulden) – wie Anlagevermögen (zum Beispiel Immobilien, Maschinen, Geschäftsausstattung), Beteiligungen, Warenvorräte und Rechte, Patente, etc. Zum anderen bestimmen den Börsenkurs Faktoren, die nicht in der Bilanz des Unternehmens stehen, wie Gewinnaussichten, Markenname, stille Reserven und vieles mehr.

Ist der Kurswert einer Aktie hingegen geringer als der Nennwert, kann dies im Wesentlichen zwei Gründe haben: Entweder steckt das Unternehmen in ernsthaften wirtschaftlichen Schwierigkeiten und viele Anleger haben erkannt, dass sein tatsächlicher Wert unter den Wert des Grundkapitals gesunken ist. Die Aktien werden dann an der Börse zu Kursen unter dem Nennwert verkauft. Es kann aber auch sein, dass die Aktie aus dem Fokus der breiten Anlegermasse geraten ist oder falsch eingeschätzt wird. Dies kann zum Beispiel nach einem Börsencrash passieren, der alle Aktien erfasst hat, auch wenn einzelne Unternehmen dies nicht „verdient" hätten, weil ihre Zahlen und Geschäftsaussichten weiterhin gut sind. Denkbar ist auch, dass ein Konkurrent aus der gleichen Branche schlechte Zahlen präsentiert hat und Anleger andere Aktien dieser Branche in „Sippenhaft" nehmen. Wenn Anleger solche unterbewerteten Aktien zu den sehr günstigen Kursen kaufen, bestehen längerfristig hohe Gewinnmöglichkeiten.

Der Börsenkurs einer Aktie ist meist schon bei der Erstemission höher als ihr Nennwert oder Stückpreis. Bereits in den Erstausgabe-

AKTIEN

Geeignet für Anleger mit größerem Vermögen, die sich aktiv um ihr Geld kümmern wollen. Je mehr Risiko sie eingehen können und wollen, desto höher kann der Anteil an Aktienanlagen sein.

PRO

Mit Aktien sind höhere Renditen möglich als mit festverzinslichen Anlagen. Neben der Chance auf Wertsteigerungen bieten mögliche Dividendenzahlungen eine weitere Ertragschance.

CONTRA

Die „richtigen" Aktien auszuwählen und zu verwalten ist aufwendig. Hohe Wertschwankungen bis hin zum Totalverlust sind möglich. Eine ausreichende Risikostreuung ist nur mit einer hinreichend großen Anzahl verschiedener Titel aus verschiedenen Ländern und Sektoren möglich. Wer sich nicht ständig um sein Geld kümmern möchte, ist mit Aktienfonds besser bedient.

30 SEKUNDEN FAKTEN

1288

gibt die schwedische Kupfermine in Falun den ersten Anteilsschein aus, den man nach heutigem Verständnis als Aktie bezeichnen kann.

1843

schafft Preußen gesetzliche Regelungen zur Gründung von Aktiengesellschaften, die für eine erste Blütezeit für Aktien in Deutschland sorgen.

1929

wird der Aktienboom der 1920er-Jahre in den USA durch einen großen Crash („Schwarzer Freitag") beendet, der eine Weltwirtschaftskrise auslöst.

1945

nehmen die deutschen Börsen bereits wenige Monate nach Kriegsende ihre Tätigkeit wieder auf und tragen maßgeblich zum späteren „Wirtschaftswunder" bei.

preis der Aktie fließen Schätzungen über die Geschäftsperspektiven und Gewinnaussichten ein. Das Unternehmen hat ein großes Interesse an einem hohen Ausgabepreis. Denn nur bei der Erstausgabe stellt der Anleger dem Unternehmen sein Kapital direkt zur Verfügung, und das eingenommene Geld wandert in die Kassen der AG. Der spätere Handel an der Börse erfolgt hingegen nur zwischen Anlegern in Gestalt von Käufern und Verkäufern der Aktie.

Stamm-, Namens- und Inhaberaktien

Neben der Unterscheidung in Nennwert- und Stückaktien gibt es in Deutschland noch weitere Abstufungen verschiedener Aktienarten, die sich hinsichtlich ihrer Handelbarkeit und der Rechte, die sie verbriefen, unterscheiden.

Das Grundkapital einer Aktiengesellschaft besteht meist aus Stammaktien. Inhaber von Stammaktien besitzen alle Aktionärsrechte, insbesondere das Stimmrecht auf der Hauptversammlung des Unternehmens. Stammaktien werden in der Fachsprache auch „Stämme" genannt und mit „St" abgekürzt. Je mehr Stammaktien ein Anleger hält, desto mehr Stimmrechte besitzt er. Entsprechend größer ist sein Einfluss auf das Unternehmen.

Die (noch) überwiegende Zahl dieser Stammaktien sind wiederum Inhaberaktien. Sie lauten nicht auf einen bestimmten Inhaber oder Namen, sondern gehören demjenigen, der sie gerade besitzt, weil sie in seinem Depot liegen. Inhaberaktien sind faktisch ein anonymes Inhaberpapier. Für die Aktiengesellschaft hat dies den Nachteil, dass sie ihre

Aktionäre nicht direkt kontaktieren kann und ihnen zum Beispiel nicht Aktionärsbriefe, Quartals- oder Jahresberichte zuschicken kann, sondern die jeweiligen Depotbanken der Anleger zwischenschalten muss. Da die AG nicht genau weiß, wer die Aktionäre sind, ist es schwierig, rechtzeitig Verschiebungen in der Aktionärsstruktur festzustellen und zum Beispiel vorab Versuche feindlicher Übernahmen zu erkennen.

Das ist bei Namensaktien anders. Diese werden unter Angabe von Namen, Geburtsdatum und Adresse des Aktionärs sowie der Stückzahl – oder bei Nennbetragsaktien der Höhe seines Anteils – in das Aktienregister der Aktiengesellschaft eingetragen. Benötigt der Aktionär zusätzlich die Zustimmung der AG für den Verkauf seiner Aktien, spricht man von vinkulierten Aktien. In der Satzung der AG ist bestimmt, unter welchen Voraussetzungen sie die Zustimmung zu einer Veräußerung versagen kann.

Aktionäre haben bei Inhaber- und Namensaktien die gleichen Rechte, insbesondere Stimmrechte auf der Hauptversammlung. Die Namensaktie ist aber international verbreiteter als die Inhaberaktie, die in Europa wohl noch überwiegt. Auch zahlreiche deutsche Unternehmen haben bereits auf Namensaktien umgestellt. Denn dies ist Voraussetzung, wenn ein Unternehmen an internationalen Börsen, beispielsweise in den USA, gelistet werden will.

Namens- und Inhaberaktien gibt es auch in der Form von Vorzugsaktien, Börsianer sprechen von „Vorzügen". Sie werden mit „Vz" abgekürzt. Bei diesen Aktien genießen Inhaber bestimmte Vorrechte. Diese Vorrechte bestehen bei deutschen Aktiengesellschaften meist in besonderen Dividendenansprüchen für die Aktionäre. Üblich sind beispielsweise eine Mehrdividende gegenüber Stammaktionären oder eine Mindestdividende, bei der Vorzugs-

Gut zu wissen

Keine Nachschusspflichten

Aktionäre haben als Miteigentümer „ihres" Unternehmens Rechte und Pflichten, die sich vor allem aus dem Aktiengesetz und der Satzung des Unternehmens ergeben.

Die Hauptpflicht eines Aktionärs ist es, eine bei der Erstemission georderte Aktie zu bezahlen, also die vereinbarte Einlage auf das Grundkapital zu leisten. Anders als bei Mitunternehmern einer Gesellschaft bürgerlichen Rechts (GbR) oder einer Offenen Handelsgesellschaft (OHG) kann die Aktiengesellschaft von ihren Miteigentümern aber keine weiteren Zahlungen verlangen, wenn das Unternehmen in wirtschaftliche Schieflage geraten sollte. Eine sogenannte Nachschusspflicht besteht bei der Rechtsform der Aktiengesellschaft (AG) für Aktionäre nicht. Wird eine AG insolvent, beschränkt sich das Verlustrisiko eines Aktionärs auf das Kapital, das er für seine Aktien bezahlt hat.

aktionäre vor den Stammaktionären bedient werden (auch Vorausdividende genannt). Vorzugsaktien haben aber nicht nur Vorteile: So haben Vorzugsaktionäre meist kein Stimmrecht in der Hauptversammlung (stimmrechtslose Vorzugsaktien). Das Stimmrecht erhält der Aktionär zurück, wenn der vereinbarte Vorzug nicht vollständig gezahlt und nicht ausgeglichen wird.

„Sie sind insbesondere für Kleinanleger interessant, die in der Hauptversammlung kein Stimmgewicht haben.

Der Vorteil von Vorzugsaktien liegt für das Unternehmen darin, dass es sich über die Ausgabe der Vorzüge neues Kapital besorgen kann, ohne dass sich die Stimmrechts- und Mehrheitsverhältnisse in der Hauptversammlung verschieben. Sie sind insbesondere für Kleinanleger interessant, die in der Hauptversammlung kein Stimmgewicht haben. Großanleger bevorzugen hingegen Stammaktien, um über ihr Stimmrecht Einfluss auf die Aktiengesellschaft nehmen zu können. Daher notieren Vorzugsaktien an der Börse meist niedriger als Stammaktien.

Internationale Aktien-Sonderformen

An den Weltbörsen gibt es einige Sonderformen von Aktien, die mitunter auch in Deutschland gehandelt werden. Dabei werden A- und B-Aktien von Unternehmen unterschieden. A-Aktien dürfen oft ausschließlich von Einheimischen gekauft werden, während B-Aktien auch von ausländischen Investoren gehandelt werden dürfen. Die B-Aktien haben meist kein oder nur ein eingeschränktes Stimmrecht und werden nur in begrenzter Anzahl verkauft. Damit soll der Einfluss ausländischer Anleger auf die Unternehmen beschränkt werden.

Bedeutung hat die Unterscheidung vor allem bei chinesischen Aktien. Hier versteht man unter A-Aktien solche Aktien chinesischer Unternehmen, die in chinesischer Währung (Renminbi) an den Börsen Schanghai und Shenzhen gehandelt werden, B-Aktien hingegen werden in Schanghai in US-Dollar und in Shenzhen in Hongkong-Dollar gehandelt und sind für ausländische Privatanleger zugänglich. Daneben gibt es noch H-Aktien, die nur in Hongkong und nur von ausländischen Anlegern gekauft werden können.

Will ein ausländisches Unternehmen an einer US-Börse gehandelt werden, ohne sich dem vollständigen Zulassungsverfahren zu unterziehen, das für eine Börsennotierung notwendig wäre, kann es auf sogenannte American Depositary Receipts (ADR) ausweichen. Dabei handelt es sich um Hinterlegungsscheine, die von amerikanischen Kreditinstituten ausgestellt werden, die eine bestimmte Anzahl Aktien des ausländischen Unternehmens in Verwahrung genommen haben. Ein ADR kann sich auf eine, mehrere oder auch nur auf einen Bruchteil einer Aktie beziehen und wird dann stellvertretend für die Aktie gehandelt.

Die Hauptversammlung

Einmal im Jahr können Aktionäre aktiv über die weitere Entwicklung ihres Unternehmens mitbestimmen. Die Teilnahme an der Hauptversammlung ist ein Aktionärs-Grundrecht.

Die wichtigsten Rechte eines Aktionärs ergeben sich aus seinem Recht auf Teilnahme an der Hauptversammlung. Die Hauptversammlung ist neben dem geschäftsführenden Vorstand und dem Aufsichtsrat eines der drei Organe einer Aktiengesellschaft. Sie ist die Eigentümerversammlung und findet in der Regel einmal im Jahr statt. Bei bestimmten unerwarteten Ereignissen wie Übernahmen, Fusionen oder der Abberufung von Aufsichtsräten kann zwischendurch eine außerordentliche Hauptversammlung einberufen werden. Die Einladung zur Hauptversammlung wird vom Vorstand der AG ausgestellt und den Aktionären durch deren depotführende Bank oder – bei Inhabern von Namensaktien – durch das Unternehmen selbst zugeleitet.

Damit bei der Hauptversammlung klar ist, wer wie viele Stimmen besitzt, müssen sich Aktionäre, die teilnehmen wollen, über ihre Bank anmelden. Sie bekommen dann eine Eintrittskarte, die auch als Nachweis der Stimmberechtigung dient. Bei Inhaberaktien stellt die Depotbank eine Besitzbescheinigung aus. Sie muss sich auf den 21. Tag vor der Hauptversammlung beziehen und der AG mindestens sechs Tage vor der Hauptversammlung zugehen. Für Namensaktien ist dies nicht erforderlich, da hier der Aktionär im Aktienregister des Unternehmens aufgeführt ist.

Wichtige Punkte bei einer Hauptversammlung

Zu Beginn der Hauptversammlung geben Vorstand und Aufsichtsrat einen Überblick über ihre Arbeit. Sie präsentieren das Ergebnis des letzten Geschäftsjahres und stellen Prognosen für die kommenden Monate sowie die weiteren Pläne der Geschäftsführung vor. Alle Aktionäre des Unternehmens haben das Recht, auf der Hauptversammlung zu sprechen und Fragen an die Geschäftsführung zu stellen. Die Fragen müssen vorab schriftlich bei der AG eingereicht werden. Die Unternehmensleitung muss die Fragen nach bestem Wissen beantworten, es sei denn, dies kann dem Unternehmen Nachteile bringen. In diesem Fall kann sich der Vorstand auf ein Auskunftsverweigerungsrecht berufen.

Weitere Punkte, die regelmäßig auf den Tagesordnungspunkten einer Hauptversammlung stehen, sind:

- **Entscheidung zur Gewinnverwendung.** Wenn das Unternehmen Gewinne erwirtschaftet hat, stimmen die Aktionäre über den Vorschlag des Vorstands ab, welcher Teil davon in Form einer Dividende an die Aktionäre ausgeschüttet wird. Allerdings kann das Unternehmen zunächst 50 Prozent des Gewinns den betrieblichen Rücklagen zuführen. Nur über den Rest können die Miteigentümer dann abstimmen.

- **Entlastung von Vorstand und Aufsichtsrat.** Die Aktionäre müssen entscheiden, ob sie mit den Leistungen der Vorstands- und Aufsichtsratsmitglieder einverstanden sind. Sind sie das nicht, zum Beispiel weil das Ergebnis eingebrochen ist oder Klagen gegen das Unternehmen vorliegen, können sie die Entlastung verweigern. Dieser Vertrauensentzug wird aber lediglich dokumentiert und führt nicht dazu, dass die jeweiligen Personen entlassen werden. Allerdings setzt eine verweigerte Entlastung Vorstand und Aufsichtsrat insoweit unter Druck, als dies in den Medien häufig besondere Beachtung findet und negativ interpretiert wird.
- **Wahlen zum Aufsichtsrat.** Die Unternehmensführung in einer deutschen AG erfolgt durch den Vorstand. Der Aufsichtsrat ist ein Kontrollgremium, das den Vorstand überwacht und berät. Nur er kann Vorstände abberufen und bestellen. Er wird regulär alle vier Jahre gewählt und setzt sich aus Vertretern der Aktionäre und der Arbeitnehmer des Unternehmens zusammen. Auf der Hauptversammlung wählen die Aktionäre ihren Teil des Aufsichtsrats. Bei vielen Unternehmen werden diese Aufsichtsräte überwiegend aus dem Kreis ihrer Großaktionäre berufen.
- **Beschluss zur Kapitalerhöhung:** Wenn der Vorstand das Grundkapital der AG erhöhen und neue Aktien ausgeben will, braucht er stets die Zustimmung der Aktionäre.

Vertretung auf der Hauptversammlung

Aktionäre können häufig auch online an Hauptversammlungen teilnehmen und abstimmen. Auch Briefwahlen sind möglich. Ein Aktionär kann, muss aber sein Stimmrecht auf einer Hauptversammlung nicht selbst ausüben. Er kann einen Dritten beauftragen, ihn zu vertreten. Will ein Kleinaktionär seine Stimme mit anderen Kleinaktionären bündeln, um ihr gegenüber den Großanlegern zu mehr Gewicht zu verhelfen, kann er sein Stimmrecht auf Aktionärsvereinigungen übertragen, die sich als Interessensvertretung für private Aktionäre sehen. Wie diese auf der Hauptversammlung abstimmen wollen, geben sie meist bereits vorher bekannt. Ist der Kleinaktionär mit dem geplanten Abstimmungsverhalten einverstanden, bietet sich die Stimmrechtsübertragung vor allem dann an, wenn er selbst an der Hauptversammlung aus privaten oder organisatorischen Gründen nicht teilnehmen kann.

Aktionäre können auch ihre Depotbank bevollmächtigen, das Stimmrecht auf der Hauptversammlung für sie auszuüben. Sie können der Bank Weisungen erteilen, bei bestimmten Entscheidungen nach ihren Vorgaben abzustimmen. Sonst besteht die Gefahr, dass die Bank mit dem Stimmrecht nur ihre eigenen Interessen durchsetzt. Da Banken häufig Großaktionäre sind, weichen diese Interessen von denen der Kleinanleger aber nicht selten ab.

▶ **Die bekanntesten und größten Aktionärsvereinigungen in Deutschland sind die Deutsche Schutzgemeinschaft für Wertpapierbesitz (DSW, www.dsw-info.de) und die Schutzgemeinschaft der Kapitalanleger (SdK, www.sdk.org). Auch der Aktionärsvereinigung „Kritische Aktionäre" (www.kritischeaktionaere.de) können Anleger ihr Stimmrecht übertragen. Diese fordert von Unternehmen unter anderem mehr Umweltschutz und Transparenz sowie die Einhaltung von Arbeits- und Menschenrechten.**

Die Dividende

Aktionären steht eine Beteiligung am Unternehmensgewinn in Form einer Dividendenzahlung zu – vorausgesetzt, die Aktiengesellschaft erzielt einen Gewinn.

Als Miteigentümer der Aktiengesellschaft hat ein Aktionär Anspruch darauf, am Erfolg des Unternehmens beteiligt zu werden. Ein Recht auf eine feste Verzinsung oder eine feste Rückzahlung wie ein Anleihegläubiger hat er allerdings nicht. Erzielt die Gesellschaft einen Gewinn, kann sie einen Teil davon an die Aktionäre ausschütten. Diese Ausschüttung heißt Dividende, abgeleitet aus dem lateinischen „dividere" (teilen). Selten wird der gesamte Bilanzgewinn eines Jahres an die Aktionäre ausgeschüttet. Vielmehr wandern häufig bis zu 50 Prozent des Gewinns zunächst in betriebliche Rücklagen und Investitionen. Ob, wann und in welcher Höhe der restliche Gewinn an die Aktionäre verteilt wird, entscheidet die Hauptversammlung mit einfacher Mehrheit aufgrund eines Vorschlages des Vorstands. Die Aktionärsversammlung kann sich auch gegen die Auszahlung einer Dividende entscheiden, wenn beispielsweise die Kapitalsubstanz des Unternehmens gestärkt werden soll. Plant ein Unternehmen zum Beispiel eine größere Investition oder Expansion, kann die Hauptversammlung beschließen, den Gewinn dafür einzusetzen und keine Dividende zu zahlen.

Meist erfolgt die Dividendenzahlung am dritten Geschäftstag, der auf den Beschluss der Hauptversammlung folgt. Am Tag der Ausschüttung sinkt der Aktienkurs meist um die gezahlte Dividende, da durch die Ausschüttung die Substanz des Unternehmens entsprechend gemindert wird (Dividendenabschlag). Der Kurs wird nach der Ausschüttung bei seiner Notierung an der Börse oder in den Tabellen von Wirtschaftsmedien häufig durch einen entsprechenden Hinweis „ex D" (ohne Dividende) gekennzeichnet. In Deutschland wird die Dividende üblicherweise jährlich gezahlt. In manchen Ländern, wie zum Beispiel den USA und Großbritannien, sind quartalsweise Dividendenzahlungen üblich.

Die Dividende wird meist nicht in Prozent, sondern in Währungseinheit pro Stück angegeben. Die Dividende, die ein Aktionär insgesamt bekommt, richtet sich daher nach der Anzahl der Anteile am Unternehmen. Wurde beispielsweise eine Dividende von 2 Euro je Aktie beschlossen und besitzt er 100 Aktien des Unternehmens, steht ihm eine Dividende von 200 Euro zu. Allerdings wird von diesem Betrag noch die ➚ Abgeltungsteuer von 25 Prozent (zuzüglich 5,5 Prozent Solidaritätszuschlag) einbehalten. Dies übernimmt in der Regel die Depotbank. Der verbleibende Betrag – im Beispiel wären das 147,25 Euro – wird dem Aktionär auf sein zum Wertpapierdepot gehörendes Konto gezahlt.

Mehr zur Abgeltungsteuer siehe „Was sollten Sie bei der Steuer beachten?", S. 50.

Dividenden statt Zinsen?

Die Dividendenzahlung ist für Anleger nur ein Teil der tatsächlichen Rendite. Ob sich eine Aktienanlage lohnt, hängt vor allem von der Entwicklung des Aktienkurses ab. Nach einer Auswertung des Fondsverbands BVI der vergangenen 40 Jahre machen die Dividende etwas mehr als 40 Prozent und die Kursgewinne knapp 60 Prozent der Gesamtrendite europäischer Aktien aus. Das zeigt, dass Aktien von dividendenstarken Unternehmen für Anleger ein Puffer in Zeiten stagnierender oder fallender Börsen sein können. Denn solide Unternehmen zahlen häufig auch dann Dividenden an ihre Aktionäre, wenn der Kurs der Aktie zwischenzeitlich fällt. Mit den Dividendeneinnahmen fällt es leichter, zwischenzeitliche Kursverluste auszusitzen.

Manche Anleger zielen nicht in erster Linie auf Kursgewinne, sondern sehen in Aktien von Unternehmen, die in der Vergangenheit zuverlässig Dividenden ausgeschüttet haben, einen Ersatz für Zinsanlagen. Eine solche Dividendenstrategie kann in Zeiten niedriger Zinsen durchaus Sinn machen. Denn es ist möglich, dass das Marktzinsniveau durch Zentralbankinterventionen längere Zeit niedrig gehalten wird.

Langfristanleger, denen es mehr auf regelmäßige Erträge als auf Kurssteigerungen ankommt, können bei ihrer Aktienauswahl besonders auf sogenannte Dividendenaristokraten setzen. So werden Aktien von Unternehmen bezeichnet, die in der Vergangenheit (zehn Jahre und länger) jedes Jahr eine Dividende an ihre Aktionäre gezahlt haben.

Sie müssen sich aber bewusst sein, dass es keine Gewähr gibt, dass ein Unternehmen, das in der Vergangenheit hohe Dividenden gezahlt hat, dies auch zukünftig tut. Wenn es beispielsweise keinen Gewinn erzielt oder beschließt, diesen für Investitionen einzusetzen, können Dividenden auch ausbleiben.

Dividenden sind ein wichtiger Ertragsbestandteil

Der Gesamtertrag eines Anlegers setzt sich aus Kursgewinnen und Dividenden zusammen. Wie sich der durchschnittliche jährliche Gesamtertrag bei verschiedenen Indizes und Laufzeiten in der Vergangenheit verteilte, zeigt diese Grafik.

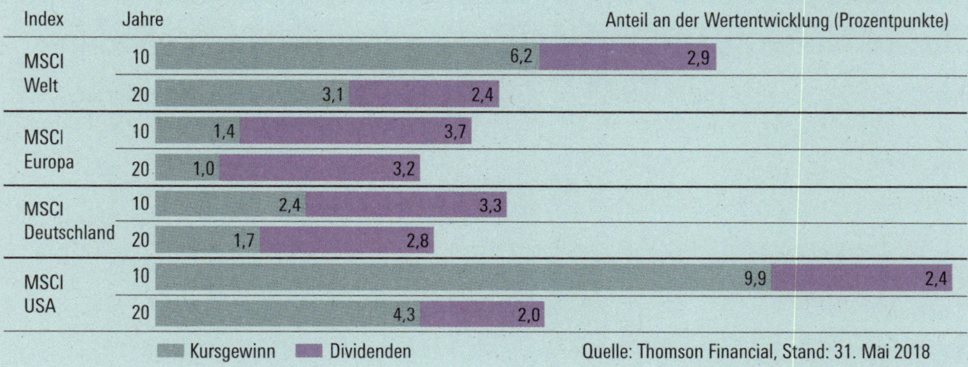

Wichtig ist, dass die Dividende aus dem laufenden Gewinn gezahlt wird. Schüttet ein Unternehmen Dividenden mangels Gewinn zulasten der Substanz aus, um die Aktionäre bei Laune zu halten, ist dies ein Alarmzeichen.

Nicht immer fließt Geld

Eine Dividende muss nicht zwingend in Form von Geld ausbezahlt werden. Das Unternehmen kann auf seiner Hauptversammlung auch andere Arten der Dividendenzahlung beschließen. Voraussetzung ist, dass die Satzung dies vorsieht:

- **Sachdividende.** Von einer Sachdividende spricht man, wenn eine Aktiengesellschaft die Dividende nicht als Bargeld, sondern in Form von Sachgütern auszahlt.
- **Stockdividende.** Die Stockdividende ist eine besondere Form der Sachdividende, bei der die Anleger kostenlose Aktien – oft Aktien von Tochtergesellschaften des Unternehmens – erhalten.

Nicht alles auf die Dividendenkarte setzen

Auch wenn bei manchen Dividendenaktien als die neuen Anleihen gelten, sollten Sie nicht alles auf die „Dividendenkarte" setzen, wenn für Sie regelmäßige Einkünfte wichtig sind. Eine vernünftige Streuung auf Zinspapiere/Festgelder und Dividendenpapiere garantiert laufende Einnahmen auch dann, wenn die Aktienausschüttungen ausbleiben.

Aufwand mit Auslands-Dividenden

Bei Dividenden ausländischer Aktiengesellschaften werden oft Quellensteuern im Heimatland des Unternehmens erhoben. Diese betragen häufig 15 Prozent, wie zum Beispiel in den Niederlanden oder Luxemburg, in der Schweiz sogar 35 Prozent. Um die doppelte

Quellensteuern auf Dividenden in verschiedenen Ländern

Land	Quellensteuer (Prozent)	Erstattungsanspruch im Ausland (Prozent)	Anrechenbar in Deutschland (Prozent)
Australien	30,0	15,0	15,0
Belgien	30,0	15,0	15,0
VR China	20,0	10,0	10,0
Dänemark	27,0	12,0	15,0
Finnland	30,0	15,0	15,0
Frankreich	12,8	17,2	12,8
Griechenland	15,0	0,0	15,0
Großbritannien	0,0	0,0	0,0
Irland	20,0	20,0	0,0
Italien	26,0	11,0	15,0
Japan	15,0	0	15,0
Kanada	25,0	10,0	15,0
Luxemburg	15,0	0,0	15,0
Neuseeland	15,0	0,0	15,0
Niederlande	15,0	0,0	15,0
Norwegen	25,0	10,0	15,0
Österreich	27,5	12,5	15,0
Portugal	28,0	13,0	15,0
Russland	30,0	15,0	15,0
Schweden	30,0	15,0	15,0
Schweiz	35,0	20,0	15,0
Singapur	0,0	0,0	0,0
Spanien	19,0	4,0	15,0
Südafrika	20,0	5,0	15,0
Südkorea	20,0	5,0	15,0
USA	15,0	0,0	15,0

Quelle: Bundeszentralamt für Steuern, eigene Recherche. Stand: 1. April 2018

Belastung mit Steuern im Herkunftsland der Dividenden und im Wohnsitzland des Anlegers abzumildern, hat Deutschland mit über 80 Ländern weltweit Doppelbesteuerungs-Abkommen (DBA) abgeschlossen. In diesen ist festgelegt, welcher Prozentsatz letztlich im Herkunftsland verbleiben darf. Die ausländische Quellensteuer ist auf die deutsche Quellensteuer bis zu einem Betrag von 15 Prozent anrechenbar. Ist die ausländische Quellensteuer höher, können sich Anleger den Rest in teilweise mühsamen Verfahren vom ausländischen Fiskus erstatten lassen.

Wie aufwendig das Erstattungsverfahren in der Praxis für Anleger ist, hängt vom ausländischen Staat ab:

Keinen Aufwand haben sie mit Dividenden aus Großbritannien und den USA. In Großbritannien gibt es keine Quellensteuer, und bei US-Dividenden wird die Quellensteuer von vornherein auf 15 Prozent gesenkt, wenn Anleger ihrer Depotbank ein US-Formular W-8BEN erteilt haben. In Ländern, in denen die Quellensteuer lediglich 15 Prozent oder weniger beträgt, ist in der Regel keine Rückerstattung erforderlich und die Depotbank verrechnet die deutsche Abgeltungsteuer automatisch.

In Ländern mit höherem Quellensteuersatz verläuft die Erstattung sehr unterschiedlich. Während in der Schweiz und in Österreich die Erstattung nach dem Antrag des Anlegers meist reibungslos klappt, sieht das bei spanischen und italienischen Aktien erfahrungsgemäß anders aus. Aktien aus Spanien und Italien liegen aufgrund ihrer oftmals hohen Dividenden in vielen Depots deutscher Anleger. Doch die Rückerstattung der Quellensteuer dauert häufig Jahre – selbst dann, wenn Anleger die komplizierten Erstattungsanträge korrekt ausgefüllt haben.

Beispiel: So rechnet die Schweizer Behörde

Ein lediger Anleger aus Deutschland besitzt Aktien des Schweizer Konzerns Nestlé und erhält dafür im Jahr 2018 eine Bruttodividende von rund 1000 Euro. Die Aktien liegen in seinem inländischen Wertpapierdepot. Den Sparerfreibetrag von 801 Euro hat er bereits ausgeschöpft.

Schritt 1: Die Schweizer Steuerbehörden erhalten 35 Prozent (350 Euro) der Dividendenauszahlung. Das Unternehmen Nestlé führt die Steuern direkt an den Schweizer Fiskus ab. Die Depotbank bescheinigt dem Anleger den Steuerabzug auf der Dividendenabrechnung. Von der Dividende bleiben zunächst 650 Euro.

Schritt 2: Gemäß Doppelbesteuerungsabkommen zwischen Deutschland und der Schweiz wird ein Steuerabzug in Höhe von 15 Prozent der Dividende, also 150 Euro, auf die deutsche Abgeltungsteuer angerechnet. Für 1000 Euro Bruttodividende wären in Deutschland normalerweise 250 Euro Abgeltungsteuer fällig. Da dem Anleger aber vom Steuerabzug in der Schweiz 150 Euro angerechnet werden, führt seine Depotbank nur noch 100 Euro Abgeltungsteuer und zusätzlich 5,5 Prozent Solidaritätszuschlag (5,50 Euro) ab. Von 1000 Euro Dividende hat er noch 544,50 Euro.

Schritt 3: Die verbliebenen 20 Prozent (200 Euro) der Schweizer Steuern, die nicht mit der Abgeltungsteuer verrechnet werden, kann sich der Anleger bei der Eidgenössischen Steuerverwaltung zurückholen. Im Antrag muss das zuständige deutsche Finanzamt den Wohnsitz des Aktionärs bestätigen.

Ergebnis: Die Schweizer Finanzverwaltung erstattet 200 Euro. Von 1000 Euro Bruttodividende bleiben dem Anleger nach Steuern demnach 744,50 Euro.

In manchen Ländern können Anleger einen Antrag auf „Vorabbefreiung" stellen. Dann wird nur so viel Quellensteuer abgezogen, wie in Deutschland angerechnet wird. Die aufwendige Rückerstattung entfällt. Dies empfiehlt sich vor allem für Frankreich und Italien. Allerdings sind die Formulare, die das Bundeszentralamt für Steuern dafür auf seiner Internetseite bereitstellt, zum Teil sehr kompliziert. Bei hohen Dividendensummen kann es sich daher anbieten, dass ein Anleger seine Depotbank mit der Abwicklung betraut, wenn sie diesen Service anbietet. Die Gebühren dafür sind unterschiedlich und Anleger sollten abwägen, ob die Kosten in einem vernünftigen Verhältnis zum Erstattungsbetrag stehen. Auch die Deutsche Schutzvereinigung für Wertpapierbesitz (DSW) bietet einen Erstattungsservice an.

Die Quellensteuer im Blick

Achten Sie schon bei der Aktienauswahl nicht nur auf die Dividende, sondern auch auf die Quellensteuer. Oft sind Sie im Hinblick auf Aufwand und Kosten mit Aktien deutscher Firmen oder von Unternehmen aus „unkomplizierten Erstattungsstaaten" besser dran.

▶ Auf der Internetseite des Bundeszentralamts für Steuern www.bzst.de finden Sie nützliche Informationen zu ausländischen Quellensteuersätzen und Formulare für den Antrag auf Erstattung.

Die Kurse im Präsenzhandel – ein Beispiel

Der Kurs, zu dem dann der Handel stattfinden kann, wird nach einem Rechenschema festgelegt, das das folgende Beispiel zeigt:

Kaufaufträge (Stück)	Limit (Euro)	Verkaufsaufträge (Stück)	Limit (Euro)
100	Billigst	80	Bestens
60	46,00	120	45,00
80	45,50	40	45,50
55	45,00	65	46,00

Zu jedem Kurs muss ermittelt werden, wie viele Aktien ge- und verkauft werden können. Die niedrigere Summe entspricht dem möglichen Umsatz. Der Kurs mit dem höchsten Umsatz wird dann der festgestellte Kurs. Das ist hier der Kurs von 45,50 Euro.

Kurs	Mögliche Käufe	Mögliche Verkäufe	Möglicher Umsatz
45,00	55+80+60+100=295	120+80=200	200
45,50	80+60+100=240	40+120+80=240	240
46,00	60+100=160	65+40+120+80=305	160

Der Kurs einer Aktie

Der Aktienkurs eines Unternehmens zeigt, wie Anleger seine wirtschaftliche Lage und Zukunftschancen einschätzen.

Der Börsenkurs einer Aktie ist ihr an einer Börse festgestellter Preis. Angebot und Nachfrage nach dem Wertpapier treffen aufeinander und werden im Präsenzhandel durch Börsenmakler (Skontroführer) oder – heute überwiegend – im elektronischen Handel durch Computersysteme der Börse wie zum Beispiel Xetra zusammengeführt.

Die Kurse im Präsenzhandel

Damit möglichst viele aktuell vorliegenden Kauf- und Verkaufsaufträge an der Börse berücksichtigt werden können, wird ein Kurs ermittelt, zu dem die größtmögliche Anzahl an Aufträgen erfüllt werden kann (Meistausführungsprinzip).

Dabei müssen Käufer und Verkäufer verschiedene Orderzusätze berücksichtigen. Diese geben meist für eine Kauforder einen Höchstpreis und für eine Verkaufsorder einen Mindestpreis mit an. Geben Käufer oder Verkäufer kein Limit an, akzeptieren sie jeden Preis, kaufen also „billigst" und verkaufen „bestens". Wie das funktioniert, zeigt das Beispiel „Die Kurse im Präsenzhandel".

HÄTTEN SIE'S GEWUSST?

Der 1988 eingeführte Dax sollte ursprünglich Kiss heißen, abgeleitet von „Kursinformationssystem".

Rund die Hälfte aller 30 heute im Dax vertretenen Unternehmen sind von Anfang an dabei. Nicht mehr dabei sind zum Beispiel Hoechst, Nixdorf und Degussa.

Mehr als die Hälfte des Aktienkapitals der im Dax notierten Unternehmen ist überwiegend in der Hand ausländischer Investoren.

Den Rekord bei den größten Kursverlusten an einem Tag hält die Aktie des Finanzdienstleisters MLP, die im August 2002 um 48 Prozent fiel. MLP ist heute im SDax notiert.

An der Wall Street wird der Handel immer mit dem Läuten einer Glocke („Closing Bell") beendet. Viele Prominente hatten bereits die Ehre, dieses Ritual auszuführen.

Die Kurse im elektronischen Handel Xetra

Aktien, die in einem der Auswahlindizes der Deutschen Börse notiert sind (also zum Beispiel im Dax, MDax oder TecDax), werden im „Fortlaufenden Handel" gehandelt. Bei dieser Handelsform kann während der Börsenzeit jederzeit ein Aktienkurs festgestellt werden. Reicht die Liquidität nicht aus, sorgt ein „Designated Sponsor" dafür, dass ein Handel stattfinden kann. Designated Sponsors sind Banken oder sonstige Finanzdienstleister, die im elektronischen Handel verbindliche Preislimits für den An- und Verkauf von Wertpapieren stellen und damit deren Handelbarkeit gewährleisten.

Bei Wertpapieren, die nicht im fortlaufenden Handel notiert sind, findet der Handel in fortlaufenden Auktionen statt, bei denen das Meistausführungsprinzip wie im Präsenzhandel gilt.

Kursarten

An der Börse gibt es nicht nur den einen Kurs. Vielmehr unterscheiden Fachleute nach verschiedenen Kriterien folgende Kursarten:

- **Geldkurs, Briefkurs und Spread.** Der Preis, zu dem Käufer bereit sind, Wertpapiere zu kaufen, wird als Geldkurs (englisch „Bid") bezeichnet. Im Gegensatz dazu ist der Briefkurs (englisch „Ask") der Kurs, zu dem Verkäufer bereit sind, zu verkaufen. Die Differenz zwischen Geld- und Briefkurs wird als Spread bezeichnet.

- **Eröffnungs-, Höchst-, Tiefst- und Schlusskurs.** Im Laufe eines Börsentages ändert sich der Kurs einer Aktie ständig. Vier Werte im Tagesverlauf sind für Börsianer, insbesondere für solche, die sich mit der Chartanalyse befassen, besonders wichtig: Der Eröffnungskurs ist der erste Kurs des Börsentages. Der Höchst- und Tiefstkurs (Tageshoch und Tagestief) zeigen die extremsten Aktienpreise eines Börsentages. Der Schlusskurs schließlich ist der letzte Kurs, der während des Börsenhandels festgestellt wurde.
- **Realtimekurs.** Bei Direktbanken und Finanzseiten im Internet werden Börsenkurse in der Regel mit 15- beziehungsweise 20-minütiger Verzögerung angezeigt. Aktuelle Kurse in Echtzeit ohne Zeitverzögerung bezeichnet man als Realtime-Kurse. Kostenlos sind meist nur Realtime-Daten von großen Indizes wie dem Dax. Realtime-Kurse von Einzelaktien, die nur Börsenprofis benötigen, die diese innerhalb eines Tages mitunter auch mehrmals handeln, sind in der Regel kostenpflichtig.

Bulle und Bär

Viele kennen die beiden in Bronze gegossenen Figuren eines Bullen und eines Bären, die auf dem Frankfurter Börsenplatz stehen. Die beiden Tiere sind auch über Frankfurt hinaus in der Börsenwelt sehr prominent. In stilisierter Form finden Sie sie auf dem Cover dieses Buches. Sie stehen für die Richtung, die Börsenkurse einschlagen können: Der Bulle schleudert mit seinen Hörnern nach oben, der Bär schlägt mit den Tatzen nach unten. Übertragen stehen also Bullen für steigende, Bären für fallende Aktienkurse.

Neben dieser Erklärung gibt es noch verschiedene Legenden, wie die beiden Tiere den Weg in die Börsenwelt gefunden haben. Eine Legende sieht den Ursprung des tierischen Vergleichs im Krimkrieg Mitte des 19. Jahrhunderts, in dem Sir John Bull die siegreichen englischen Truppen führte. Die Unterlegenen waren die russischen Truppen, symbolisch vertreten durch ihr Nationaltier, den Bären.

Doch die simple Übersetzung „Bulle gleich steigende, Bär gleich fallende Kurse" erfasst die Bedeutung des börsianischen Tierpaares nicht ganz. Denn Bulle und Bär beschreiben nicht nur die Situation, sondern auch die Stimmung an der Börse. So können etwa in einer allgemein guten Stimmung, einem Bullen-Markt, schlechte Unternehmensnachrichten weniger stark auf den Kurs drücken als zu Zeiten, in denen die Bären dominieren. In Bärenmärkten steigen umgekehrt Aktien unter Umständen nicht, selbst wenn sie eigentlich ein guter Tipp wären. Phasen anhaltender Kursrückgänge und schwacher Gesamtmärkte werden auch als „Baisse" bezeichnet. Zeiten, in denen die Börsenkurse dauerhaft steigen und die Stimmung am Gesamtmarkt positiv ist, nennt man auch „Hausse". Anleger oder Analysten, die mit steigenden Kursen rechnen, bezeichnet man im Börsenjargon auch als „bullish", Anleger die die zukünftigen Kurse eher als pessimistisch einschätzen, sind hingegen „bearish".

Besondere Situationen im Aktionärsleben

Aktiengesellschaften können durch verschiedene Maßnahmen ihr Grundkapital oder die Aktien- und Stimmrechtsstruktur verändern.

Wenn Aktiengesellschaften neues Kapital benötigen, um beispielsweise ein anderes Unternehmen zu übernehmen, stehen ihnen verschiedene sogenannte Kapitalmaßnahmen zur Verfügung, die das Grundkapital der Gesellschaft verändern können. Da sich die Stimmrechtsanteile der Aktionäre auf einen bestimmten Prozentsatz am Grundkapital beziehen, sind bei Kapitalmaßnahmen in der Regel auch deren Stimmrechte betroffen.

Einer Kapitalerhöhung müssen die Aktionäre auf der Hauptversammlung zustimmen.

Kapitalerhöhung

Wenn Aktionäre von einer geplanten Kapitalerhöhung bei „ihrem" Unternehmen hören, sollten sie besonders aufmerksam werden. Sie kann nämlich Chance oder Krise bedeuten. Bei einer Kapitalerhöhung gibt eine Gesellschaft neue Aktien aus und erhöht so ihr Eigenkapital. Wichtig ist für Anleger, wofür das Unternehmen das „frische" Geld benötigt.

Will das Unternehmen das Geld für den Schuldenabbau oder für Expansionen einsetzen, kann sich dies positiv auf den Kurs der Aktie auswirken, wenn der Markt diese Maßnahmen für sinnvoll erachtet. Ist hingegen eine Kapitalerhöhung eines der letzten Mittel des Unternehmens, um zahlungsfähig zu bleiben, kann dies den Wert einer Aktie weiter in den Keller treiben.

Einer Kapitalerhöhung müssen die Aktionäre auf der Hauptversammlung zustimmen. Das Aktiengesetz unterscheidet zwischen einer „effektiven Kapitalerhöhung", bei der das Eigenkapital durch einen Mittelzufluss von außerhalb des Unternehmens betragsmäßig erhöht wird, und der „nominellen Kapitalerhöhung". Sie erfolgt aus Gesellschaftsmitteln und stellt somit eine Innenfinanzierung dar.

▸ Die effektive Kapitalerhöhung

Der Regelfall der effektiven Kapitalerhöhung ist die sogenannte „ordentliche Kapitalerhöhung". Bei dieser gibt das Unternehmen Aktien – man nennt sie „junge Aktien" – aus und erhält dafür Bargeld, manchmal auch Sachwerte wie Grundstücke. Die Höhe der Emission ist nicht begrenzt. Der Preis der jungen Aktien muss mindestens dem Nennwert der Aktie entsprechen. Die Obergrenze ist der Börsenkurs der Altaktie am Tag der Ausgabe. Um Anreize für den Kauf junger Aktien zu schaffen, liegt der Preis meist unter dem aktuellen Börsenkurs.

Oft ruft die AG ihre Mitglieder nicht erst dann zusammen, wenn sie das Geld tatsächlich braucht, sondern lässt sich Kapitalerhöhungen auf fünf Jahre im Voraus genehmigen. Fachleute sprechen dann von „genehmigtem Kapital". Diese Finanzierung erlaubt dem Vorstand, zum günstigsten Zeitpunkt Aktien auf den Markt zu bringen, um beispielsweise Geld für einen Unternehmenskauf zu beschaffen.

Bei der „bedingten Kapitalerhöhung", einer Variante der effektiven Kapitalerhöhung, hängt die Höhe der Emission davon ab, inwieweit die Anleger von Umtausch- oder Bezugsrechten Gebrauch machen. Die Unternehmen geben dann nämlich nicht direkt Aktien aus, sondern lediglich Anrechte auf den späteren Erwerb der Papiere.

Drei Spielarten gibt es hier:

1. Anleger erwerben eine Wandelschuldverschreibung oder eine Optionsanleihe und damit das Recht zum Tausch oder zum Bezug von Aktien.
2. Aktionären werden Umtausch- und Bezugsrechte gewährt, wenn zwei Unternehmen in einer neuen Gesellschaft aufgehen sollen.
3. Die Firma gibt Belegschaftsaktien aus.

▸ Bezugsrechte

Mit der Kapitalerhöhung steigt die Zahl der Unternehmensanteile, und die Gewichtung des einzelnen Papiers sinkt. Altaktionäre erhalten deshalb in der Regel ein Bezugsrecht auf die jungen Aktien. So soll sichergestellt sein, dass ihr prozentualer Anteil am Grundkapital derselbe bleiben kann wie vor der Kapitalerhöhung. Wenn bei einer Kapitalerhöhung ein Bezugsrecht für Altaktionäre hingegen ausgeschlossen wurde, darf die Kapitalerhöhung 10 Prozent des vorherigen Grundkapitals nicht übersteigen. Die jungen Aktien sind oft deutlich billiger zu haben, als die alten vor der Kapitalerhöhung wert waren. Für die so ausgelöste Verwässerung des Kurses wird der Altaktionär mit dem Bezugsrecht entschädigt.

Übt der Altaktionär sein Bezugsrecht nicht aus, kann er es verkaufen. Der rechnerische Wert ergibt sich aus der Differenz zwischen dem alten Aktienkurs und dem neuen, niedrigeren Kurs unter Berücksichtigung des Bezugsverhältnisses. Besteht ein hohes Interesse an den neuen Aktien, kann das Bezugsrecht an der Börse auch mehr als den rechnerischen Wert einbringen.

Aktionäre, denen eine Gesellschaft die Kapitalerhöhung mitteilt und ein Bezugsangebot unterbreitet, haben mindestens zwei Wochen Zeit, sich zu entscheiden. Diese Frist nennt sich „Bezugsfrist".

***Beispiel:** Eine AG erhöht ihr Grundkapital von 100 auf 120 Millionen Euro. Aktionäre erhalten das Recht, für jeweils fünf alte Aktien eine neue zu kaufen, das Bezugsverhältnis beträgt also 5 zu 1. Der Börsenkurs der alten Aktie steht bei 17*

Euro, der Preis der neuen Aktie ist auf 8 Euro festgesetzt.
Ein Aktionär dieser AG erhält damit für 5 Altaktien zum Kurs von 17 Euro eine neue Aktie zum Kurs von 8 Euro und hat dann 6 Aktien für 93 Euro. Rein rechnerisch ist der Wert der Aktien nach der Kapitalerhöhung von früher 17 Euro auf jetzt (93 Euro : 6 =) 15,50 Euro gesunken. Das bedeutet einen Verlust von 1,50 Euro pro Aktie.

Dieser Betrag entspricht dem Wert des Bezugsrechts. Übt ein Aktionär es nicht aus, kann er es an der Börse verkaufen und so den Wertverlust seiner Aktien grundsätzlich ausgleichen. Die Bezugsrechte werden bis zur Ausgabe der neuen Aktien als eigenständiges Wertpapier an der Börse gehandelt. Dort bestimmt sich der Preis dann allerdings nach Angebot und Nachfrage, also vor allem danach, wie die Börse die Kapitalerhöhung aufnimmt.

In einer Formel ausgedrückt ermittelt sich der Wert des Bezugsrechts so:

	(Börsenkurs Altaktie
	– Ausgabekurs neue Aktie)
/	(Bezugsverhältnis + 1)
=	**Bezugsrechtswert**

Sobald der Handel mit den Bezugsrechten an der Börse beginnt, werden die Altaktien der Gesellschaft mit einem entsprechenden Abschlag notiert und mit dem Kurshinweis „ex BR“ oder „ex Bez“ (nach Bezugsrecht) gekennzeichnet. Meist ist dieser erste Handelstag der vorletzte Börsentag vor Ablauf der Bezugsfrist.

▶ Kapitalerhöhung aus Gesellschaftsmitteln

Bei der (nominellen) Kapitalerhöhung aus Gesellschaftsmitteln wandelt das Unternehmen Gewinn- und Kapitalrücklagen in Grundkapital um und gibt neue Aktien an die Altaktionäre aus. Sie erhalten die neuen Aktien entsprechend der Höhe ihrer Beteiligung, ohne zuzahlen zu müssen. Sie werden daher als Gratisaktien bezeichnet. Umsonst sind sie aber nicht. Denn sie werden aus Gewinnen finanziert, die das Unternehmen in früheren Jahren erwirtschaftet, aber nicht an die Aktionäre ausgeschüttet hat. Man nennt Gratisaktien daher auch Berichtigungsaktien. Der Kurs der einzelnen Aktien sinkt, weil sich nur die Zahl der ausgegebenen Aktien, nicht aber der Gesamtwert des Unternehmens ändert. Nur wenn die Dividende pro Aktie nicht gesenkt wird, ziehen die Aktionäre aus dieser Form der Kapitalerhöhung einen Vorteil, weil ihnen dann bei der nächsten Dividendenausschüttung mehr Geld zufließt als vor der Kapitalerhöhung.

Kurskosmetik durch Aktiensplit

Unternehmen, die in der Vergangenheit überdurchschnittlich gewachsen sind und deren Aktienkurs daher stark gestiegen ist, können durch Aktiensplits den Aktienpreis wieder auf ein „normales“ Level zurückführen. Dies geschieht dadurch, dass die Zahl der Aktien um ein bestimmtes Vielfaches erhöht, der Nominalwert entsprechend reduziert wird. Das Grundkapital der AG ändert sich nicht. Bei einem Split-Verhältnis von 1 zu 5 haben Aktionäre ab dem Tag des Aktiensplits die fünffache

Anzahl an Aktien in ihrem Depot, die einzelnen Aktien sind jedoch nur noch ein Fünftel wert. Am Gesamtwert der Aktienposition ändert sich somit nichts für die Anleger. Auch die Stimmrechtsverhältnisse in der Hauptversammlung bleiben gleich.

Firmen führen Aktiensplits durch, um den Preis für eine Aktie zu senken, diese damit für eine größere Anlegerzahl attraktiv zu machen und so die Liquidität der Aktie zu erhöhen. Davon profitieren auf den ersten Blick vor allem Kleinanleger, die sich zu hohe Preise für eine Aktie nicht leisten können. Auch institutionelle Anleger, Vermögensverwalter und Fondsgesellschaften können mit „zu teuren" Aktien kaum noch angemessene Verhältnisse der Aktie zu anderen Positionen des Gesamtdepots darstellen. ➚ Indexfonds, die Aktien physisch kaufen, um einen Index nachzubilden, tun sich mit teuren Aktien schwerer, die richtigen Verhältnisse nachzubilden.

Zu Indexfonds, die Aktien physisch kaufen, siehe „Fachbegriffe erklärt", Stichwort „Physische Replikation", S. 170.

Aktien mit niedrigeren Preisen stehen auch öfter im Fokus von Analysten und sind daher in der Öffentlichkeit präsenter. Es wird vermutet, dass dies daran liegt, dass Analysten sich von Aktien mit stark gestiegenen Kursen eher abwenden, da es bereits viele Einschätzungen zum Unternehmen gab oder sie ungern Verkaufsempfehlungen geben, wenn eine Aktie ihrer Meinung nach überbewertet ist. Interessant ist auch folgende Theorie: Bei niedrigeren Aktienpreisen nehmen die Transaktionen zu und es steigen damit die Einnahmemöglichkeiten der Banken und Broker. Diese geben daher mehr Analysen zu „billigeren" Aktien ab, um ihr Geschäft zu beleben.

In den Chartdarstellungen und Kursverläufen wird ein Aktiensplit zumeist automatisch angepasst, sodass er aus der Grafik selbst nicht zu erkennen ist. Es gibt also keinen Kurseinbruch auf einem Chart vom Preis der alten auf die neue Aktie.

Vorsicht beim Verkauf

Am Tag des Preisabschlags können Sie nur Ihren Altbestand verkaufen – aber nur zum wesentlich geringeren Preis der neuen Aktien. Warten Sie also lieber, bis die neuen, zusätzlichen Papiere in Ihrem Depot eingebucht sind. Das kann einige Börsentage dauern.

Neuemissionen

Viele Unternehmen sind weder Aktiengesellschaften noch an einer Börse notiert. Wollen sie die Eigenkapitalbasis stärken, zum Beispiel um ein weiteres Wachstum zu finanzieren, ohne dabei allein von Banken und Fremdkapital abhängig zu sein, bietet es sich häufiger an, den Schritt an die Börse zu wagen. Damit öffnet sich das Unternehmen für einen breiten Anlegerkreis. Ein Börsengang kann sich daneben positiv auf den Bekanntheitsgrad, die Wettbewerbsfähigkeit und die Attraktivität für Mitarbeiter auswirken.

Das erstmalige Angebot der Aktien am Kapitalmarkt nennt man „Neuemission", „Going

Checkliste

Eine Neuemission prüfen

Die folgenden Punkte sollten Sie prüfen, bevor Sie sich für eine Neuemission entscheiden:

- ☐ Hat das Unternehmen in der Vergangenheit bewiesen, dass es Gewinne erwirtschaften kann, und ein Geschäftsmodell, das auch zukünftig Erfolg verspricht?
- ☐ Bekommt das Unternehmen durch den Börsengang neues Geld in Form einer Kapitalerhöhung oder machen die Altaktionäre Kasse, indem sie nur ihre Anteile an der Börse verkaufen?
- ☐ In welchem Börsensegment wird das Unternehmen gelistet? Das sagt viel über seine Transparenz aus, da nur in den höheren Segmenten, vor allem im Prime Standard, regelmäßige Berichte über den Geschäftsverlauf verpflichtend sind.
- ☐ Ist der angekündigte Emissionspreis angemessen? Wie bewerten unabhängige Analysen den Preis? Wie ist das Branchenrisiko? Wie steht das Unternehmen im Hinblick auf Bewertungskennzahlen wie KGV (Kurs-Gewinn-Verhältnis) oder KCV (Kurs-Cashflow-Verhältnis) im Vergleich zu börsennotierten Konkurrenten?
- ☐ Passt die neue Aktie zu Ihrem Gesamtdepot und Ihrer Risikoeinstellung?

Public“ oder „IPO“ (Initial Public Offering). Bekannte Börsengänge waren zum Beispiel die von Alibaba (2014), Facebook (2012) oder der „Volksaktie“ Deutsche Telekom (1996).

Besonders bekannt wurden Neuemissionen in Zeiten des Neuen Marktes. Dabei handelte es sich um ein deutsches Börsensegment für Wachstumsaktien zwischen 1997 und 2003. Vor dem Platzen der Spekulationsblase im März 2000, die vor allem im aufkommenden Internet tätige Unternehmen der „New Economy“ traf, konnten Anleger am Neuen Markt häufig hohe Zeichnungsgewinne mit Neuemissionen erzielen. Seinerzeit waren die neuen Papiere so gefragt, dass viel mehr Anleger am ersten Börsentag der Unternehmen dabei sein wollten, als Aktien ausgegeben wurden. Wer das Glück hatte, Aktien zu erhalten, konnte sie kurz nach der Erstnotierung mit hohen Gewinnen weiterverkaufen. Mit dem Platzen der New-Economy-Blase rutschten die Kurse der Aktien in den Keller und erholten sich in sehr vielen Fällen nicht mehr.

Wenn heute Aktien zur Neuemission angeboten werden, müssen sich interessierte Anleger während der Zeichnungsfrist verpflichtend festlegen, wie viele Aktien sie zu einem Maximalpreis kaufen wollen. Zuvor nennen die an der Emission beteiligten Banken eine Preisspanne, innerhalb der der Emissionspreis voraussichtlich liegen wird.

Aber nicht jede Neuemission macht nach der Erstausgabe sofort oder längerfristig Gewinn. Das zeigen bekannte Beispiele wie Facebook, General Motors oder die Telekom. Was Sie beachten sollten, wenn Sie eine Neuemission zeichnen möchten, zeigt die Checkliste „Eine Neuemission prüfen".

Fusionen, Übernahmen und Abspaltungen

Entschließen sich zwei oder mehr Unternehmen, ihre Geschäfte zusammenzulegen, spricht man von einer Fusion. Meist werden dazu das Vermögen und die Verbindlichkeiten einschließlich Aktienkapital und Rücklagen der einen Gesellschaft auf die andere übertragen. Die Aktionäre erhalten in einem bestimmten Verhältnis für ihre alten Anteile Aktien der neuen gemeinsamen Gesellschaft.

Bei einer Übernahme erfolgt die Eingliederung der Aktiva eines übernommenen in das übernehmende Unternehmen nicht unbedingt einvernehmlich. Dabei hat das übernehmende Unternehmen verschiedene Möglichkeiten, sich die Eigentums- und damit die Leitungs- und Kontrollrechte am Zielunternehmen einzuverleiben.

Damit die Aktionäre des Zielunternehmens auf das Übernahmeangebot eingehen, muss der Übernehmer in der Regel deutlich mehr bieten als den aktuellen Börsenkurs.

Es kann (theoretisch) die Aktien des Zielunternehmens an der Börse kaufen. Dies kommt jedoch selten vor, da der kontinuierliche Kauf zu steigenden Preisen und damit einer Verteuerung der Transaktion führt. Auch besteht die Möglichkeit, große Aktienpakete von Großinvestoren zu kaufen. Mit einem öffentlichen Übernahmeangebot werden die Aktionäre der Zielgesellschaft gleichzeitig aufgefordert, ihre Anteile zu einem bestimmten Preis innerhalb einer bestimmten Frist zu verkaufen. Die Aktionäre des zu übernehmenden Unternehmens können auf unterschiedlichen Wegen bezahlt werden: in bar, im Tausch gegen Aktien des Käufers oder als Mischform dieser beiden Zahlungsweisen.

Motive für den Übernahmeversuch können zum Beispiel sein, dass sich das Unternehmen einen höheren Marktanteil, den Zugriff auf Ressourcen und Vertriebsmöglichkeiten des Zielunternehmens sowie höhere Umsatzerlöse verspricht.

Gerüchte über oder gar die Ankündigung einer geplanten Übernahme führen häufig zu Kurssteigerungen der Aktien des Zielunternehmens. Denn die Aktionäre versprechen sich Gewinnmöglichkeiten aufgrund des Kaufpreises, den der Übernehmer zahlt. Dessen Gebot muss mindestens den Wert erreichen, den die Aktie in den Monaten vor dem Übernahmeangebot im Schnitt gekostet hat. Damit die Aktionäre des Zielunternehmens auf das Übernahmeangebot eingehen, muss der Übernehmer in der Regel aber deutlich mehr bieten als den aktuellen Börsenkurs. Die Aktionäre des Übernahmekandidaten müssen dann abwägen, ob sie auf absehbare Zeit bessere Kurse am Markt erzielen können. Wenn sie diese Chancen nicht sehen, sollten sie das Übernahmeangebot annehmen und verkaufen.

Bei einer Abspaltung (englisch „Spin-Off") gliedert ein bestehendes Unternehmen Teile des Betriebs als selbstständige Firma aus. Das passiert beispielsweise, wenn ein Geschäftsbereich nicht mehr zur Unternehmensstrategie passt. Die Aktien des neuen Unternehmens sind dabei aber grundsätzlich keine Verlustbringer, die die Muttergesellschaft nur entsorgen will. Denn das abgespaltene Unternehmen muss börsenfähig sein, also eine bestimmte Größe besitzen, profitabel sein und eine Zukunftsperspektive haben. Oft behalten die Mutterunternehmen zunächst einige Anteile selbst und verkaufen diese erst später an der Börse.

Damit die Altaktionäre keinen finanziellen Nachteil erleiden, erhalten sie Gratisaktien des abgespaltenen Unternehmens oder Bezugsrechte. Damit können sie dann Aktien des neuen, abgespaltenen Unternehmens erwerben, oder sie können die Bezugsrechte an der Börse verkaufen. Oft kann es sich lohnen, die neuen Aktien im Depot zu halten. Denn das neue Unternehmen kann aufgrund der Abspaltung zukünftig unabhängig von Konzerninteressen und flexibel am Markt operieren, wodurch seine Chancen auf geschäftlichen Erfolg steigen. Überdies zahlen Anleger an der Börse für stärker fokussierte Unternehmen oft einen Aufschlag gegenüber (zu) breit aufgestellten Großkonzernen. Bekannte Abspaltungen in Deutschland waren etwa die Healthineers (2018), Osram (2013), Infineon (2000) von Siemens, Uniper von E.ON (2016), Lanxess von Bayer (2005) oder der Hypo Real Estate von der Hypovereinsbank (2002).

Die Risiken von Aktienanlagen

Wenn Sie die Risiken von Aktieninvestments kennen, können Sie diese realistisch einschätzen und verringern.

In vielen Ländern wie den USA oder Großbritannien ist der Anteil der Aktionäre an der Bevölkerung um einiges höher als in Deutschland. Hier scheuen die meisten Anleger Aktien wie der Teufel das Weihwasser und blenden die Chancen dieser Anlageklasse vollkommen aus. Die diffuse Angst vor Aktienanlagen ist oft grundsätzlicher Natur und nicht durch eigenes Wissen und Erfahrung begründet. Aber nur wer die Risiken von Aktien genauer kennt, kann diese objektiv bewerten und reduzieren.

Einzeltitel- und Marktrisiko

Die Rendite einer Aktie setzt sich aus Kursgewinnen und Dividendenerträgen zusammen.

Markt- und Einzeltitelrisiko

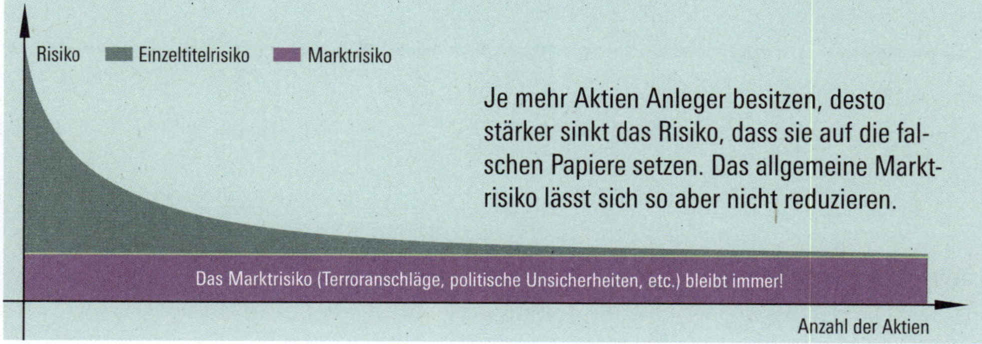

Beide unterliegen Schwankungen – sowohl wegen des Einzeltitel- als auch des Marktrisikos.

Soweit die Entwicklung eines Aktieninvestments von unternehmensinternen Nachrichten und Faktoren wie der Gewinn- und Umsatzentwicklung abhängt, spricht man vom „Einzeltitelrisiko", vom „unsystematischen" oder auch vom „unternehmensspezifischen Risiko". Das unsystematische Risiko eines Aktienportfolios können Anleger dadurch senken, dass sie nicht nur auf ein Unternehmen setzen, sondern in verschiedene – empfehlenswert sind mindestens fünfzehn – Aktien anlegen. Das verringert das Risiko, auf die „falsche" Aktie gesetzt zu haben.

Dabei kommt es aber nicht nur auf die Anzahl der verschiedenen Aktien im Portfolio an, sondern vor allem darauf, dass diese aus unterschiedlichen Anlageregionen und -branchen kommen. Hat ein Anleger beispielsweise ein Portfolio mit zehn verschiedenen Aktien, von denen aber acht Automobilwerte sind, geht er ein hohes „Klumpenrisiko" ein. Klumpenrisiko bedeutet, dass sich eine hohe Anzahl von Aktien eines Portfolios in verschiedenen Situationen ähnlich verhält. Finanzexperten sprechen auch von einer hohen „Korrelation" der einzelnen Anlagen. Geht es der Autobranche insgesamt schlecht, werden tendenziell alle Automobilaktien des Anlegers darunter leiden. Hätte er hingegen nur ein oder zwei Autoaktien und ansonsten Aktien aus anderen Branchen, die von einer Krise der Autoindustrie nicht betroffen sind oder gar davon profitieren, würde sich das Einzeltitelrisiko seines Portfolios stark verringern. Die Anlagen wiesen dann eine niedrige Abhängigkeit voneinander (Korrelation) auf.

Neben dem unsystematischen Einzeltitelrisiko bleibt natürlich ein allgemeines „Marktrisiko". Naturkatastrophen, Terroranschläge und politische Unsicherheiten können Kurse stark einbrechen lassen, wenn Anleger in solchen Situationen panisch ihre Aktien verkaufen und ihr Geld in scheinbar sicherere Anlagen wie Anleihen und Gold umschichten. Vor allem sind die Aktienmärkte aber vorauslaufende Konjunkturbarometer der Wirtschaft. Wenn Anleger mit einer schwächer werdenden Entwicklung der Wirtschaft und sinkenden Ge-

Gewinn und Verlust

Diesen Gewinn benötigen Sie, um einen Verlust wettzumachen:

Prozentualer Verlust	Benötigter Gewinn (in Prozent)
–10	11
–20	25
–30	43
–40	67
–50	100
–60	150
–70	233
–80	400
–90	900
–100	Unmöglich

winnen der Aktiengesellschaften rechnen, verkaufen sie Aktien. Sind diese Pessimisten in der Überzahl gegenüber denjenigen, die noch Aktien kaufen, fallen nach dem Gesetz von Angebot und Nachfrage die Kurse. Das Marktrisiko kann auch ein breit gestreutes Aktiendepot nicht „wegdiversifizieren".

Der Betafaktor

Eine Kennzahl zur Bestimmung des Marktrisikos einer Aktie ist der Betafaktor. Dieser gibt an, wie stark eine Aktie in der Vergangenheit im Vergleich zu einem Index geschwankt hat. Liegt der Betafaktor bei einer Aktie über 1, so bewegt sich diese stärker als es der Gesamtmarkt tut. Anleger können mit solchen Aktien somit tendenziell höhere Verluste, aber auch höhere Gewinne im Vergleich zum Marktdurchschnitt erzielen. Bei einem Wert unter 1 schwankt die Aktie weniger stark als der Markt. Ein negatives Beta bedeutet, die Rendite einer Aktie entwickelt sich gegenläufig zum Gesamtmarkt.

Die Volatilität

Eine wichtige Kennzahl, um das mögliche Verlustrisiko einer Aktie abzuschätzen, ist die „Volatilität". Diese Kennzahl wird auf der Grundlage zurückliegender Kurse berechnet und gibt an, wie stark der Kurs in einem bestimmten Zeitraum nach oben oder unten ausgeschlagen hat. Man spricht deshalb auch von der Schwankungsbreite. Die Volatilität ist sowohl im negativen als auch im positiven Sinn ein

Maß für das Risiko einer Geldanlage. Nimmt die Volatilität zu, steigen die Chancen für hohe Kursgewinne. Allerdings wächst auch die Wahrscheinlichkeit hoher Verluste. Je höher Ihre Risikobereitschaft ist, umso höher kann der Anteil schwankungsanfälliger Wertpapiere in Ihrem Depot sein.

Ein Beispiel zur Volatilität

Nehmen wir an, dass der Kurs einer Aktie in den letzten 20 Jahren durchschnittlich 10 Prozent pro Jahr zugelegt hat. Die Schwankungsbreite (Volatilität) bei diesem Trend betrug in diesem Zeitraum 20 Prozent. Ein Anleger kauft sich die Aktie zu einem Preis von 100 Euro. Da die Aktie im Durchschnitt 10 Prozent pro Jahr steigt, ist der Ausgangswert (A) für den Kursstand der Aktie nach einem Jahr 110 Euro. Weil die Volatilität (V) allerdings 20 Prozent beträgt, kann der Preis der Aktie um 20 Prozent (20 : 100 = 0,2) um den Ausgangswert schwanken.

In einer Formel ausgedrückt, betragen die Gewinnchance A x (1 + V) und das Verlustrisiko A / (1+ V). Das bedeutet, der Anleger kann damit rechnen, dass der Kurs der Aktie nach einem Jahr zwischen (110 x 1,2 =) 132 Euro und (110 : 1,2 =) 92 Euro liegt. Läge die Volatilität allerdings nur bei 10 Prozent, könnte er lediglich mit (110 x 1,1 =) 121 Euro rechnen, er würde aber auch keinen Verlust machen, da der Kurs im ungünstigen Fall weiter bei (110 : 1,1 =) 100 Euro läge. Bei einer Volatilität von 30 Prozent hingegen beträgt die Gewinnchance 143 Euro und das Verlustrisiko 85 Euro.

Maximum Drawdown

Der Maximum Drawdown ist eine Kennzahl, die den maximalen kumulierten Verlust innerhalb einer betrachteten Periode darstellt. Er wird in der Regel in Prozent angegeben.

Beispiel: Hatte eine Aktie innerhalb eines Jahres einen Höchstkurs von 95 Euro und einen Tiefstkurs von 84,55 Euro betrug ihr maximaler Verlust somit 11 Prozent in diesem Zeitraum.

Anleger sollten sich vor einer Aktienanlage immer auch Gedanken über den theoretisch zu erwartenden Drawdown machen. Denn um das Ausgangsniveau wieder zu erreichen, muss der prozentuale Gewinn stets höher sein als der zuvor erlittene Verlust, wie die Tabelle „Gewinn und Verlust“ zeigt.

▶ **Die Angaben zum Betafaktor und zur Volatilität einer Aktie finden Sie zum Beispiel auf der Homepage der Comdirect Bank unter www.comdirect.de.**

So funktioniert die Börse

Börsen sind die Orte, an denen Aktien und andere Wertpapiere gehandelt werden. Damit der Handel gut und transparent funktioniert, gibt es rechtliche Strukturen, die die Organisation, Verwaltung und Überwachung der Börsen sicherstellen. Feste Regeln geben vor, welche Aktien in welchen Börsensegmenten gehandelt werden.

Aktienbörsen in Deutschland

Verschiedene Regelungen und Einrichtungen sorgen dafür, dass Käufer und Verkäufer von Aktien hierzulande auf einen geregelten und transparenten Handel vertrauen können.

Eine Börse ist ein organisierter Markt, auf dem Wertpapiere, Devisen, Terminkontrakte und auch Waren gehandelt werden. Die ersten Börsen in Deutschland gab es 1540 in Augsburg und Nürnberg. Wenn in den Medien von „den Börsen" die Rede ist, sind in der Regel die Aktienbörsen gemeint, an denen Aktien gehandelt werden. Die klassische Form des Aktienhandels findet an Präsenzbörsen statt, wo sich Börsenmakler auf dem „Börsenparkett" treffen und im Auftrag ihrer Kunden Verträge über den Kauf oder Verkauf von Wertpapieren schließen. Diese Form wird daher auch Parketthandel genannt. Präsenzbörsen werden jedoch zunehmend durch Computerbörsen abgelöst.

Privatanleger haben keinen unmittelbaren Zugang zur Börse, sondern müssen ein Kredit- oder Finanzinstitut zwischenschalten, das zum Handel an der Börse zugelassen ist. Für diese Kredit- oder Finanzinstitute handeln wiederum zugelassene Börsenhändler.

In Deutschland gibt es zurzeit acht Wertpapierbörsen. Die wichtigste ist die Frankfurter Börse mit ihren beiden Handelsplätzen Xetra und Börse Frankfurt. Am Handelsplatz Börse Frankfurt, also über die Händler am Börsenparkett, werden mehr als 1,4 Millionen Wertpapiere gehandelt, darunter Aktien von über 10 000 nationalen und internationalen Unternehmen, Anleihen, Fonds und strukturierte Produkte. Über Xetra sind rund 2 500 rege gehandelte Aktien sowie ETF und Rohstoffe (ETC/ETN) verfügbar. Der Xetra-Handel macht 95 Prozent des gesamten Volumens an der Frankfurter Börse aus. Im Gegensatz zum Parketthandel gibt es über Xetra keine Makler, die den Handel zwischen Käufer und Verkäufer einer Aktie betreuen. Hier bringt das Computersystem automatisch passende Interessenten zusammen und berechnet die aktuellen Preise.

Der Kassamarkt

An der Börse selbst findet kein Austausch „Aktien gegen Geld" statt, sondern nur das entsprechende Verpflichtungsgeschäft, also der Kaufvertrag. Es wird festgelegt, dass der Käufer die Aktie zum vereinbarten Preis abnimmt und der Verkäufer das entsprechende Papier liefert. Die Erfüllung des Verpflichtungsgeschäfts, das „Clearing", übernimmt eine spezielle Clearingstelle. Sie rechnet es zwei Tage nach dem Handelstag ab. Dieser Erfüllungstermin ist von der Börsenverwaltung einheitlich und verbindlich festgelegt worden.

Diese sofort oder kurzfristig zu erfüllenden Verträge bezeichnet man als „Kassageschäfte" – im Gegensatz zu einem „Termingeschäft", bei dem die Leistungen erst zu einem Zeitpunkt in der Zukunft erfolgen. Die Clearingstelle sorgt dann dafür, dass der Verkäufer sein Geld bekommt und die Aktien im Depot des Käufers verbucht werden. Hat ein Kreditinstitut beispielsweise eine Order falsch eingegeben, muss es am Erfüllungstag selbst einspringen und den entstandenen Schaden intern regeln. Damit soll sichergestellt werden, dass Anleger darauf vertrauen können, dass der Börsenhandel funktioniert, wenn das Verpflichtungsgeschäft über die Börse geschlossen wurde.

Träger und Organe einer Börse

Börsen haben in Deutschland eine gemischte Struktur aus öffentlichem und privatem Recht. Sie sind Anstalten des öffentlichen Rechts mit eigenen Organen und werden von einem Börsenträger betrieben. Organe der Börse als Anstalt des öffentlichen Rechts sind der Börsenrat, die Börsengeschäftsführung, die Handelsüberwachungsstelle und der Sanktionsausschuss. Ihre Befugnisse ergeben sich aus gesetzlichen Vorgaben, insbesondere dem Börsengesetz.

▶ Trägerin der Frankfurter Wertpapierbörse

Trägerin der größten deutschen Börse, der öffentlich-rechtlichen Frankfurter Wertpapierbörse, ist die Deutsche Börse AG, die seit 2001 selbst börsennotiert und seit Dezember 2002 Mitglied im Dax ist. Die Deutsche Börse AG ist als Börsenträgerin verpflichtet, der öffentlich-rechtlichen Anstalt Frankfurter Wertpapierbörse alle für den Betrieb der Börse erforderlichen Mittel finanzieller, personeller und sachlicher Art zur Verfügung zu stellen und für eine wirtschaftliche Fortentwicklung der Börse zu sorgen. Die Deutsche Börse AG organisiert daher den Wertpapierhandel, sorgt für die Abwicklung der an der Börse geschlossenen Geschäfte, die Verwahrung der Wertpapiere und stellt die technische Infrastruktur bereit, wie zum Beispiel das Xetra-Handelssystem.

▶ Der Börsenrat

Der Börsenrat ist das oberste Organ. Er entscheidet in Zusammenarbeit mit der Börsenaufsicht über alle börslichen Regeln und bestellt die Börsengeschäftsführung. Der Börsenrat erlässt die Börsenordnung, die Bedingungen für die Geschäfte an der Börse und die Gebührenordnung. Der Börsenrat der Frankfurter Wertpapierbörse besteht aus 24 Mitgliedern, die Banken, Fondsgesellschaften, Skontroführer und börsennotierte Unternehmen repräsentieren.

▶ Die Börsengeschäftsführung

Die Geschäftsführung leitet die Börse und ist verantwortlich für die Einhaltung der festgesetzten Spielregeln. Nach dem Börsengesetz ist die Geschäftsführung unter anderem zuständig für

- die Organisation der Börse,
- die Ordnung in den Börsenräumen,
- die Zulassung von Unternehmen und Personen zum Börsenhandel,
- Entscheidungen über die Aufnahme, Aussetzung und Einstellung einer amtlichen

Notierung von Wertpapieren und die Preisfeststellung von Wertpapieren.

Als Leitungsorgan einer teilrechtsfähigen Anstalt des öffentlichen Rechts ist sie eine Behörde im verwaltungsrechtlichen Sinn und kann nach außen Verwaltungsakte erlassen. Für alle Fragen grundsätzlicher Bedeutung benötigt die Geschäftsführung die Zustimmung des Börsenrates.

▶ Die Handelsüberwachungsstelle

Die Handelsüberwachungsstelle (HÜSt) überwacht als eigenständiges Organ das Marktgeschehen direkt vor Ort und beobachtet die Preisfeststellung an der Präsenzbörse sowie in den vollelektronischen Handelssystemen. Dazu wertet sie beispielsweise die Umsätze und die Kursentwicklung eines Wertpapiers innerhalb einer oder mehrerer Börsensitzungen aus und prüft sie auf Unregelmäßigkeiten und Auffälligkeiten. Die Ergebnisse teilt die HÜSt der Börsenaufsicht sowie der Börsengeschäftsführung mit. Diese können den Fall nach einer Prüfung an den Sanktionsausschuss abgeben. Die Sanktionen können von einer Abmahnung bis zum Widerruf der Börsenzulassung reichen. Auch Privatanleger können sich bei einem Verdacht auf Unregelmäßigkeiten beim Börsenhandel und der Preisfeststellung direkt an die Handelsüberwachungsstelle wenden.

Kontrolle der Börse

Neben den Handelsüberwachungsstellen kümmern sich spezielle Aufsichtsbehörden darum, dass an der Börse alles korrekt zugeht.

▶ Börsenaufsicht

Die deutschen Börsen unterstehen dem zuständigen Ministerium des jeweiligen Bundeslandes, in dem sie beheimatet sind. So ist beispielsweise die Hessische Börsenaufsicht – die Teil des Hessischen Ministeriums für Wirtschaft, Verkehr und Landesentwicklung ist – für die Markt- und Rechtsaufsicht über die Frankfurter Börsen zuständig. Sie kann neben dem Sanktionsausschuss und der Börsengeschäftsführung Sanktionen gegen Marktteilnehmer erlassen. Ihre wichtigsten Aufgaben sind

- ▶ die Preisbildungsprozesse zu überwachen,
- ▶ Verstöße gegen börsenrechtliche Vorschriften zu untersuchen,
- ▶ zu kontrollieren, ob die Börsenorgane rechtmäßig handeln, und
- ▶ die zum Börsenhandel zugelassenen Handelsteilnehmer zu überwachen.

▶ Die Bundesanstalt für Finanzdienstleistungsaufsicht

Die Bundesanstalt für Finanzdienstleistungsaufsicht (Bafin) soll die Funktionsfähigkeit der Wertpapiermärkte sicherstellen, Anleger schützen sowie Markttransparenz und -integrität gewährleisten. Zu ihren Aufgaben gehören unter anderem

- ▶ zu verfolgen, ob Marktteilnehmer Informationsvorspünge ausnutzen, und dies zu bekämpfen,
- ▶ zu überwachen, dass die Unternehmen alle Transaktionen in eigenen Wertpapieren (Directors´ Dealings) pflichtgemäß melden,

Prime und General Standard

Dies sind die wichtigsten Unterschiede zwischen dem Prime und dem General Standard der Frankfurter Wertpapierbörse.

Prime Standard	General Standard
strenge Zulassungsvoraussetzungen	geringere Zulassungsvoraussetzungen
hohe Publizitätspflichten (insbesondere Berichte auch in englischer Sprache, mindestens eine Analystenkonferenz pro Jahr)	geringere Publizitätspflichten
internationale Rechnungslegungsstandards	Jahresabschluss nach deutschem HGB ausreichend
hohe Börsenkapitalisierung	geringere Börsenkapitalisierung
große, internationale Unternehmen	auch kleinere, regional tätige Unternehmen

- die Publizitätspflichten börsennotierter Unternehmen zu überwachen,
- die Verhaltensregeln und Organisationspflichten von Wertpapierdienstleistungsunternehmen zu überwachen und
- Wertpapiererwerbs-, Übernahme- und Pflichtangebote nach dem Wertpapiererwerbs- und Übernahmegesetz (WpÜG) zu kontrollieren.

Privatanleger, die sich schlecht beraten fühlen oder denen ein Angebot zweifelhaft vorkommt, können sich an die BaFin wenden. Bei begründeten Beschwerden hakt sie beim betroffenen Institut nach.

Hauptsegmente der Börse

An den Börsen gibt es meist keinen einheitlichen Aktienmarkt, sondern dieser wird in einzelne Börsensegmente unterteilt. In einem gesetzlichen oder privatrechtlichen Regelwerk ist festgelegt, unter welchen Voraussetzungen eine Aktie eines Unternehmens einem bestimmten Börsensegment zugeordnet wird. Die verschiedenen Segmente unterscheiden sich insbesondere hinsichtlich ihrer Zulassungs- und Publizitätsvorschriften voneinander. Die Segmentierung erlaubt es den Unternehmen (Emittenten), zu wählen, welchen Aufwand sie mit einer Emission auf sich nehmen wollen und, damit einhergehend, an welcher Börse und in welchem Segment eine Emission erfolgen soll. Für die Anleger bedeutet die Segmentierung, dass sie sich darauf verlassen können, dass der Handel mit den Aktien eines bestimmten Börsensegments und die Finanzberichte (zum Beispiel Jahresbericht und Ad-hoc-Mitteilungen) des Unternehmens dem jeweiligen Qualitätsanspruch des Börsensegments genügen.

Das deutsche Börsengesetz regelt die beiden Börsensegmente „Regulierter Markt“ und „Freiverkehr“. Der Regulierte Markt beruht auf einem EU-Gesetz, der Freiverkehr ist hingegen ein börsenreguliertes Marktsegment. Die Transparenzpflichten sind im Regulierten Markt wesentlich höher als im Freiverkehr.

Die Börsensegmente der Frankfurter Wertpapierbörse

Im „General Standard“ gelten die Anforderungen für den Regulierten Markt, im „Prime Standard“ müssen zusätzliche internationale Anforderungen erfüllt werden.

Hohe Börsenstandards für den Dax und seine Familie

Der Prime Standard hat die strengsten Anforderungen an Unternehmen im Regulierten Markt.

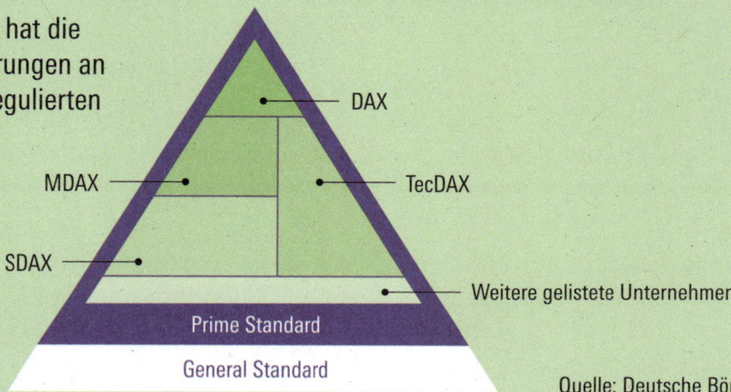

Quelle: Deutsche Börse AG

Unternehmen, die in die Auswahlindizes der deutschen Börse Dax, MDax, SDax und TecDax aufgenommen werden, müssen zum Prime Standard zugelassen sein.

Unternehmen, die eine Börsennotierung ohne größere regulatorische Vorschriften anstreben, können sich im „Freiverkehr“ (Open Market) listen lassen. Sie verzichten damit auf eine größere Sichtbarkeit für die breite Anlegermasse und eine Aufnahme in einen renommierten Index. Der Freiverkehr unterteilt sich in die Bereiche „Scale“ und „Quotation Board“. Scale soll kleinen, mittleren oder jungen Unternehmen einen einfachen und kostengünstigen Zugang zum Kapitalmarkt erlauben und richtet sich an erfahrenere Anleger. Die Transparenzanforderungen sind höher als im Quotation Board (Basic Board).

Welches Segment für Anleger?

Für Anleger kann die Vielfalt an Handelssegmenten zunächst verwirrend sein. Die Unterteilung dient aber vor allem auch ihrem Schutz. Durch die Vorgabe, Einhaltung und Überwachung bestimmter Zugangsvoraussetzungen und Folgepflichten für die Unternehmen wird sichergestellt, dass diese eine bestimmte „Anlagequalität“ vorweisen und erhalten. Allerdings sollten Sie das Börsensegment, in dem eine Aktiengesellschaft gelistet ist, nicht mit deren Gewinnchancen und Verlustrisiken gleichsetzen. Zwar ist es in der Regel wahrscheinlicher, dass ein Unternehmen, das im Segment Scale des Open Market geführt wird, eher in die Gefahr einer Insolvenz geraten kann als ein großes Unternehmen aus dem Prime Standard. Eine Garantie dafür gibt es aber nicht. Überdies können die Gewinnchancen eines neuen, innovativen Unternehmens deutlich größer sein als die eines „alten" Dax-Unternehmens.

Entscheidend für Ihre Aktienauswahl sollte immer die Einzelanalyse des jeweiligen Titels sein. Die Beurteilung eines Unternehmens aus einem höheren Börsensegment ist meist leichter, weil dieses viele Daten und Kennzahlen über sich preisgeben und veröffentlichen muss. Auch stehen Aktien aus den höheren Segmenten wie dem Prime Standard viel mehr im Fokus der Öffentlichkeit und der Medien. Anleger bekommen so viel schneller mit, wenn etwas schiefläuft.

Aktien mit höheren Börsen-Standards sind außerdem meist liquider, also besser handelbar. Je liquider ein Titel ist – das bedeutet, je größer die Umsätze und die Zahl der täglich abgewickelten Orders ist –, desto eher ist gewährleistet, dass Anleger diese Werte schnell zu marktgerechten Kursen handeln können. Das kann insbesondere dann wichtig sein, wenn der Trend an den Aktienmärkten abwärts geht und viele Anleger ihre Werte verkaufen wollen. Aktien aus dem Freiverkehr sind dann im Vergleich zu Werten aus dem General oder Prime Standard oft nicht so schnell oder nur mit hohen Abschlägen veräußerbar.

Aktien aus den höheren Börsensegmenten sind oft in Indizes vertreten. Daher stehen sie bei Fondsgesellschaften und anderen professionellen Investoren eher auf der „Beobachtungsliste" als Werte aus dem Freiverkehr.

Aktienindizes

Indizes dienen als Stimmungsbarometer und neutraler Vergleichsmaßstab (Benchmark). Sie eignen sich auch zur ersten Orientierung bei der Suche nach interessanten Einzelaktien.

Aus dem einleitenden Kapitel kennen Sie bereits das Grundprinzip eines Index und wissen, wie man die verschiedenen Indizes grob einordnen kann (zum Beispiel nach Regionen, Ländern, Sektoren und Strategien). In einem Index werden bestimmte ausgewählte Basiswerte zusammengefasst und deren Wertentwicklung über einen bestimmten Zeitraum dargestellt. Sind die Basiswerte Aktien, spricht man von einem Aktienindex. Allein im Aktienbereich gibt es zahlreiche verschiedene Indizes.

Aktien verschiedener Unternehmen entwickeln sich mitunter sehr unterschiedlich. So reagieren zum Beispiel einige sehr sensibel auf aktuelle Konjunkturnachrichten, während andere davon kaum beeinflusst werden. Mithilfe eines Index, der die Entwicklung verschiedener Einzelwerte zusammenfasst, lässt sich ein genereller Markttrend des Segments, das der Index widerspiegelt, über einen längeren Zeitraum ablesen. So können Anleger interessante Bereiche erkennen, wie zum Beispiel aussichtsreiche Anlageregionen, die sich besser als andere Regionen entwickeln oder einen vielversprechenden Verlauf zeigen. Innerhalb dieses Segments und des stellvertretenden Index kann ein Anleger dann die Einzelaktien suchen, die besonders chancenreich sind.

Kurs- und Performanceindizes

Die meisten Indizes sind sogenannte Kurs- oder Preisindizes. Das bedeutet, sie messen lediglich die reine Preisveränderung der zugrundeliegenden Basiswerte. Verringert sich beispielsweise am Tag nach der Hauptversammlung der Kurs einer Aktie um die Dividendenzahlung, wird dies im Index entsprechend nachvollzogen. Die einzigen Faktoren, um die ein Kursindex bereinigt wird, sind Sonderzahlungen und Bezugsrechte, ansonsten ist ein Kursindex unabhängig von den Ursachen der Kursentwicklung der enthaltenen Aktien.

Anders ist dies bei einem „Performanceindex". Hier wird so getan, als ob sämtliche Erträge wie etwa Dividenden, Zinszahlungen (bei Rentenindizes), Bezugsrechtserlöse und Bonuszahlungen sofort wieder in die gleichen Werte angelegt werden, aus denen sie stammen. Kursverluste, die bei einem Kursindex nach einer Dividendenzahlung entstehen, werden bei Performanceindizes also sofort ausgeglichen. Daher ist die Entwicklung von Performanceindizes grundsätzlich besser als die von Kursindizes.

Die Deutsche Börse AG berechnet ihre wichtigsten Aktien- und Rentenindizes sowohl als Kurs- als auch als Performanceindex. Wenn in den Nachrichten und Medien vom Dax die Rede ist, ist grundsätzlich nur der Dax-Performanceindex gemeint.

Kleine Index-Weltenkunde

Um bei den vielen weltweiten Aktienindizes den Durchblick zu behalten, lohnt sich ein kleiner Streifzug durch die wichtigsten Kursbarometer. Da jeder Index nach eigenen Regeln funktioniert, ist es wichtig, darauf zu achten, nach welchen Kriterien er zusammengesetzt ist.

„ Der MSCI World dient vor allem bei weltweit anlegenden Aktienfonds als Vergleichsindex (Benchmark).

▸ Die wichtigsten Regionen-Indizes

Der wohl meistbeachtete Index ist der MSCI World. Er wird von dem amerikanischen Finanzdienstleister Morgan Stanley Capital International (MSCI) berechnet. Der Index beinhaltet über 1600 Aktien aus rund zwei Dutzend Ländern. Anders als sein Name vermuten lässt, kommen die im Index vertretenen Aktiengesellschaften aber nicht aus der ganzen

Die wichtigsten Länder und Branchen im MSCI World

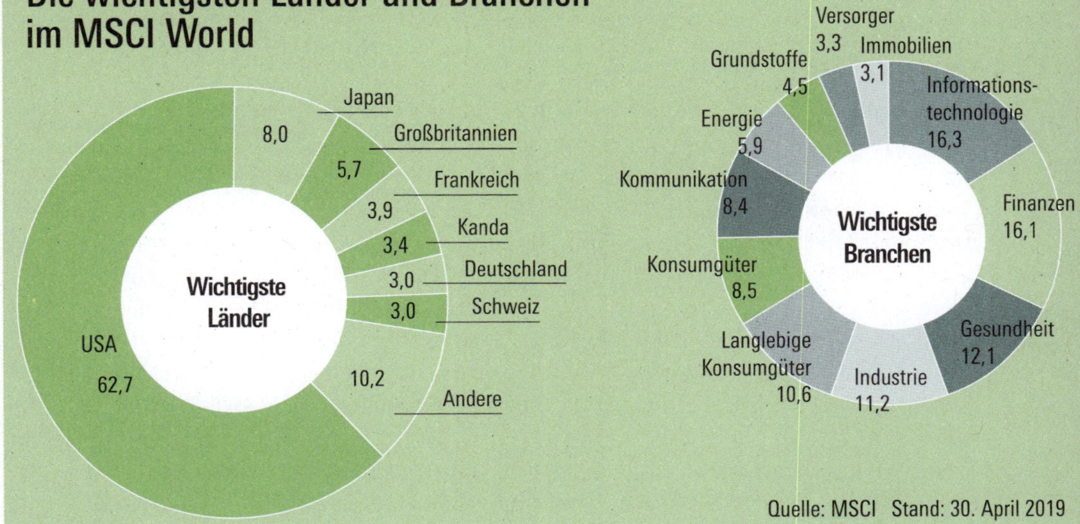

Quelle: MSCI Stand: 30. April 2019

Welt, sondern nur aus Industrienationen. Aktien aus Schwellenländern (Emerging Markets) sind nicht vertreten.

US-Aktien sind im MSCI World Index im Vergleich zu anderen Börsen überrepräsentiert (USA-Anteil über 60 Prozent, Europa weniger als 30 Prozent). Das liegt daran, dass die US-Börsen kapitalmäßig dominieren. Die Folge ist, dass der Index stark von der US-Aktienmarktentwicklung abhängig ist. Der MSCI World wird bei Vergleichen mit anderen Indizes und Einzelwerten meist als Kursindex herangezogen und dient vor allem bei weltweit anlegenden Aktienfonds als Vergleichsindex (Benchmark).

Eine Variante des MCSI World Index ist der MSCI All Countries World Index (ACWI), der zusätzlich Schwellenmärkte umfasst. US-amerikanische Firmen machen auch hier den größten Anteil aus. Allerdings beträgt ihr Anteil nur knapp 55 Prozent und der Index enthält Unternehmen aus 47 Ländern. Im ACWI sind Schwellenländer wie zum Beispiel auch China, Südkorea, Brasilien, Russland, Polen, Mexiko, Südafrika, Indien, aber auch Ägypten, Malaysia und Chile vertreten. Länder, die erst an der Schwelle zum Schwellenland stehen, wie Kuwait oder Bangladesch, sind nicht enthalten.

Im MSCI Emerging Markets finden sich über 1100 Unternehmen aus 24 Schwellenländern. Das stärkste Gewicht im Index hat China, gefolgt von Südkorea, Taiwan, Indien und Brasilien.

▸ Die wichtigsten Indizes der USA und Japans

Der Klassiker unter den Länderindizes ist der Dow Jones Industrial Average Index, kurz meist nur Dow Jones Index genannt. Seine Zusammensetzung ist nicht mehr ganz zeitgemäß. Anders als bei modernen Indexkonstruktionen ist jede Aktie mit der gleichen Stückzahl vertreten. Der Dow Jones umfasst 30 der größten US-amerikanischen Unternehmen und ist ein preisgewichteter Kursindex: Die einzelnen Aktienkurse werden aufsummiert und anschließend durch die Anzahl der Aktien im Index dividiert. Unternehmen werden nicht nach festen Regeln in den Index aufgenommen, sondern nach dem Ermessen der Herausgeber der Wirtschaftszeitung „Wall Street Journal".

Deutlich breiter orientiert und zudem gewichtet ist der Standard & Poor´s 500 Index (S&P 500), der 500 der größten an der New Yorker Börse gelisteten Aktien enthält. Er wird nach der Marktkapitalisierung gewichtet und in der klassischen Variante als Kursindex berechnet. Der S&P 500 gehört zu den meistbeachteten Aktienindizes der Welt und ist das wichtigste Kursbarometer für den US-amerikanischen Aktienmarkt.

Der Nasdaq 100 besteht aus den 100 Aktien mit der höchsten Marktkapitalisierung, die an der größten elektronischen Börse der USA, Nasdaq, gelistet sind. Er umfasst viele Technologiewerte, aber auch Dienstleistungsfirmen, Pharma- und Lebensmittelproduzenten. Nicht enthalten sind Finanzwerte und derzeit auch keine Öl- und Rohstoffkonzerne.

Der bedeutendste asiatische Aktienindex ist der japanische Nikkei 225. Er wird wie der Dow Jones nach dem einfachen arithmetischen Mittel der nicht gewichteten Kurse berechnet und basiert auf 225 Aktienwerten. Einmal jährlich wird entschieden, welche Unternehmen aus dem Index ausscheiden und welche neu aufgenommen werden.

▶ Indizes in Europa

Als wichtigster Kursmaßstab für die Aktienkursentwicklung in Europa gilt der Euro Stoxx 50. Dieser wird von der Gesellschaft Stoxx Limited berechnet und geführt, die wiederum ein Unternehmen der Deutschen Börse ist. Es gibt sowohl einen Kurs- als auch einen Performanceindex. Wenn vom Euro Stoxx 50 die Rede ist, meint man aber normalerweise den Kursindex. Der Index besteht aus 50 großen börsennotierten Unternehmen der Eurozone.

Der FTSE 100 Index (unter Profis „Footsie" genannt) ist der wichtigste britische Aktienindex. Er bildet die Kurse der 100 größten und umsatzstärksten Aktien der Londoner Börse nach. Der CAC 40 ist der französische Leitindex der 40 führenden französischen Aktiengesellschaften, die an der Pariser Börse gehandelt werden.

Der Dax und seine Familie

Der wichtigste deutsche Index ist der Dax. Die Abkürzung steht für „Deutscher Aktienindex". Er wurde von der Deutschen Börse 1988 aus der Taufe gehoben und wird seitdem fortlaufend von ihr berechnet. Grundlage der Berechnung sind die Xetra-Kurse. Der Dax gilt als wichtigstes Stimmungsbarometer der deutschen Wirtschaft, und sein aktueller Stand wird in Presse, Funk und Fernsehen laufend veröffentlicht. Während der Handel läuft, wird der aktuelle Stand auf einer Anzeigetafel im Börsensaal der Frankfurter Börse angezeigt.

Vergleichsindex Euro Stoxx 50

Der Euro Stoxx 50 gilt als einer der bekanntesten Vergleichsindizes für die Aktienkursentwicklung in der Eurozone und umfasst die 50 größten Unternehmen. Über zwei Drittel von ihnen haben ihren Sitz in Frankreich oder Deutschland.

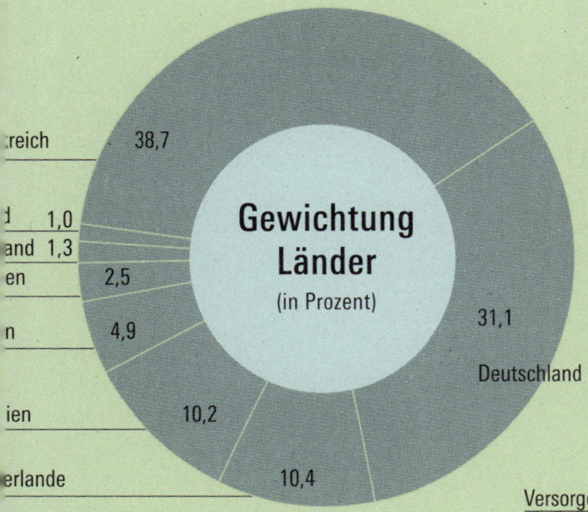

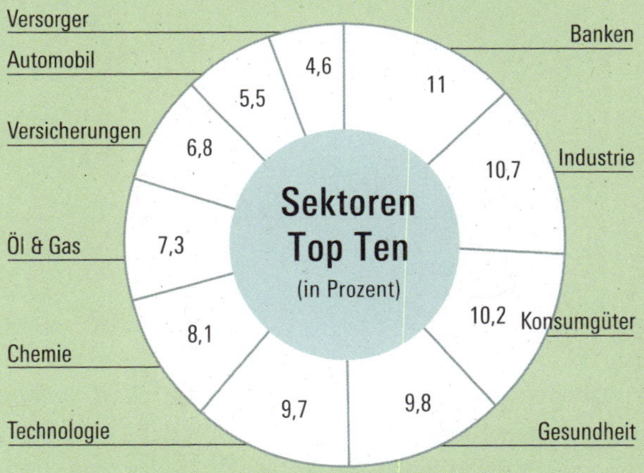

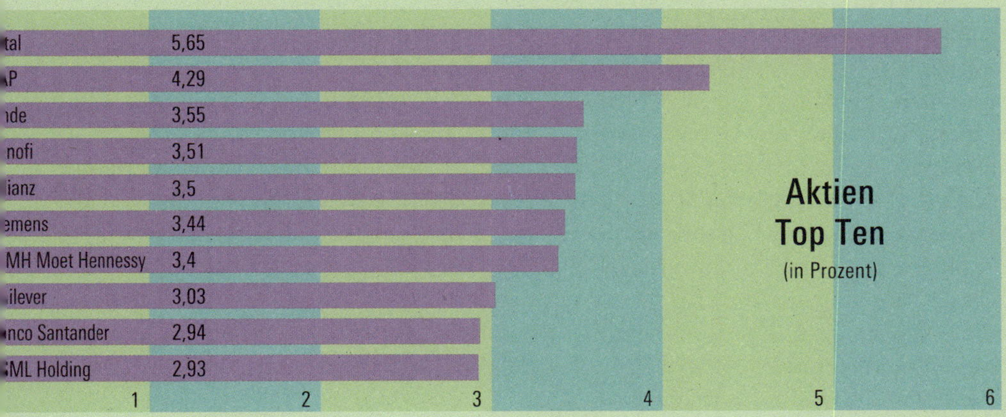

Quelle: Stoxx, Stand: 29. Februar 2019

So setzt sich der Dax zusammen

Im Dax werden, einfach gesprochen, die 30 größten deutschen Unternehmen geführt. Die Grafik zeigt ihre jeweiligen Anteile im Dax in Prozent.

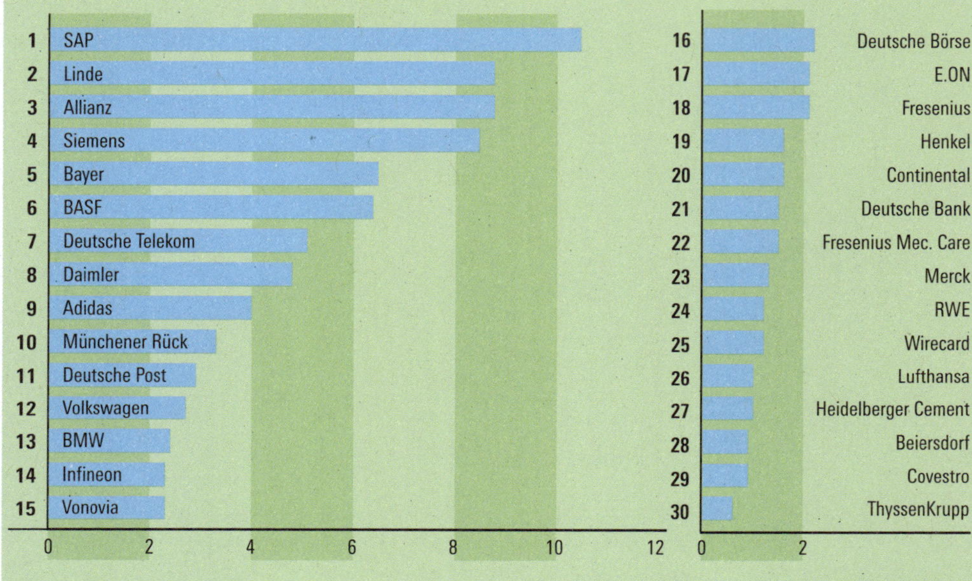

Quelle: Indexanbieter Stand: Indexanpassung im März 2019

Üblicherweise ist die Performanceindex-Variante gemeint, wenn man vom Dax spricht.

Der Dax spiegelt die Entwicklung der 30 größten und umsatzstärksten Unternehmen wider, die im Prime Standard der Frankfurter Wertpapierbörse gelistet sind. Sein Ziel ist es, ein aktuelles und repräsentatives Bild des heimischen Aktienmarktes zu zeigen. Voraussetzung für die Aufnahme eines Unternehmens in den Dax ist neben der Listung im Prime Standard, dass es fortlaufend in Xetra gehandelt werden kann und eine Streubesitzquote von mindestens 10 Prozent aufweist. Unter Streubesitz versteht man Aktien, die sich nicht in festen Händen von Anlegern befinden, die dauerhaft am Unternehmen beteiligt sein wollen. Sie werden also frei am Markt gehandelt. Außerdem muss ein Dax-Unternehmen einen Sitz in Deutschland haben oder den Schwerpunkt seines Umsatzes an Aktien in Frankfurt haben und zumindest in der EU ansässig sein. Die Auswahl der 30 Werte erfolgt dann nach den zwei Kriterien Börsenumsatz und Marktkapitalisierung. Da sich beide Größen ständig ändern, überprüft die Börse im Allgemeinen einmal im Jahr, und zwar zum ordentlichen Anpassungstermin im September, inwieweit die Zusammensetzung des Dax noch den tatsächlichen Marktverhältnissen entspricht. In besonderen Fällen wie zum Beispiel bei Fusionen und Insolvenzen gibt es auch zu außerordentlichen Anpassungsterminen Änderungen der Dax-Zusammensetzung.

Kurssprünge bei Aufsteigern

Wenn Unternehmen davor stehen, in einen „höheren" Index aufzusteigen (zum Beispiel vom MDax in den Dax), führt das häufig zu Kursgewinnen der Aktie. Der Grund ist, dass Fondsmanager und institutionelle Anleger, die ihre Depots an diesem Index ausrichten, bei einer Auswechslung der Werte die neuen Aktien kaufen müssen. Das kann auf der anderen Seite zu Abstürzen bei den Absteiger-Unternehmen führen. Wenn die Indexumstellung in den Kursen der Aktien ausreichend berücksichtigt ist, treten die für die Börsenbewertung relevanten Daten wie Umsatz und Ertrag wieder in den Vordergrund.

Ein Unternehmen darf maximal 10 Prozent des Dax ausmachen. Entscheidend für die Gewichtung einer Aktiengesellschaft im Dax ist die Streubesitz-Marktkapitalisierung, also nicht der gesamte Börsenwert des Unternehmens, sondern nur der Wert der frei handelbaren Aktien. Dahinter steckt die Philosophie, dass die Höhe des Streubesitzes die Marktverhältnisse bei einzelnen Aktien besser widerspiegelt als die des gesamten Grundkapitals. Wäre die tatsächliche Verfügbarkeit der Aktien einer Gesellschaft für die Indexgewichtung unerheblich, würde dies zu unerwünschten Marktverzerrungen führen. Denn die Anleger, die ihr Depot am Index orientieren, müssten Titel mit einer hohen Indexgewichtung entsprechend kaufen. Dadurch würde bei den hoch kapitalisierten Aktien mit geringem Streubesitz (im englischen als „free float" bezeichnet) das Angebot zusätzlich verknappt.

***Beispiel:** Bei der VW-Stammaktie sind nur rund 11 Prozent der Aktien im Streubesitz, der Rest gehört der Porsche Holding, der Qatar Holding, dem Land Niedersachsen und anderen Großaktionären. Die nicht im Streubesitz befindlichen Aktien kann man praktisch nicht kaufen. Wären sie aber im Dax berücksichtigt, hätte VW einen knapp zehnmal so großen Anteil am Dax. ETF-Anbieter, die den Dax nachbilden, müssten also zehnmal so viele VW-Aktien kaufen, obwohl rund 89 Prozent der Aktien gar nicht börsengehandelt sind. Das würde den Preis der Aktie in die Höhe treiben beziehungsweise das Angebot verknappen.*

Dem Dax steht eine ganze Index-Familie zur Seite. Der wichtigste Bruder ist der MDax (abgeleitet von Mid-Cap-Dax). Er ist nach demselben Konzept wie der Dax aufgebaut und misst den Kursverlauf von 60 Werten aus der „zweiten Reihe". Sie folgen also in der Rangliste nach Marktkapitalisierung des Streubesitzes und des Börsenumsatzes auf die Dax-Werte. Der MDax spiegelt somit die Kursentwicklung von Aktien mittelgroßer deutscher Unternehmen wider. Seine Zusammensetzung wird grundsätzlich zweimal pro Jahr an die aktuellen Marktverhältnisse angepasst.

Die wichtigsten 70 kleineren Unternehmen sind im SDax (abgeleitet von Small-Cap-Dax) vertreten, der 1999 von der Deutschen Börse eingeführt wurde. Hier sind wiederum die Unternehmen gelistet, die den im MDax enthaltenen Werten hinsichtlich Umsatz und Marktkapitalisierung folgen. Eine Mindestvoraussetzung für die Aufnahme in den SDax ist, dass das Unternehmen die Vorgaben des Prime Standards erfüllt.

Ebenfalls zum Prime Standard der Frankfurter Wertpapierbörse gehört der TecDax (Technology Dax). Er beinhaltet die 30 größten Aktienwerte aus der Technologiebranche und wurde 2003 eingeführt als Nachfolger des durch Bilanzfälschungen und Insidergeschäfte in Verruf geratenen Nemax50, einem Index des „Neuen Marktes". Welche Werte in den TecDax aufgenommen werden oder ihn verlassen müssen, wird quartalsweise anhand der Marktkapitalisierung und des Umsatzes aller Technologieunternehmen unterhalb des Dax entschieden. Wie beim MDax können auch ausländische, aber vorwiegend in Deutschland tätige Technologieunternehmen in den TecDax aufgenommen werden.

Während im Dax schon immer auch Technologiewerte wie SAP vertreten waren, blieben diese in den Nebenwerte-Indizes MDax und SDax außen vor. Erst seit dem 24. September 2018 wurden die Regeln dahingehend geändert, dass auch Unternehmen aus dem TecDax im MDax und SDax gelistet sein dürfen. Dadurch stieg auch die Anzahl der Aktien in den Indizes MDax und SDax. Bis zur Regeländerung waren dort nur 50 Aktien vertreten. In den TecDax dürfen jetzt auch große Technologiewerte, die vorher dem Dax vorbehalten waren.

Was die Märkte bewegt

Angebot und Nachfrage bestimmen bekanntlich den Preis einer Aktie. Doch was beeinflusst das Angebot oder die Nachfrage?

Grob gesagt spiegeln sich im Verhältnis von Angebot und Nachfrage an der Börse die Einschätzungen der Anleger auf Nachrichten und Ereignisse aus Wirtschaft und Politik wider. Für den Kurstrend bei Aktien sind in der Regel wirtschaftliche Größen maßgeblich. Dazu gehört vor allem die Wirtschaftsentwicklung, die von vielen Faktoren wie Investitionen, Produktion, Konsum, Wechselkursen, Arbeitsmarkt und Inflation beeinflusst wird. Die Schwierigkeit bei der Beurteilung dieser Faktoren liegt darin, dass eine Volkswirtschaft ein überaus komplexes System ist. Einzelne Faktoren können sich in ihrer Wirkung verstärken oder abmildern. Es gibt zwar grundlegende Zusammenhänge, aber die einzelnen Größen treten in immer neuen Kombinationen auf und erfordern immer neue Bewertungen.

Vor allem müssen sich Anleger über eines im Klaren sein: An der Börse wird nicht die Gegenwart, sondern die Zukunft gehandelt. In den Aktienkursen drücken sich die Erwartungen der Anleger bezüglich der zukünftigen Wirtschaftsentwicklung und der Entwicklung der einzelnen Unternehmen aus. Kursschwankungen sind ein Zeichen dafür, dass die Einschätzungen der Anleger laufend angepasst und korrigiert werden. Auch wenn es zeitweise unrealistische Einschätzungen und Kapriolen an den Finanzmärkten gibt, besinnen sich Anleger meist über kurz oder lang darauf, dass Kurserwartungen von Aktien von harten Fakten untermauert werden müssen. Bleibt die Entwicklung der Finanzmärkte oder einzelner Aktien hinter den Erwartungen zurück, kommt es zu Kurskorrekturen. Die Schwierigkeit besteht allerdings darin, vorherzusagen, wann eine solche Rückbesinnung auf die Fakten bei der Mehrzahl der Anleger einsetzt.

Wenn Sie in Aktien investieren wollen, sollten Sie wichtige Einflussfaktoren auf die Märkte kennen und einordnen können.

Die Konjunktur

Die Konjunktur gilt als Pulsschlag der Wirtschaft und ist damit wohl die wichtigste Einflussgröße für die Entwicklung der breiten Masse der Aktienkurse. Sie gibt in erster Linie Auskunft über die wirtschaftliche Lage eines Landes. In den meisten Industrieländern verläuft die Wirtschaftsentwicklung langfristig in einem gemäßigten Aufwärtstrend. Der Ge-

HÄTTEN SIE'S GEWUSST?

An der Börse Frankfurt sind Aktien von über 10 000 Unternehmen aus mehr als 100 Ländern notiert.

Dazu kommen über 1 400 börsengehandelte Indexfonds (ETF), rund 29 000 festverzinsliche Wertpapiere, knapp 3 000 Investmentfonds und über 1,4 Millionen Derivate.

Über die Frankfurter Börse können über 1,4 Millionen verschiedene Wertpapiere gehandelt werden. Täglich werden über Xetra bis zu 2 Millionen Trades ausgeführt.

Am Handel von Dax-Werten hält Xetra einen Marktanteil von rund 95 Prozent in Deutschland.

Neben dem Dax berechnet die Deutsche Börse zusammen mit ihrem Tochterunternehmen Stoxx insgesamt über 12 000 Indizes.

Quelle: Deutsch Börse Frankfurt, Stand: März 2017

samtwert aller Güter, die in einer Volkswirtschaft produziert werden, und aller Dienstleistungen, die in ihr erbracht werden, steigt grundsätzlich über die Jahre an. Auf lange Sicht ergibt sich so ein stabiler Wachstumspfad. Bei genauerem Hinsehen wirkt die Kurve, die die gesamte wirtschaftliche Leistung eines Landes abbildet, aber eher wie eine Schlangenlinie: Mal zeigt sie steil nach oben, dann wiederum steigt sie gar nicht, mitunter zeigt sie sogar an, dass die Gesamtleistung der Wirtschaft schrumpft.

Jede Abweichung vom langfristigen Trend führt zu Problemen in der Wirtschaftspolitik: Denn wenn die Wirtschaft langsamer wächst, als es der langfristige Trend vorsieht, wird weniger produziert, als eigentlich möglich wäre. Das Wirtschaftswachstum ist gehemmt. Doch auch Hochkonjunkturphasen mit nahezu ungebremstem, überdurchschnittlichem Wachstum können ihre Schattenseiten haben: Beispielsweise neigen Unternehmen ebenso wie Privatleute dazu, im Vertrauen auf einen Boom Kredite aufzunehmen, die sie nur noch schwer zurückzahlen können, wenn die Wirtschaft wieder langsamer wächst.

Stabilität des Wirtschaftswachstums gilt deshalb als eines der obersten wirtschaftspolitischen Ziele. Darüber, was wann für ein stabiles Wachstum zu tun sei, lässt sich allerdings trefflich streiten. Denn für Flauten sind diverse Erklärungen denkbar: Die privaten Konsumenten halten sich beim Einkauf zu sehr zurück. Oder der Export stockt wegen ungünstiger Wechselkurse oder weil wichtige Abnehmerländer selber mit in der Krise stecken. Oder die Unternehmen investieren zu wenig, weil es ihnen rentabler erscheint, ihr Geld auf der Bank zu lassen, als neue Produktionsanlagen zu bauen. Und schließlich: Der Staat gibt zu wenig Aufträge an die Wirtschaft – etwa für neue Straßen oder Gebäude.

Dass die Einschätzung und Prognose der Konjunktur Ähnlichkeiten mit der Wettervorhersage hat, zeigt sich an Begriffen, mit denen in den Medien versucht wird, die Wirtschaftsentwicklung zu beschreiben. Von „Flaute“ der Konjunktur ist die Rede wie im Wetterbericht für Seefahrer, davon, dass die Konjunktur „sich abkühlt“, oder wahlweise auch davon, dass sie „überhitzt“ sei. Alle Wortschöpfungen, die sich um die Konjunktur ranken, versuchen dabei, das Phänomen anschaulich zu machen, dass Volkswirtschaften über die Jahre immer wieder unterschiedlich schnell wachsen.

“ Wie stark Konsum, Export, Unternehmen und Staat das Auf und Ab des Wirtschaftswachstums beeinflussen, ist von Land zu Land verschieden.

Wie stark Konsum, Export, Unternehmen und Staat das Auf und Ab des Wirtschaftswachstums beeinflussen, ist von Land zu Land verschieden. So gilt in den USA das „Verbrauchervertrauen“ als ein wesentlicher Indikator. Je positiver die Verbraucher die Lage einschät-

Aktien für jede Konjunkturphase

Manche Branchen sind abhängiger von der Konjunkturentwicklung als andere. Zyklische Aktien laufen meist besser, wenn die Konjunktur sich verbessert oder boomt. Nicht- oder antizyklische Aktien sind bei ihrer Wertentwicklung vom Konjunkturzyklus weniger abhängig oder spielen in einer schwachen Wirtschaftsphase ihre Stärken aus.

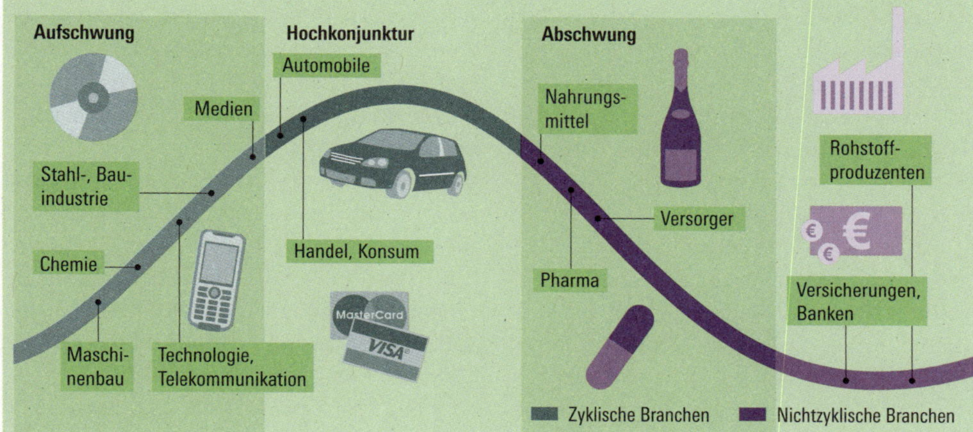

zen, desto mehr werden sie künftig für neue Schuhe, Autos oder Wohnhäuser ausgeben, so die Argumentation. Die Einkäufe der Privatleute gelten in den USA als Wachstumsmotor. In Deutschland als Exportnation spielt die produzierende Wirtschaft eine wichtigere Rolle.

Interessant für Anleger sind diese Informationen, weil sie erkennen lassen, ob der Wirtschaft allgemein ein langsameres oder schnelleres Wachstum, eine Stagnation oder gar ein Rückgang (Rezession) bevorsteht. Im Vorfeld eines anziehenden Wachstums (Aufschwung) können Anleger grundsätzlich mit steigenden Kursen und damit Gewinnen bei ihren Investments rechnen. Hat die Konjunktur hingegen ihren Höhepunkt überschritten, kann es in der Zukunft zu Gewinnrückgängen der Unternehmen und damit zu Kursverlusten der Aktien kommen. Anleger sollten daher bei der Überlegung, ein Investment an den Aktienmärkten einzugehen, die Konjunkturaussichten stets berücksichtigen.

Allerdings sind verschiedene Branchen unterschiedlich stark von anziehender oder nachlassender Konjunktur betroffen: Die Gewinnaussichten von Handelsunternehmen und Herstellern von Konsumgütern beispielsweise hängen unmittelbar von der Konjunktur ab. Produzenten von Investitionsgütern – etwa Maschinenbaukonzerne – bekommen das Auf und Ab dagegen oft mit Verzögerung zu spüren. Im Abschwung zehren sie von Aufträgen aus guten Zeiten. Im Aufschwung aktivieren ihre Kunden dagegen erst einmal freie Kapazitäten, ehe sie in neue Maschinen investieren.

Die größte Schwierigkeit besteht darin, abzuschätzen, in welcher Phase des Konjunkturzyklus sich die Wirtschaft gerade befindet.

Selbst Finanzexperten und Volkswirtschaftler können nicht zuverlässig voraussagen, wie lange eine einzelne Konjunkturphase andauert, wie stark sie ausfällt und vor allem, wann der Übergang zur nächsten Phase beginnt.

Folgende Faktoren können aber Anhaltspunkte zur Bestimmung der Konjunkturphasen und der Wirtschaftslage geben:

▶ Konjunkturelle Frühindikatoren

Aktienanleger versuchen häufig, aus einer Reihe von Frühindikatoren den Trend der Konjunktur abzulesen. Zu diesen Frühindikatoren gehören beispielsweise Umfragen von verschiedenen Institutionen. Anzeichen für künftige konjunkturelle Entwicklungen liefern in Deutschland unter anderem der Geschäftsklima-Index des Münchner ifo-Instituts oder die Erhebungen des Deutschen Industrie- und Handelstages. Die Umfragen versuchen, die Investitionsneigung der deutschen Wirtschaftslenker zu messen. Da die befragten Manager sowohl über die Situation im eigenen Unternehmen als auch bei Zulieferern, Konkurrenten und Kunden informiert sind, können die Umfragen recht gute Hinweise auf die zukünftige wirtschaftliche Entwicklung und die Stimmung in den Unternehmen geben. Für den ZEW-Index des Mannheimer Zentrums für Europäische Wirtschaftsforschung (ZEW) werden rund 400 Analysten und institutionelle Anleger nach ihren mittelfristigen Erwartungen bezüglich der Konjunktur- und Kapitalmarktentwicklung befragt.

Ein weiterer bekannter Frühindikator ist der Einkaufsmanager-Index (EMI), der auf der Befragung einer relevanten Auswahl von Entscheidern in den Einkaufsabteilungen deutscher Unternehmen beruht. US-Pendants sind zum Beispiel der Philly Fed Index und der US-Einkaufsmanagerindex.

Interessant ist auch der Ansatz von sogenannten Logistikindizes wie dem Baltic Dry Index und dem Dow Jones Transportation Average. Der Baltic Dry Index (BDI) ist der weltweit führende Index für den Preis von Schüttgut-Schiffstransporten (hauptsächlich Kohle, Eisenerz, Getreide) auf Standardrouten. Da er die Verschiffungskosten von Rohstoffen – der Vorstufe von Produktionsgütern – misst, signalisiert ein Anstieg des Index, dass der globale Handel anzieht. Eine Abwärtsbewegung zeigt einen nachlassenden Handel und damit wirtschaftliche Abkühlung an. Der Vorlauf des BDI vor der realen Entwicklung beträgt in der Regel acht bis zwölf Monate.

Der Dow Jones Transportation Average (DJTA) ist hingegen ein Aktienindex, der 20 der größten Transportunternehmen an der New Yorker Börse umfasst. Da benötigte Rohstoffe erst in die Produktionsstätten gebracht werden müssen, bevor sie weiterverarbeitet und verkauft werden, gilt der Index für viele Analysten als Frühindikator der konjunkturellen Entwicklung.

▶ Arbeitsmarkt

Die Arbeitslosenquote ist ebenfalls ein Indikator für die konjunkturelle Verfassung der Wirtschaft. Allerdings gilt sie eher als „Nachläufer", denn die Zahlen hinken der tatsächlichen Konjunkturentwicklung hinterher. Auch wenn in einer Hochkonjunkturphase der Zenit schon überschritten ist und die Aktienkurse bereits fallen, sinkt die Arbeitslosenquote häufig noch.

▸ Konsum

Wenn Menschen in einer Volkswirtschaft mehr Geld für den privaten Konsum ausgeben, spricht das für einen stabilen Wirtschaftsaufschwung. In manchen Ländern wie beispielsweise den USA gehen die stärksten Konjunkturimpulse vom Konsum der eigenen Bevölkerung aus. Wie stark die Konsumneigung einer Volkswirtschaft ist, lässt sich unter anderem an der Entwicklung der Einzelhandelsumsätze ablesen. Auch steigende Investitionen von Privatleuten in eigene Immobilien zeigen tendenziell, dass die Menschen die Zukunft, insbesondere ihren Arbeitsplatz, als sicher einschätzen.

Hinweise über die Stimmung der privaten Verbraucher geben unter anderem der Konsumklimaindex für Deutschland der Gesellschaft für Konsumforschung (GfK) und der US-Konsumklimaindex der Universität Michigan. Diese Indizes messen durch Befragungen ausgewählter Konsumenten die Konsumneigung der Privathaushalte. Aus der Entwicklung der Indizes können Anleger dann Rückschlüsse auf die wirtschaftliche Lage ziehen.

Der Wechselkurs

Für das Wirtschaftswachstum ist besonders bei exportorientierten Volkswirtschaften wie Deutschland und Japan auch die Entwicklung der Wechselkurse von Euro und Yen zur wichtigsten Leitwährung, dem US-Dollar, bedeutend.

Steigt beispielsweise der Kurs des Euro im Verhältnis zum Dollar, verteuern sich die deutschen und europäischen Produkte für die Abnehmer im Ausland und erschweren daher den Absatz dieser Waren. Denn ein amerikanischer Importeur muss nun mehr Dollar für einen Euro bezahlen, der Import von Waren aus dem Euro- in den Dollarraum wird somit teurer. Allerdings sind die Zusammenhänge auch hier komplex. Denn das passiert beispielsweise nur, sofern die Unternehmen die Preise ihrer Produkte im Ausland erhöhen. Nicht jede Veränderung des Wechselkurses wird weitergegeben. Sorgen die Unternehmen dafür, dass der Preis in US-Dollar trotz des Euro-Anstiegs gleich bleibt, sinkt der Euro-Gegenwert, den sie erhalten, und letztlich ihre Marge.

Wertet der Euro hingegen zum US-Dollar ab, fördert dies oft die Absatzchancen von „Euro-Unternehmen“ im Dollarraum. Denn für die Abnehmer im Dollarraum verbilligt sich der Einkauf der Euro-Waren.

Auch hier verbietet sich für Anleger eine pauschale Beurteilung, wonach ein steigender Euro schlecht und ein fallender Euro gut für die Gewinnaussichten der Unternehmen und Aktionäre sind. Denn dies betrifft vor allem exportorientierte Unternehmen. Die Medaille hat aber zwei Seiten. Betriebe, die einen großen Teil ihrer Rohstoffe und Vorprodukte aus dem US-Dollar-Raum beziehen, müssen dafür bei einer Euro-Abwertung (=Dollar-Aufwertung) mehr Euros bezahlen. Anleger müssen also genauer hinschauen, wie exportabhängig ein Aktienunternehmen ist, wenn sie den Wechselkurs bei ihren Anlageentscheidungen berücksichtigen wollen.

Überdies fördert ein schwacher Euro durch die Verteuerung von Produkten, die in US-Dollar bezahlt werden müssen, den Import von Inflation, also steigenden Preisen. Denn die heimischen Unternehmen geben gestiegene Einkaufskosten an ihre Kunden weiter.

Zinsen

Für die Mehrzahl der Börsianer steht fest, dass sich ein steigendes Marktzinsniveau negativ auf die Entwicklung der Aktienkurse auswirkt. Denn wenn das Zinsniveau steigt, steigt der „Preis des Geldes". Zunächst wird die Aufnahme von Fremdkapital für Unternehmen teurer. Dadurch steigen auch andere Kosten wie Gehälter, Produktions-, Investitions- und Lagerkosten, was die Investitionsneigung, Rentabilität und Gewinnaussichten der Unternehmen dämpft.

Darüber hinaus werden die sichereren Zinsanlagen attraktiver. Wenn festverzinsliche Anlagen ansprechende Renditen bieten, sind Anleger weniger bereit, das mit einer Aktienanlage verbundene Risiko in Kauf zu nehmen. Investoren schichten dann ihre Anlagen vermehrt von schwankungsreichen Aktienanlagen in Festgelder und in den Anleihenmarkt um. Bei einem niedrigen Zinsniveau hingegen überlegt sich mancher Anleger, ob er nicht doch bereit ist, zumindest mit einem Teil seines Vermögens ein höheres Risiko einzugehen und chancenreichere Aktien zu kaufen.

Doch auch hier sei wieder vor Verallgemeinerungen gewarnt. Denn steigende Zinsen gehen in der Regel mit einer verbesserten Konjunkturlage und damit höheren Gewinnen der Unternehmen einher, müssen also nicht per se schädlich für die Aktienkurse sein. Solange ein Zinsanstieg moderat erfolgt, zeigt dies zunächst einmal, dass sich die Wirtschaft erholt, die Lage am Arbeitsmarkt verbessert und die Unternehmen in der Folge bessere Geschäfte machen.

Ein Zinsanstieg in einem Währungsraum kann überdies dazu führen, dass Anleger verstärkt dort investieren, wodurch die Währung dann aufwertet. Erhöhen sich beispielsweise in den USA die Zinsen, nicht jedoch im Euroraum, wertet tendenziell der Euro ab, was sich wiederum positiv auf exportorientierte Unternehmen aus dem Euroraum auswirken kann.

Krisen, Katastrophen und politische Entscheidungen

Natürlich bewegen auch Krisen und Katastrophen die Börsenmärkte. Meist war es in der Vergangenheit aber so, dass selbst schwerwiegende Ereignisse wie der Atomreaktorunfall in Fukushima, der Terroranschlag vom 11. September 2001 in den USA oder der Ausbruch eines Krieges in Schwellen- oder Entwicklungsländern nur kurzfristige Einflüsse auf die Börsenentwicklung hatten. Sehr schnell erholten sich die Börsen von ihren ersten heftigen Reaktionen und gingen danach zur Tagesordnung über. Dahinter steckt folgende Logik: In der ersten Panik wollen Anleger ihr Geld in Sicherheit bringen und schichten von schwankungsanfälligen Aktien in sichere Zins- oder Tagesgeldanlagen um. Legt sich die erste Aufregung und analysieren die Anleger die Auswirkungen des Ereignisses mit etwas Abstand, stellen sie häufig fest, dass kein Grund bestand, sich längerfristig von den Aktien zu trennen. Die Börsen beruhigen sich dann wieder und erreichen wieder alte Indexstände.

Auch politische Ereignisse wie Wahlen oder Regierungs- und Schuldenkrisen können Börsenkurse in die eine oder andere Richtung bewegen. „Politische Börsen haben kurze Beine", lautet ein Börsensprichwort. Gemeint ist damit, dass politisch bedingte Kursbewegungen in der Regel keine großen Auswirkungen auf die Börsen haben. Ganz so einfach ist es allerdings nicht immer. So haben beispielsweise die Entscheidung der Bundesregierung, „über Nacht" aus der Atomenergie auszusteigen, und der Beschluss des Erneuerbare Energien Gesetzes zu Verlusten bei den Versorgerunternehmen geführt, von denen sich diese bis heute nicht erholt haben. Fiskalpolitische Maßnahmen wie Steuerreformen können langfristige Auswirkungen auf die Konjunktur und damit den Aktienmarkt haben. Während Steuererhöhungen die Wirtschaftsentwicklung dämpfen, sind Steuersenkungen tendenziell konjunkturfördernd, da Unternehmen und Privatleuten mehr Geld zum Investieren und für den Konsum zur Verfügung steht.

Vereinfacht kann man sagen, dass immer neue zusätzliche Regulierungen eher die Wirtschaftsdynamik hemmen. Deregulierungen, Flexibilisierungen und Subventionsabbau, die für mehr Freiheiten bei Unternehmensent-

30 SEKUNDEN FAKTEN

85 %

brach der Dow Jones Index in drei Jahren nach dem Börsencrash von 1929 ein.

7,2 %

verlor er unmittelbar nach dem Terroranschlag vom 11. September 2001. Die Börse wurde bis zum 17. September geschlossen.

40 %

verlor er in den sechs Monaten nach der Pleite der Investmentbank Lehman Brothers am 15. September 2008.

3,6 %

war sein Verlust nach der Reaktorkatastrophe von Fukushima am 15. März 2011.

Alle diese Verluste waren nur kleine Dellen in der langfristigen Aufwärtsbewegung des Dow Jones.

scheidungen und Wettbewerb sorgen, wirken tendenziell positiv auf die Wirtschaft und werden entsprechend von den Börsianern beurteilt.

Unternehmensnachrichten

Natürlich wirken sich Unternehmensnachrichten meist in irgendeiner Form auf den Aktienkurs des Unternehmens aus. Das können zum Beispiel die Veröffentlichung des jährlichen Geschäftsberichtes, die Vorlage von Quartalsberichten oder die Bekanntgabe von Prognosen für die kommende Geschäftsentwicklung sein. Wie solche Berichte von den Aktionären aufgenommen werden, hängt oft auch davon ab, was diese oder Analysten, die das Unternehmen beobachten, erwartet hatten. So kann es sein, dass der Kurs einer Aktie fällt, obwohl das Unternehmen bekanntgibt, im abgelaufenen Quartal oder Halbjahr deutliche Gewinne erzielt zu haben. Haben die Analysten aber einen noch höheren Gewinn erwartet, wird dies häufig negativ interpretiert und führt zu Aktienverkäufen. Genauso kann es zu Kurssteigerungen trotz Verlusten des Unternehmens kommen, wenn diese eben geringer als erwartet ausgefallen sind.

Unternehmen, die im Prime Standard der deutschen Börse notiert sind, müssen geschäftsrelevante Nachrichten, die geeignet sind, den Börsenkurs erheblich zu beeinflussen, über sogenannte Ad-hoc-Meldungen sofort veröffentlichen. Zu solchen kursrelevanten Nachrichten gehören beispielsweise eine geplante Übernahme oder Kapitalmaßnahmen wie der Rückkauf von Aktien, Änderungen des Dividendensatzes oder Veräußerungen von Kernbereichen des Unternehmens. Bei Übernahmen steigt meist der Kurs des Übernahmekandidaten, da dessen Aktionäre ein Übernahmeangebot über dem aktuellen Kurs erwarten. Der Kurs des übernehmenden Unternehmens sinkt häufig, da sich die Ausgaben für die Übernahme negativ auf den Gewinn auswirken.

Mit einer sogenannten Gewinnwarnung gibt ein Unternehmen bekannt, dass das in Aussicht gestellte Unternehmensergebnis und bereits ausgegebene Prognosen nicht erreicht werden können. Solche Meldungen führen naturgemäß zu Kursverlusten der Aktie.

Aber nicht nur eigene Unternehmensmeldungen haben Einfluss auf den Kurs einer Aktie. Auch Nachrichten und Meldungen von Firmen aus der gleichen Branche können den Kurs einer Aktie beeinflussen. Anleger schließen darauf, dass es dem Konkurrenten ähnlich gehen könnte. Eine schlechte Nachricht eines Pharmakonzerns zum Beispiel könnte so gedeutet werden, dass die wirtschaftliche Situation oder das Umfeld der Pharmabranche insgesamt schlecht ist. Dann sinken entsprechend auch die Aktienkurse anderer Pharmaunternehmen.

Auch Verlautbarungen von Analysten großer Analysehäuser und Banken zu einzelnen Aktien bewegen regelmäßig deren Kurse. Gibt ein Analyst eines angesehenen Analysehauses eine Kaufempfehlung, führt dies meist zu einem Kursanstieg der Aktie, da viele Anleger solchen Empfehlungen folgen.

Viele Daten beeinflussen den Aktienmarkt

Alle genannten Faktoren geben Anlegern Anhaltspunkte für die Bewertung des konjunkturellen Umfelds und der zukünftigen Kurs- und Gewinnchancen eines Aktieninvestments. Sie sollten aber einzelne Zahlen nicht überbewerten. Da die Aktienmärkte sich in vielen Fällen nicht rational verhalten, ist eine genaue Vorhersage der Kursentwicklung nahezu unmöglich. Neben den beschriebenen können sich weitere Faktoren auf die Märkte und den Börsenkurs einzelner Aktien auswirken, und sie treten in immer neuen Kombinationen auf. Dabei können sich einzelne Faktoren gegenseitig verstärken oder dämpfen. Es gibt keine Garantie, dass sich Aktienkurse in ähnlichen Situationen wieder genauso verhalten wie in der Vergangenheit. Denn je nach wirtschaftlicher oder politischer Situation werden einzelne Indikatoren unterschiedlich beurteilt. Viele Frühindikatoren ändern mitunter sprunghaft ihre Richtung und geben auch nur eine grobe Richtung der Konjunktur vor. Sie sagen zudem meist nichts darüber aus, wie stark ein Auf- oder Abschwung ausfallen wird und wann genau die nächste Konjunkturphase eintritt.

“ Daneben beeinflusst die Geldpolitik der Notenbanken heutzutage die Aktienmärkte stark.

Daneben beeinflusst die Geldpolitik der Notenbanken heutzutage die Aktienmärkte stark. Sorgen die Notenbanken der großen Wirtschaftsräume beispielsweise für ein niedriges Zinsniveau, kann dies die Nachfrage nach Aktien als attraktive Geldanlage stützen.

Trotz aller Unsicherheiten können Ihnen Konjunkturindikatoren, realwirtschaftliche Daten und sonstige Faktoren, die die Aktienkurse beeinflussen, aber gute Hilfsmittel beim richtigen Timing für den Einstieg in den Aktienmarkt und der Auswahl einzelner Aktien sein.

Aktien einordnen und bewerten

Um bei der Vielzahl der weltweit gehandelten Aktien nicht den Überblick zu verlieren, bietet es sich an, Aktien nach verschiedenen Kriterien einzuordnen. Kennzahlen helfen, die Werte vergleichbar zu machen.

Firmengröße, Wachstumschancen und Konjunkturverhalten

Anleger können Aktien unter anderem nach der Größe des dahinter stehenden Unternehmens, dem typischen Verhalten in bestimmten Börsenphasen und nach spezifischen Bewertungskriterien einstufen.

Wenn Anleger Aktien verschiedener Unternehmen miteinander vergleichen, um herauszufinden, welche Werte besondere Investmentchancen bieten, müssen sie darauf achten, nicht Äpfel mit Birnen zu vergleichen. Ein gerade an der Börse zugelassenes Unternehmen weist vielleicht höhere Wachstumschancen auf als ein alteingesessener Weltmarktführer – die Risiken sind dafür aber auch meist völlig unterschiedlich. Daneben gibt es bei Aktien wie beim Obst „Früchte der Saison". Manche Aktien entwickeln sich in unterschiedlichen weltwirtschaftlichen Konjunkturphasen besser oder schlechter als andere. Es gibt aber auch Aktienwerte, die vergleichsweise konjunkturresistent sind.

Standardwerte (Bluechips)

Unter Standardwerten – auch Bluechips oder Large-Caps genannt – versteht man umsatzstarke Aktien eines großen und bekannten international tätigen Unternehmens oder einer Unternehmensgruppe. Standardwerte zeichnen sich durch eine hohe Substanz- und Ertragsstärke sowie eine hohe Bonität aus. Daher lassen sie einen beständig steigenden Wert und regelmäßige Dividendenzahlungen erwarten. Das heißt allerdings nicht, dass nicht auch sie starke Einbrüche erleben könnten. Zu den deutschen Standardwerten zählen die im Dax notierten Werte wie Allianz, BASF, Daimler, Deutsche Bank, Deutsche Telekom, Siemens und Volkswagen. Zu den bekannten US-amerikanischen Blue Chips gehören Unternehmen wie Microsoft, American Express, Coca-Cola, IBM, McDonald's und Kraft Foods. Sie finden sich im Dow-Jones-Industrial-Index und S & P 100. Standardwerte sind oft nicht nur Aktionären, sondern auch der Bevölkerung als eine starke Marke bekannt.

Diese Unternehmen haben eine hohe Marktmacht, können also durch neuere oder kleinere Konkurrenten kaum vom Markt verdrängt werden.

Wenn Anleger einen Teil ihres Depots mit Einzelaktien bestücken möchten, eignen sich Standardwerte dafür besser als Basisanlage als kleinere Unternehmen. Auch unter dem Gesichtspunkt einer gewissen Krisenfestigkeit spricht einiges für Standardwerte: Im Falle einer starken Inflation können Konzerne mit großer Marktmacht Preissteigerungen an ihre Kunden weitergeben. Auch größere Rezessionen überstehen Standardwerte durch ihre Finanzpolster grundsätzlich eher als kleinere Firmen. Weil sie meist international tätig sind und weltweit Standorte haben, sind große Konzerne zudem bei Katastrophen oder kriegerischen Auseinandersetzungen nicht so gefährdet wie kleinere, lokal stark konzentrierte Unternehmen.

Blue Chips sind sehr liquide, denn – so eine Faustregel – je größer ein Unternehmen ist, desto mehr Aktien sind von ihm im Umlauf. Für Anleger bedeutet das, dass viele Standardwerte weltweit über Börsen wie Tokio, New York und Frankfurt gehandelt werden und damit nahezu rund um die Uhr ge- und verkauft werden können. Anleger können daher jederzeit auf veränderte Nachrichten reagieren. Aufgrund ihrer hohen Börsenkapitalisierung – man spricht auch vom Börsenwert oder der Marktkapitalisierung – sind Standardwerte oft stark in den Indizes ihres Segments repräsentiert. So war SAP Anfang April 2019 beispielsweise das nach Börsenwert stärkste Unternehmen im Dax und machte über 11 Prozent des Dax aus. Wertveränderungen von SAP beeinflussen damit die Entwicklung des Dax viel stärker als eine Kursänderung bei Unternehmen wie Covestro, Beiersdorf, Merck oder RWE, die eine Indexgewichtung von um die ein Prozent haben.

Mid-Caps und Small-Caps

Aktien mit einer geringeren Marktkapitalisierung als die Standardwerte werden als Nebenwerte bezeichnet. Je nach ihrer Kapitalisierung spricht man von „Mid-Caps" oder „Small-Caps". „Cap" kommt übrigens vom englischen „Capitalization". Da es viel mehr Neben- als Standardwerte gibt, bieten sich hier für Anleger noch größere Auswahlmöglichkeiten. Häufig ist es allerdings für Investoren schwieriger, sie zu analysieren, weil bei kleineren Unternehmen die Finanzkommunikation (Investor Relations) zu ihren (potenziellen) Investoren noch nicht so ausgeprägt ist und auch die Medien weniger über diese Unternehmen berichten als über große Standardwerte.

▸ Mid-Caps

Mid-Caps sind meist erfolgreiche ehemalige Small-Caps, die nicht mehr so stark wachsen, aber sich in ihrem Segment gut etablieren konnten und sich daher zu günstigeren Konditionen Geldmittel bei Banken und am Kapitalmarkt für ihre wirtschaftlichen Aktivitäten be-

---

Die Marktkapitalisierung ergibt sich aus der Multiplikation des Kurses mit der Anzahl der an der Börse frei handelbaren Aktien. Hat beispielsweise eine Aktiengesellschaft eine Million Aktien ausgegeben, deren aktueller Kurs jetzt bei 20 Euro liegt, beträgt ihre Marktkapitalisierung 20 Millionen Euro.

schaffen können als sehr kleine und junge Unternehmen. Sie bieten die Chance auf höheres Wachstum und damit auf deutlichere Kurssteigerungen als Standardwerte, ihr Risiko ist aber geringer als das von Small-Caps, die das höchste Wachstumspotenzial aufweisen.

Deutsche Aktien, die dem Bereich Mid-Cap zuzurechnen sind, also mittlere Marktkapitalisierungen und Börsenumsätze aufweisen, finden sich im MDax, dem kleinen Bruder des Dax. Die nach der Marktkapitalisierung größten Werte sind hier Airbus, Siemens Healthineers, Innogy und Hannover Rück.

▸ Small-Caps

Zahlenmäßig nehmen Small-Caps, also verhältnismäßig niedrig kapitalisierte Aktiengesellschaften, den größten Anteil bei den weltweit gehandelten Aktien ein. Eine Anlage in Small-Caps bietet die Chance, bereits investiert zu sein, wenn sich das Unternehmen stark weiterentwickelt und von professionellen Investoren und der Anlegermasse erst entdeckt wird. Anleger können vom folgenden starken Kursanstieg besonders profitieren. Ein klassisches Beispiel ist die Entwicklung der Microsoft-Aktie, deren Kurs von knapp 10 Cent auf über 50 Dollar stieg. Manchmal können Anleger eines Small-Caps von einem Übernahmeangebot profitieren, wenn ein größeres Unternehmen das kleine kaufen will.

“ Die Kehrseite der höheren Renditechancen mit Nebenwerten ist das höhere Risiko, dass sich die Firmen nicht in die gewünschte Richtung entwickeln.

Die Kehrseite der höheren Renditechancen mit Nebenwerten ist das höhere Risiko, dass sich die Firmen nicht in die gewünschte Richtung entwickeln. Dies kann zum Beispiel der Fall sein, wenn deren Branche plötzlich nicht mehr so angesagt ist, die Wirtschaft insgesamt schwächer läuft, finanzielle Mittel für Expansionen fehlen oder das Management falsche strategische Entscheidungen trifft. Nebenwerte schwanken stärker im Kurs, haben also eine höhere Volatilität als Standardwerte. Außerdem sind Aktien kleinerer Unternehmen anfälliger für Spekulationen größerer Investoren. Aber auch dubiose Finanzdienstleister und Gauner versuchen immer wieder, den Kurs kleiner Nebenwerte, sogenannter ➚ Pennystocks, zu ihren Gunsten zu manipulieren.

Mehr zu Pennystocks siehe S. 137.

Deutsche Small-Caps findet man unter anderem im SDax (abgeleitet von Small-Cap Dax). Die wichtigsten Nebenwerte aus dem Bereich Technologie sind in einem anderen Bruder des Dax, dem TecDax, zusammengefasst.

Aktien für jede Konjunkturphase

Die wirtschaftliche Entwicklung eines Landes oder einer Region verläuft meist wellenförmig von Aufschwung zu Boom zu Abschwung und Depression und wieder Aufschwung. Aber nicht alle Unternehmen profitieren von oder leiden in gleichem Maße in den verschiedenen Phasen der Konjunktur.

Besonders konjunkturabhängige Aktien werden als „zyklische Aktien“ oder „Zykliker“ bezeichnet. Sie bewegen sich mehr oder weniger mit dem Konjunkturzyklus: Geht es der Wirtschaft gut, steigen sie, in Rezessionsphasen fallen sie. Das hängt damit zusammen, dass in einer schlechteren konjunkturellen Lage die Nachfrage nach den Produkten dieser Unternehmen zurückgeht und umgekehrt in guten Phasen besonders steigt. Typische Zykliker sind Konsumwerte, Automobilaktien und Technologietitel.

Werden Unternehmensergebnisse hingegen kaum von den ➚ Konjunkturzyklen beeinflusst, spricht man von defensiven oder antizyklischen Aktien. Beispiele hierfür sind vor allem Pharmaunternehmen und Energieversorger. Auch Unternehmen der Nahrungs- und Genussmittelindustrie gelten als defensiv, denn „gegessen und getrunken wird immer“.

Mehr zu Konjunkturzyklen siehe „Was die Märkte bewegt“, S. 96.

Anleger sollten aber immer berücksichtigen, dass die Kursentwicklung von Aktien der realen Wirtschaftsentwicklung um Monate voraus läuft, da an der Börse Erwartungen gehandelt werden. Künftige Aussichten von Unternehmen sind für die Kursentwicklung relevanter als die derzeitige Situation.

Growth- und Value-Titel

Eine weitere Möglichkeit, Aktien zu klassifizieren, ist die Unterscheidung zwischen Value (Substanz) und Growth (Wachstum). Der Unterschied zwischen Value- und Growth-Aktien liegt vor allem darin, wie diese von den Akteuren am Aktienmarkt bewertet werden. Grob gesagt, rechtfertigt ein Wachstumstitel eine hohe Bewertung – ist also nach verschiedenen Bewertungskennzahlen als bereits teuer einzuordnen –, weil dem Unternehmen ein starkes Wachstum zugetraut wird. Eine Value-Aktie ist hingegen eine solide Aktie, aber mit weniger spektakulären Aussichten und daher niedriger bewertet.

Investoren, die nach einer Growth-Strategie vorgehen, versuchen frühzeitig zukünftige Wachstumsmärkte zu erkennen und dann die Unternehmen mit der höchsten Wachstumsdynamik auszuwählen. Anhänger der Value-Strategie suchen hingegen nach Unternehmen, die eine gute Marktposition haben, besonders profitabel sind, eine stabile Gewinnentwicklung aufweisen, aber von der breiten Masse der Anleger noch nicht entdeckt wurden, und deshalb „unterbewertet“ sind.

Unternehmenskennzahlen

Viele Fundamentaldaten und Bewertungskennzahlen der Unternehmen lassen sich aus deren Bilanzen und Geschäftsberichten ableiten.

Wenn Finanzexperten und Analysten Aktien von Unternehmen bewerten, greifen sie meist zunächst auf die Pflichtangaben und Verlautbarungen zurück, die diese Unternehmen regelmäßig veröffentlichen müssen. Börsenneulingen, die sich erstmals mit dieser Materie beschäftigen, kommt dies zunächst wie eine Geheimwissenschaft vor. Doch wenn Sie die wesentlichen Grundlagen der Bilanzanalyse kennen, werden auch Sie bald aus der Vielzahl der Unternehmensveröffentlichungen die wesentlichen herausfiltern können.

Die Bilanz

Eine Bilanz ist eine vollständige Aufstellung der Vermögenswerte und Verpflichtungen eines Unternehmens. Sie stellt eine Bestandsaufnahme zu einem bestimmten Stichtag dar. In ihr darf nichts weggelassen, nichts dazugeschummelt oder schöngefärbt werden. Welche Zahlen hineingehören und wie sie aufgeschlüsselt werden müssen, ergibt sich aus dem Handelsgesetzbuch oder aus international gültigen Rechnungslegungsstandards. An der Bilanz lässt sich also in aller Kürze ablesen, wie ein Unternehmen in etwa dasteht.

Die Aktivseite gibt Auskunft über die Mittelverwendung im Unternehmen. Alles, was dauerhaft für den Geschäftsbetrieb nötig ist, wird als Anlagevermögen aufgeführt. Das sind zum Beispiel Maschinen, Grundstücke und auch immaterielle Vermögenswerte wie Konzessionen oder Lizenzen, die das Unternehmen besitzt. Alles, was nur eingekauft und dann verarbeitet, verbraucht oder verkauft wird, taucht in der Bilanz als Umlaufvermögen auf, ebenso die verkaufsfertigen Produkte, die noch im Lager liegen. Forderungen, beispielsweise Rechnungen, die Kunden noch nicht bezahlt haben, müssen ebenfalls hier ausgewiesen werden. Der Bilanzposten „liquide“ Mittel zeigt, wie viel Geld kurzfristig zum Beispiel auf Konten oder im Kassenbestand verfügbar ist.

Die Passivseite gibt Auskunft, woher die Kapitalmittel für die Finanzierung des Unternehmens kommen. Die eine Geldquelle für Unternehmen ist das Eigenkapital. In der Bilanz gehört dazu das gezeichnete Kapital, also der Nennwert aller Aktien zusammen. Dazu kommen Kapitalrücklagen, etwa aus den Beträgen, die Aktionäre über den Nennwert hinaus für neu ausgegebene Aktien gezahlt haben. Weiter zählen zum Eigenkapital die Gewinne, die im Vorjahr nicht als Dividende an die Aktionäre ausgeschüttet, sondern zurückgehalten wurden. Auch der Jahresüberschuss oder der Fehlbetrag, der sich aus der Gewinn- und Verlustrechnung ergibt, wird beim Eigenkapital ausgewiesen. Die andere Geldquelle für Unternehmen ist fremdes Kapital. Egal, ob ein

Muster einer Bilanz

Aktiv- und Passivseite der Bilanz müssen sich ausgleichen, also den gleichen Wert besitzen.

Aktiva	Passiva
Anlagevermögen	**Eigenkapital**
Sachanlagen (z. B. Gebäude, Maschinen)	Gezeichnetes Kapital
Immaterielle Vermögensgegenstände (z. B. Patente)	Kapitalrücklagen
Finanzanlagen (z. B. Beteiligungen)	Gewinnrücklagen
	Gewinn-/Verlustvortrag aus Vorjahr
	Jahresüberschuss/Jahresfehlbetrag
Umlaufvermögen	**Rückstellungen**
Vorräte (z. B. Rohstoffe, Vorprodukte)	Verbindlichkeiten
Forderungen	Langfristige Verbindlichkeiten (z. B. Bankdarlehen)
Barmittel	Kurzfristige Verbindlichkeiten (z. B. Dispositionskredite)
Guthaben bei Banken	
Summe Aktiva	**Summe Passiva**

Unternehmen eine Anleihe auflegt, sich Geld bei Banken leiht – alle Verbindlichkeiten müssen wie das Eigenkapital auf der Passivseite der Bilanz aufgelistet werden. Auch Rückstellungen zählen zu den Passiva. Rückstellungen sind die Reserveposten, mit denen das Unternehmen für Forderungen vorbaut, die auf es zukommen können, deren Höhe aber noch nicht bekannt ist, weil zum Beispiel ein Gerichtsverfahren ansteht.

Aktiv- und Passivseite der Bilanz müssen sich ausgleichen, also den gleichen Wert besitzen. Zieht man von der Summe der Aktiva die Verbindlichkeiten und Rückstellungen ab, erhält man das Eigenkapital. Ergänzt wird die Bilanz durch eine Gewinn- und Verlustrechnung, in der die Aufwendungen und Erträge des Unternehmens im Zeitraum zwischen den Bilanzstichtagen gegenübergestellt werden.

Quartalsberichte

Unternehmen, die im Prime Standard der Deutschen Börse gelistet sind, müssen quartalsweise über den zuletzt erzielten Umsatz und Gewinn oder Verlust berichten. In den Berichten finden sich auch Gegenüberstellungen von Schulden und Vermögen sowie Aussagen, wie sich das Geschäft weiterentwickeln dürfte. Auch relative Kennzahlen wie „Gewinn pro Aktie“ oder „Dividende pro Aktie“ findet man regelmäßig. Für Anleger sind Quartalsberichte ein weiterer Mosaikstein zur Beurteilung eines Unternehmens. Diese und weitere Daten finden Sie meist auf den Internetseiten der Aktiengesellschaften unter dem Menüpunkt „Investor Relations".

Anhand der Unternehmensdaten können Renditekennzahlen ermittelt werden, aus denen Anleger Rückschlüsse auf die Qualität und die Gewinnchancen der Aktie ziehen können. Auch lässt sich damit abschätzen, ob der derzeitige Preis der Aktie günstig (unterbewertet) oder teuer (überbewertet) ist. Die wichtigsten stellen wir Ihnen hier vor:

Die Eigenkapitalquote

Die Eigenkapitalquote ist ein Gradmesser für die wirtschaftliche und finanzielle Stabilität eines Unternehmens. Um sie zu berechnen, wird das Eigenkapital eines Unternehmens ins Verhältnis zum Gesamtkapital gesetzt.

	Eigenkapital
/	Bilanzsumme (Gesamtkapital)
=	**Eigenkapitalquote**

Je höher die Eigenkapitalquote ist, desto solider ist grundsätzlich die Finanzlage. Da Verluste über einen längeren Zeitraum mit Eigenkapital aufgefangen werden können, sind Unternehmen mit einer hohen Eigenkapitalquote weniger krisenanfällig als unterkapitalisierte Unternehmen. Die durchschnittlichen Eigenkapitalquoten sind je nach Branche sehr unterschiedlich. Eine überdurchschnittliche Eigenkapitalquote kann auch für eine mangelnde Wachstums- und Investitionsbereitschaft des Managements sprechen.

Ebit und Ebitda

Die international gebräuchliche Kennzahl für das Betriebsergebnis eines Unternehmens Ebit (earnings before interests and taxes) zeigt die Ertragsstärke unverfälschter an als der Jahresüberschuss. Im Ebit ist im Unterschied zum Jahresüberschuss das Zinsergebnis, also die Aufwendungen für Kredite und die Erträge aus Geldanlagen, nicht berücksichtigt. Auch das außerordentliche Ergebnis des Unternehmens steckt nicht darin. Das sind die Aufwendungen und Erträge, die nichts mit dem eigentlichen Geschäftszweck zu tun haben. Dazu gehört zum Beispiel der Verkauf von Beteiligungen an Unternehmen, dazu gehören auch Rückstellungen wegen möglicher Schadenersatzforderungen oder Aufwendungen für einen Sozialplan. Dies alles zählt nicht zum Ebit.

❝ Ebit und Ebitda finden Anleger normalerweise im Jahresabschluss eines Unternehmens.

Noch genauer lassen sich Unternehmen jedoch mit einer anderen Schlüsselgröße vergleichen: Ebitda (earnings before interests, taxes, depreciation and amortization) heißt übersetzt Jahresüberschuss vor Steuern, Zinsen und Abschreibungen. Das Ebitda berücksichtigt also im Gegensatz zum Ebit keine Abschreibungen.

Da Ebit und Ebitda aus dem Ergebnis diejenigen Faktoren herausrechnen, die nichts mit dem Kerngeschäft zu tun haben, schärfen sie den Blick für den wirtschaftlichen Erfolg eines Unternehmens. Steigt also das Ebit eines Unternehmens, floriert das Kerngeschäft.

Vor allem das Ebitda ermöglicht es, Unternehmen international zu vergleichen, weil länderspezifische Steuersysteme und Bilanzierungsregeln unberücksichtigt bleiben. Durch die Reduktion des Geschäftserfolgs auf den Kerngeschäftsbereich können Unternehmen auch mit ausländischen Konzernen, die weniger Steuern bezahlen oder andere Abschreibungsvorschriften befolgen, verglichen werden.

Ebit und Ebitda finden Anleger normalerweise im Jahresabschluss eines Unternehmens.

Eigenkapitalrendite

Die Eigenkapitalrendite ist eine relativ einfache, aber aussagekräftige Kennzahl. Sie ermöglicht es, zu vergleichen, wie profitabel verschiedene Unternehmen sind. Sie gibt an, wie effizient ein Unternehmen das zur Verfügung stehende Eigenkapital eingesetzt hat, wie hoch also die „Verzinsung" des eingesetzten Eigenkapitals war.

Reingewinn
/ Eigenkapital
= Eigenkapitalrendite

Beispiel: Beträgt bei einem Eigenkapital von 1 Million Euro der Gewinn eines Unternehmens 70 000 Euro, so errechnet sich eine Eigenkapitalrendite von 7 Prozent.

70 000
/ 1 000 000
= 0,07

Wenn Sie Unternehmen nach dieser Kennzahl vergleichen, müssen Sie allerdings beachten, dass sich Gewinn oder Eigenkapitalwerte unterscheiden können, wenn die Unternehmen nach unterschiedlichen Rechnungslegungsstandards bilanzieren oder andere Abschreibungsmethoden anwenden. Auch entspricht die Eigenkapitalrendite nicht unbedingt der Rendite des Aktionärs. Diese ist davon abhängig, welchen Preis er für die Aktie bezahlt hat.

Kurs-Gewinn-Verhältnis (KGV)

Mit verschiedenen Kennzahlen versuchen Experten zu beurteilen, ob der Börsenkurs des Unternehmens angemessen ist. Das Kurs-Gewinn-Verhältnis (KGV, auch Price-Earnings-Ratio genannt) ist eine der bekanntesten Kennzahlen zur Aktienbewertung. Man erhält das KGV, indem man den aktuellen Börsenkurs einer Aktie durch den geschätzten Gewinn pro Aktie teilt.

Börsenkurs
/ Geschätzter Gewinn pro Aktie
= Kurs-Gewinn-Verhältnis

Das Kurs-Gewinn-Verhältnis des Dax

Das KGV des Dax setzt den Punktestand des Dax ins Verhältnis zu den Gewinnen der Unternehmen, die im Index gelistet sind. Ein niedriges KGV zeigt an, dass die Aktien des Dax eher günstig sind, während ein hohes KGV für eine Überbewertung spricht.

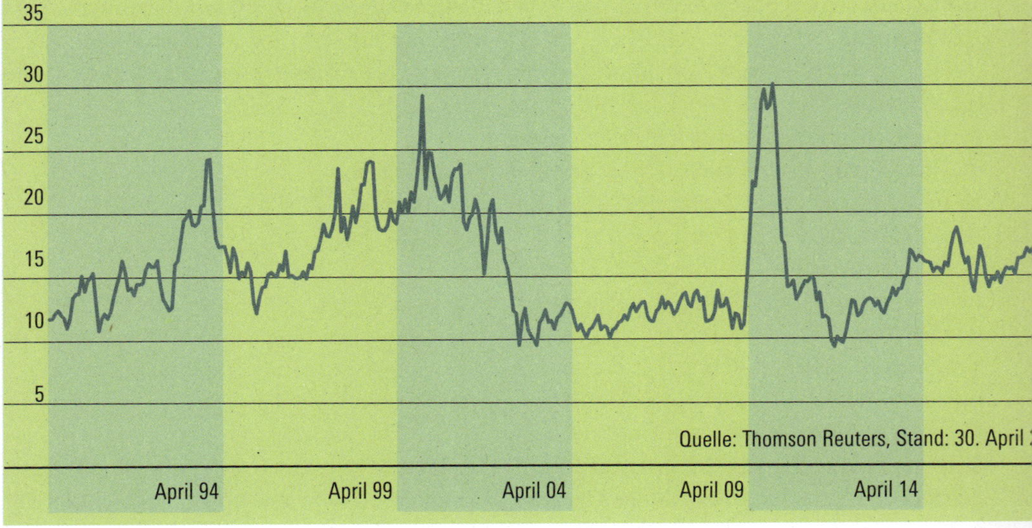

Quelle: Thomson Reuters, Stand: 30. April

***Beispiel:** Bei einem Aktienkurs von 45 Euro und einem Gewinn je Aktie von 3 Euro beträgt das KGV 15.*

	45
/	3
=	15

Je höher der Aktienkurs und je kleiner der Gewinn, desto größer wird das KGV. Werte mit einem niedrigen KGV versprechen hingegen einen relativ großen Unternehmensgewinn zu einem niedrigen Preis. Das KGV ist damit so etwas wie das Preis/Leistungs-Verhältnis der Aktie und gibt grob gesagt an, zum Wievielfachen des Gewinns die Aktie an der Börse gehandelt wird, wie viele Jahre also der Gewinn erzielt werden müsste, um die Aktie einmal zu verdienen.

Je niedriger das KGV, desto „billiger" ist die Aktie. Problematisch ist allerdings, dass der Gewinn sich zuverlässig nur für die Vergangenheit feststellen lässt. Analysten verwenden daher Prognosen und rechnen mit dem „erwarteten Gewinn". Unterschiedliche Gewinnschätzungen können aber zu unterschiedlichen KGVs führen. Auch spielen die Erwartungen der Anleger für die Branche der jeweiligen Aktiengesellschaft eine wichtige Rolle. Wird eine Branche als besonders aussichtsreich eingeschätzt, zahlen Investoren einen höheren Preis (also höheren Kurs), auch wenn die Gewinne niedrig sind. Eine Aktie mit einem höheren KGV aus einer zukunftsträchtigen Branche kann daher dennoch bessere Entwicklungschancen als eine Aktie aus einer anderen Branche mit niedrigerem KGV haben. Das KGV eignet sich deshalb vor allem zum Vergleich verschiedener Aktien aus einer Branche. Ein niedriges KGV sollte nicht der einzige Grund sein, aus dem Anleger in eine Aktie investieren. Zur Vorauswahl und zum Vergleich mit anderen Konkurrenten ist es aber eine nützliche Kennzahl.

Kurs-Cashflow-Verhältnis (KCV)

Das Kurs-Cashflow-Verhältnis (KCV, auch Cashflow-Ratio genannt) errechnet sich ähnlich wie das KGV. Allerdings wird statt des Gewinns der Cashflow je Aktie eingesetzt. Cashflow ist der Gewinn nach Steuern plus Abschreibungen plus Zuwachs bei den Rücklagen. Vereinfacht gesagt, gibt der Cashflow an, wie viel ein Unternehmen während eines Jahres tatsächlich verdient hat. Anders als viele annehmen, ergibt sich das nämlich nicht aus dem Jahresgewinn.

Beispiel: *Um einen Jahresüberschuss von vier Millionen Euro auszuweisen, kann ein Unternehmen zehn Millionen Euro erwirtschaftet, davon jedoch sechs Millionen investiert haben. Ein anderes Unternehmen mit einem Jahresüberschuss von ebenfalls vier Millionen Euro hat vielleicht nur drei Millionen erlöst und eine weitere Million durch geschickte Bewertung seines Vermögens gewonnen.*

Der Cashflow ist somit weniger anfällig für bilanzpolitische Manipulationen als der im Jahresabschluss ausgewiesene Gewinn. Da Analysten nicht die Kontoauszüge des Unternehmens vorliegen, sondern nur die veröffentlichten Jahresabschlüsse, berechnen sie den Cashflow ausgehend vom Gewinn und addieren alle Positionen hinzu, die zwar den Gewinn verändern, aber keinen Mittelabfluss darstellen.

So berechnen Sie den Cashflow

	Gewinn
+	Abschreibungen auf Anlagen
+	Zuführungen zu langfristigen Rückstellungen
–	Auflösungen von langfristigen Rückstellungen
=	**Cashflow**

Das Kurs-Cashflow-Verhältnis wird dann so ermittelt:

	Börsenkurs
/	Geschätzter Cashflow pro Aktie
=	**Kurs-Cashflow-Verhältnis**

Das KCV ist ein Indikator für die Ertragskraft eines Unternehmens. Je niedriger das KCV, umso günstiger ist grundsätzlich die Aktie.

Kurs-Buchwert-Verhältnis (KBV)

Beim Kurs-Buchwert-Verhältnis (KBV) wird der Börsenkurs einer Aktie durch den Buchwert pro Aktie geteilt.

	Börsenkurs
/	Buchwert pro Aktie
=	**Kurs-Buchwert-Verhältnis**

Der Buchwert pro Aktie entspricht dem Eigenkapital laut Bilanz, dividiert durch die Anzahl der Aktien. Während mit dem KGV und dem KCV die Ertragsstärke beurteilt werden soll, dient das KBV der Bewertung der Unternehmenssubstanz, denn der Buchwert umfasst alle Vermögensgegenstände, die in der Bilanz stehen.

Ein KBV unter 1 besagt theoretisch, dass man für einen Aktienanteil an dem Unternehmen weniger bezahlen muss, als es laut seiner Bilanz eigentlich wert wäre: Je niedriger also das KBV, desto günstiger ist grundsätzlich die Aktie. Ganz so einfach ist es aber leider nicht. Anleger müssen auch hier differenzieren: Ein von Produktionsanlagen und Anlagevermögen geprägtes Unternehmen (beispielsweise Versorger, Maschinenbau- oder Automobilunternehmen) besitzt in der Regel einen höheren Substanzwert als etwa Dienstleistungsunternehmen aus der IT-Branche. Da Letztere nicht kapitalintensiv sind, kann bei ihnen ein höheres KBV angemessen sein.

Sie sollten immer nur Aktien der gleichen Branche anhand des KBV vergleichen.

Sie sollten also immer nur Aktien der gleichen Branche anhand des KBV vergleichen. Auch kann ein KBV unter 1 bedeuten, dass andere Anleger dem Unternehmen keine erfolgreiche Zukunft zutrauen und der Kurs deshalb unter den Buchwert gefallen ist.

Die Dividendenrendite

Gerade in Zeiten, in denen das allgemeine Marktzinsniveau niedrig ist, gelangen bei Anlegern die Ausschüttungen von Aktiengesellschaften als Zinsersatz stärker in den Fokus. Eine Kennzahl, um herauszufinden, wie dividendenstark ein Unternehmen ist, ist die Dividendenrendite. Dazu wird die Dividende pro Aktie durch den aktuellen Aktienkurs geteilt.

	Nettodividende pro Aktie
/	Börsenkurs
=	Dividendenrendite

Beispiel: Zahlt ein Unternehmen eine Dividende von 0,80 Euro pro Aktie und steht der Börsenkurs bei 20 Euro, beträgt die Dividendenrendite 4 Prozent.

Die veröffentlichten Dividendenrenditen beziehen sich meist auf die zuletzt von der Aktiengesellschaft ausgezahlten Dividenden.

Eine hohe Dividendenrendite kann aber trügerisch sein. Einen zwangsläufigen Zusammenhang zwischen wirtschaftlichem Erfolg, Aktienkurs und der Dividendenhöhe gibt es nämlich nicht. So zahlen manche Unternehmen selbst in schlechteren Zeiten möglichst hohe Dividenden aus, um Aktionäre oder Analysten bei Laune zu halten. Andere Aktiengesellschaften setzen ihr Kapital dagegen lieber innerhalb des Unternehmens ein, anstatt es an die Aktionäre auszuschütten. Die Dividendenrendite spiegelt also nicht unbedingt die tatsächliche Finanzlage des Unternehmens wider.

Unternehmen sollten an Aktionäre nur Geld ausschütten, das die Firma verdient hat. Die sogenannte Ausschüttungsquote gibt an, welcher Prozentsatz des jährlichen Nettogewinns an Anleger zurückfließt. Bei als „Dividendenperlen" geltenden Unternehmen, die über Jahre konstante oder gar steigende Ausschüttungen aufweisen, ist diese Quote sehr unterschiedlich. Ein Patentrezept für die richtige Quote gibt es nicht. Einerseits soll der Unternehmenserfolg den Anteilseignern möglichst direkt zugutekommen, andererseits soll genügend Geld für Investitionen übrig bleiben.

Wenn Sie sich noch einmal klarmachen, wie die Dividendenrendite berechnet wird, nämlich „zuletzt gezahlte Dividende geteilt durch den aktuellen Kurs", sehen Sie, dass in der Formel die Dividende ein statischer, der Börsenkurs ein sich ständig ändernder Wert ist. Daraus kann folgen, dass Unternehmen, deren Kurs zum Beispiel aufgrund geschäftlicher Probleme stark gefallen ist, eine höhere Dividendenrendite aufweisen als noch vor einigen Monaten.

Beispiel: *Würde im obigen Beispiel der Börsenkurs des Unternehmens auf 15 Euro fallen, würde sich die Dividendenrendite auf 5,3 Prozent erhöhen (0,80 Euro : 15 Euro = 0,053), obwohl das Unternehmen zukünftig womöglich eine geringere oder sogar überhaupt keine Dividende mehr zahlen kann.*

Umgekehrt kann die Dividendenrendite gefallen sein, weil der Aktienkurs des Unternehmens dank prächtiger Zukunftsaussichten stark gestiegen ist.

Viele Teilchen ergeben ein Bild

Sie sehen, bei der Bewertung von Aktien gibt es viele Puzzleteile in Form von Unternehmensdaten und Kennzahlen, die erst im Zusammenspiel ein Gesamtbild ergeben, mit dem Anleger dann entscheiden können, ob ein Investment erfolgsversprechend ist oder nicht. Viele Kennzahlen können unterschiedlich interpretiert werden, und häufig hängt es von der jeweiligen Branche oder vom Vergleich mit Konkurrenten ab, ob bestimmte Werte als positiv oder negativ einzustufen sind. „Eine positive Kennzahl alleine macht noch kein gutes Investment", kann man in Abwandlung eines Sprichwortes zusammenfassen. Je mehr positive Daten und Fakten Sie aber zu einer Aktie gefunden haben, desto wahrscheinlicher ist es, dass diese ein gutes Investment ist.

Sie brauchen dafür nicht selbst zum Bilanzexperten zu werden. Eine Vielzahl von Analysen und Studien finden Sie im Internet. Wenn Sie die wichtigsten Kennzahlen verstehen und einordnen können, können Sie sich selbst ein Bild machen und vermeiden es, auf schöngefärbte oder interessengesteuerte Empfehlungen oder Pressemitteilungen des Unternehmens hereinzufallen.

Aktien im Vermögens-aufbau

Sie wissen aus den vorhergehenden Kapiteln, was Aktien sind und wie man diese einordnet und bewertet. Jetzt können Sie sich Gedanken machen, wie Sie diese Anlageklasse sinnvoll in Ihr Gesamtvermögen einbinden können.

Aktien gezielt auswählen

„Viele Wege führen nach Rom." Das gilt auch für die Auswahl von Aktien. Es gibt verschiedene Ansätze, um die richtigen Aktien zu finden.

Wenn Anleger in Einzelaktien investieren wollen, stellt sich natürlich die Frage, wie sie aus der großen Vielzahl an Aktien solche mit Gewinnpotenzial herausfinden können. Dazu gibt es verschiedene Ansätze mit individuellen Ausprägungen. Die einen schauen vor allem auf die betriebswirtschaftlichen Daten der Unternehmen und das ökonomische Umfeld. Andere schwören auf die Chartanalyse. Manche Anleger kombinieren beides.

Fundamentalanalyse

Banken, Fondsgesellschaften und große Vermögensverwalter haben spezielle Analyseabteilungen, die Aktien nach verschiedensten Kriterien filtern, analysieren und bewerten. Aber auch erfolgreiche Einzelanleger machen ihre „Hausaufgaben", bevor sie eine Aktie kaufen. Eine grundlegende Form der Analyse von Aktien wird als „Fundamentalanalyse" bezeichnet. Die Fundamentalanalyse versucht, den angemessenen Preis für eine Aktie zu ermitteln, um festzustellen, ob dieser im Vergleich zum aktuellen Börsenkurs fair, zu teuer oder günstig ist. Zur Bewertung werden die betriebswirtschaftlichen Fundamentaldaten und das ökonomische Umfeld des jeweiligen Unternehmens herangezogen. Viele davon kennen Sie bereits aus den vorhergehenden Kapiteln. Die Fundamentaldaten finden die Analysten unter anderem in den Veröffentlichungen des Unternehmens, vor allem in Bilanzen und Quartalsberichten, und ermitteln daraus wichtige Kennzahlen wie Eigenkapitalquote, Ebit und Eigenkapitalrendite. Diese Daten werden durch aktienkursbezogene Kennzahlen wie Kurs-Gewinn-Verhältnis, Kurs-Cashflow-Verhältnis, Kurs-Buchwert-Verhältnis und Dividendenrendite ergänzt.

Neben diesen Faktoren und Kennzahlen schauen die Analysten auf eine Vielzahl weiterer Punkte, die den Kurs der Aktie beeinflussen können. Dies können zum Beispiel sein:

- die konjunkturelle Entwicklung,
- spezifische Erwartungen für die Branche, in der das Unternehmen tätig ist,
- die Zinsentwicklung,
- die Marktstellung des Unternehmens,
- die Qualität des Managements.

Stellt man diese Analysen bei verschiedenen Aktien an, kann man aus deren Vergleich versuchen zu erkennen, welche Aktien das größte Potenzial aufweisen.

▶ Value Investing

Der Fundamentalanalyse bedienen sich auch die Anhänger der Value-Investing-Strategie. Der Grundsatz dieser Strategie lautet kurz gesagt: „Kaufe Aktien, wenn ihr Kurs unter dem wahren Wert liegt, und verkaufe sie, wenn er darüber liegt." Value-Investoren versuchen also, Aktien von unterbewerteten Unternehmen zu finden. Denn, so die dahinterstehende Logik, irgendwann wird auch die breite Anlegermasse erkennen, dass diese Aktien unterbewertet sind, und ihr Preis wird mindestens bis zu ihrem wahren Wert, meist aber darüber hinaus steigen. Dann können die Value-Investoren ihre Aktien mit hohem Profit verkaufen.

Value-Investoren sind „Stock-Picker", also Anleger, die versuchen, aus dem Kuchen des gesamten Aktienuniversums die Rosinen herauszupicken. Value- (zu Deutsch „Wert-")Investoren kaufen ausschließlich Aktien von Unternehmen mit einer herausragenden Marktstellung wie zum Beispiel Coca-Cola, McDonald's, Microsoft oder Nestlé. Auch wenn Value-Investoren teilweise unterschiedliche Kriterien anlegen und bei der Suche nach unterbewerteten Value-Aktien nicht alle gleich vorgehen, teilen sie doch ähnliche Grundprinzipien. Sie untersuchen vor allem Unternehmen, die zu den Marktführern ihrer Branche gehören, die also einen starken Markennamen besitzen und deren Geschäftsmodell sich nicht leicht kopieren lässt. Viele Value-Investoren legen darüber hinaus Wert darauf, dass die Unternehmen verständliche Massenprodukte oder Dienstleistungen anbieten, die jeder Mensch benötigt, wie beispielsweise Lebensmittel oder Energieversorgung. Auch ein fähiges, ehrliches und aktionärsfreundliches Management ist ein Entscheidungskriterium für Value-Investoren.

▶ Bottom-up und Top-down

Bei allen auf der Fundamentalanalyse aufbauenden Bewertungen von Aktien gibt es zwei grundsätzliche Ansätze, wie Anleger aus der Vielfalt des gesamten Aktienuniversums vielversprechende Aktien finden können, die es wert sind, dann genauer analysiert zu werden.

Haben Anleger bereits eine bestimmte Aktie im Auge, können sie einen „Bottom-up-Ansatz" (zu Deutsch „von unten nach oben") verfolgen. Zum Beispiel können Sie in Ihrem beruflichen Umfeld auf eine Firma gestoßen sein, dessen Produkte oder Geschäftsaussichten Sie für sehr interessant halten. Oder Sie stellen in Ihrer Freizeit fest, dass Ihnen besondere Produkte eines Unternehmens immer wieder begegnen und auch in ihrem familiären Umfeld oder Bekanntenkreis eine wichtige Rolle spielen. Das können besondere technologische „Fortschrittsprodukte" wie seinerzeit das erste iPhone sein oder ganz alltägliche Produkte wie Zahnpasta oder Lebensmittel. Von einem Trend bei einem Produkt oder Unternehmen können möglicherweise auch Zulieferer, Speditionen, Netzbetreiber oder der Fachhandel besonders profitieren.

Haben Sie ein auf den ersten Blick interessantes Unternehmen identifiziert, müssen Sie es dann genauer unter die Lupe nehmen. Denn eine gute Idee allein garantiert noch nicht den Erfolg. Vielleicht hat die Firma ja zu

Top-down und Bottom-up

Je nachdem, ob Anleger schon bestimmte Aktien im Auge haben oder nicht, können sie bei der Fundamentalanalyse „von oben nach unten" oder „von unten nach oben" vorgehen, um attraktive Papiere zu finden.

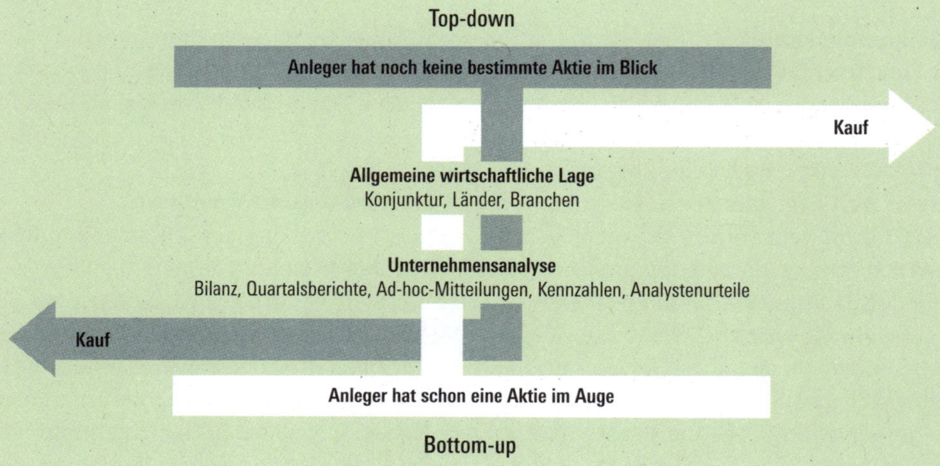

viele Schulden, um längerfristig an der Börse gut abschneiden zu können? Möglicherweise ist das künftige Wachstum bereits im Kurs enthalten? Wer Aktien kauft, kommt nicht umhin, sich mit der infrage kommenden Gesellschaft näher zu beschäftigen. Er sollte sich über die Geschäftsaussichten informieren und Antworten auf Fragen suchen wie:

- Überzeugt mich das Geschäftsmodell?
- Welche Position nimmt das Unternehmen im Markt ein?

Nicht zuletzt müssen sich Anleger mit den Bilanz- und Kennzahlen befassen.

- Wie hoch ist der Umsatz?
- Wie hoch der Gewinn?
- Wie steht das Unternehmen im Vergleich zu anderen derselben Branche da?
- Wie teuer ist die Aktie?

Zur Unternehmensanalyse gehört dann das Studium der Bilanz, der Quartalsberichte, Adhoc-Mitteilungen, Kennzahlen und Beurteilungen anderer Analysten.

Stufen Anleger die Aktie danach als interessant ein, untersuchen sie nach dem Bottom-up-Ansatz („vom Kleinen zum Großen") das wirtschaftliche Umfeld. Dazu gehören die allgemeine wirtschaftliche Lage in der Branche, den Märkten und Regionen, in denen das Unternehmen tätig ist. Sieht auch die allgemeine wirtschaftliche Lage vielversprechend aus, können Sie grundsätzlich investieren.

Umgekehrt, also Top-down („von oben nach unten"), gehen Anleger vor, die keine konkrete Anlageidee haben. Sie beschäftigen sich erst mit den Konjunkturaussichten von Ländern, Regionen und Branchen und treffen die Einzelauswahl danach. Dahinter steckt folgender Gedanke: Wenn die Kurse steigen oder Dividenden fließen sollen, müssen die Unternehmen Gewinne erwirtschaften. Das geht nur, wenn die Wirtschaft brummt oder zumindest die Branche, in der das Unternehmen arbeitet.

Chartanalyse

Die Chartanalyse, auch „technische Analyse" genannt, ist eine andere Form der Aktienanalyse. Sie versucht, anhand historischer Kursentwicklungen eine Vorhersage über zukünftige Börsenkurse zu treffen und günstige Ein- und Ausstiegszeitpunkte einer Aktie zu finden. Grundannahme ist dabei, dass alle Faktoren, die Einfluss auf die Kursentwicklung haben (zum Beispiel Fundamentalfaktoren wie das ökonomische Marktumfeld und betriebswirtschaftliche Daten, Naturkatastrophen, politische Ereignisse), sich unmittelbar im Kursgeschehen widerspiegeln. Man hat festgestellt, dass in den Kursverläufen von Aktien immer wieder gleiche Formationen auftauchen, die häufig bestimmte Kursbewegungen nach sich zogen. Kommt es bei einer Aktie zu einer bestimmten Kursformation, ergeben sich daraus für den Chartanalysten bestimmte Kursziele.

Ein Chartanalyst reagiert also auf positive oder negative Kursbewegungen, ohne wissen zu müssen, was sie ausgelöst hat. Kurscharts, das sind grafische Darstellungen des Kursverlaufs einer Aktie, können auch Auskunft über vorherrschende Trends geben. Die Charttechnik versucht, so früh wie möglich Trends und Richtungswechsel von Trends zu erkennen.

Die Richtung eines Kurses lässt sich visuell mithilfe von „Trendlinien" darstellen. Früher wurden sie mit Lineal und Bleistift in Aktiencharts gezeichnet. Heute können Anleger mit professioneller und kostenloser Software im Internet Chartanalyse betreiben. Anbieter sind zahlreiche Direktbanken und zum Beispiel www.tradesignalonline.com.

▸ Unterstützung und Widerstand

Häufig kommt es im Kursverlauf einer Aktie vor, dass dieser eine bestimmte Preisobergrenze nicht überschreitet oder nicht unter eine bestimmte Kursmarke fällt. Mithilfe solcher markanter Punkte lassen sich Widerstands- und Unterstützungsbereiche im Kursbild einer Aktie ausmachen.

Als Unterstützung bezeichnet man ein Niveau auf dem Chart unter den aktuellen Kursen, bei dem das allgemeine Kaufinteresse stark genug ist, um einen Verkaufsdruck zu übersteigen. Ein Kursverfall wird dort häufig (zumindest temporär) aufgehalten, und die Aktie steigt wieder.

Ein Widerstand ist ein Bereich oberhalb der aktuellen Kurse, wo sich ein Kursanstieg umkehren kann. Je öfter eine Unterstützung oder ein Widerstand von den Kursen getestet, aber nicht durchbrochen wird, umso „haltbarer" sind diese grundsätzlich. Wird aber ein starker Widerstand gebrochen, ist dies grundsätzlich ein Kaufsignal für die Aktie.

▸ Ein- und Ausstiegspunkte mit gleitenden Durchschnitten finden

Bei Direktbanken und Börsenplattformen im Internet haben Anleger die Möglichkeit, sich neben dem Kurschart einer Aktie diverse Indikatoren anzeigen zu lassen. Dabei handelt es sich um die grafische Darstellung mathemati-

Die Chartanalyse arbeitet mit Trend- und Durchschnittslinien

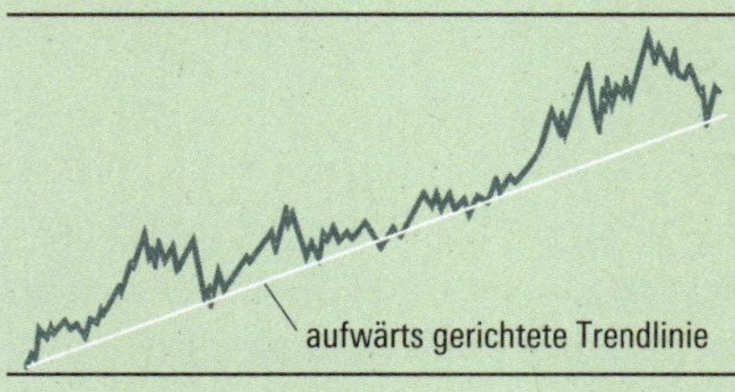

Chart 1: Die Tiefpunkte einer Kursbewegung lassen sich mit einer aufwärts gerichteten Linie verbinden. Man erkennt dann deutlich den Aufwärtstrend.

Chart 2: Ein Ausbruch des Kurses nach oben durch eine Abwärtstrendlinie deutet einen Trendwechsel an und gilt als Kaufsignal. Ein Ausbruch durch eine Aufwärtstrendlinie (Chart 1) wäre umgekehrt ein Verkaufssignal.

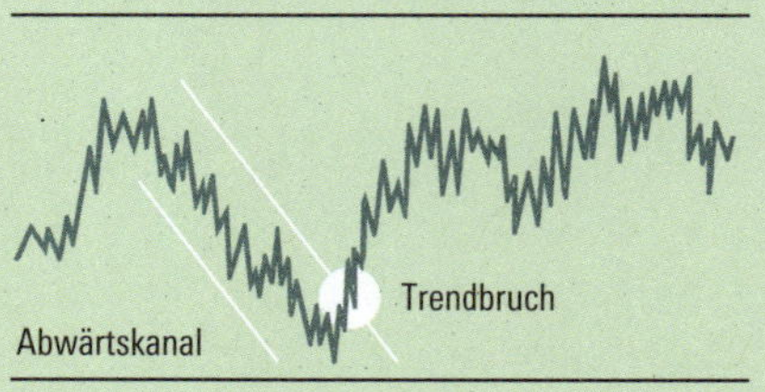

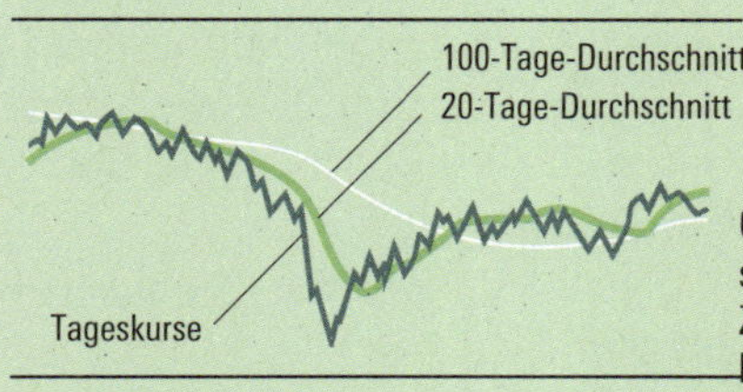

Chart 3: Ein gleitender Durchschnitt zeigt den Durchschnittskurs eines Wertpapiers über einem bestimmten Zeitraum. Je länger die Berechnungsperiode ist, umso langsamer, aber auch eindeutiger, reagiert die Durchschnittslinie auf Trendwechsel.

scher Formeln im Chart. Die unter Anlegern am häufigsten benutzten Indikatoren sind die gleitenden Durchschnitte (Moving Averages). Dabei handelt es sich um den preislichen Durchschnitt der Kurse über eine frei wählbare Zeitperiode.

Beispiel: Anleger schauen sich den einfachen 50-Tage-Durchschnitt einer Aktie an, der oft zur Bestimmung des mittelfristigen Trends herangezogen wird. Dafür werden üblicherweise jeweils die Schlusskurse der letzten 50 Tage addiert und die Summe durch 50 geteilt. Im Chart wird dann die entsprechende Linie angezeigt.

Gleitende Durchschnitte werden vor allem genutzt, um die allgemeine Trendrichtung einer Aktie anhand der Neigung der Durchschnittslinie aufzuzeigen (auf-, ab-, seitwärts) und Ein- und Ausstiegssignale anzuzeigen. Beliebte Zeitrahmen für die Darstellung sind

- der 200-Tage-Durchschnitt, um langfristige Kursrichtungen darzustellen,
- der 50-Tage-Durchschnitt für mittelfristige und
- der 20-Tage-Durchschnitt für kurzfristige Trends.

Je kürzer die gewählte Periode ist, umso enger schmiegt sich der gleitende Durchschnitt an die Kursbewegung einer Aktie, die aus Tagesendwerten besteht. So verläuft eine 20-Tage-Linie deutlich näher um den tatsächlichen Kurs einer Aktie als ihre 100-Tage-Linie.

Die einfachste Möglichkeit, mit gleitenden Durchschnitten eine Kauf- oder Verkaufsgelegenheit zu ermitteln, ist, zu schauen, wann der Kurs den gleitenden Durchschnitt durchbricht. Schneidet der Kurs einer Aktie ihren gleitenden Durchschnitt von unten nach oben, wird dies als Kaufsignal gewertet. Ein Durchbrechen von oben nach unten ist entsprechend ein Verkaufssignal. Diese simple Vorgehensweise produziert allerdings viele Fehlsignale.

So gehen Sie mit Aktien um

Wichtiger, als die „richtige" Aktie zu finden, ist, die richtige Aktienquote zu wählen sowie überlegt und systematisch mit Ihren Aktienanlagen umzugehen.

Sie haben bereits erkannt, dass es sinnvoll ist, Ihren Vermögensanlagen auch aktienbasierte Anlagen beizumischen. Eine wichtige strategische Entscheidung ist dann, die für Sie passende Aktienquote, also den Anteil Ihrer Aktienanlagen an den gesamten Vermögensanlagen, zu finden. Ihre Vermögenswerte haben Sie vielleicht bereits wie im Einleitungskapitel beschrieben mithilfe einer Bilanz geordnet. Ihre aktuelle Aktienquote berechnen Sie dann mittels der Formel

	Aktienbasierte Anlagen
/	gesamte Anlagen
=	**Aktienquote**

Doch wie hoch sollte die optimale Aktienquote sein? Eine bekannte Formel, um die Aktienquote zu ermitteln, lautet „Aktienquote = 100 minus Lebensalter". Dahinter steckt der Gedanke, dass junge Menschen aufgrund ihrer höheren Lebenserwartung eine höhere Aktienquote vertragen können, weil ihnen notfalls noch genügend Zeit bleibt, Verluste wieder auszugleichen. So einfach sollten Sie es sich aber nicht machen. Denn die richtige Aktienquote zu finden ist ein individuellerer Vorgang.

Wir empfehlen folgende Vorgehensweise:

- Zunächst einmal ist nur bei einem längeren Anlagehorizont von sieben Jahren oder mehr eine Aktienanlage sinnvoll. Ihre Risikotragfähigkeit bestimmt, ob Aktienanlagen überhaupt für Sie in Betracht kommen.

Zur Risikobereitschaft und -tragfähigkeit siehe „Welche Anlagen für welchen Anlegertyp?", S. 27.

- Wie hoch ist Ihre ↗ Risikobereitschaft? Orientieren Sie sich an der Einstufung vorsichtiger, ausgewogener oder risikobereiter Anleger.
- Achten Sie auf eine ausreichende Streuung Ihrer Aktienanlagen. Eine vernünftige Diversifikation Ihrer Aktienanlagen ist erst ab mindestens 15 Einzeltiteln möglich. Der Kauf vieler Einzelaktien verursacht allerdings Kosten. Deshalb lohnt er sich erst ab einer bestimmten Mindestanlagesumme.
- Wir empfehlen daher für den Löwenanteil Ihrer Aktienanlagen breit streuende Fonds oder ETF und Einzelaktien nur als Beimischung.

So viel sollte es mindestens sein

Wenn Sie für den Kauf von Einzelaktien nicht 37 500 Euro zur Verfügung haben, sollten Sie Aktienfonds den Einzelaktien grundsätzlich vorziehen, oder Sie können Ihr Einzeltiteldepot nur sukzessive aufbauen. Sonst sind die anteiligen Kosten zu hoch. Die Mindestanlagesumme je Einzelaktie sollte bei rund 2 500 Euro liegen. Wenn Sie die Aktien über eine günstige Direktbank wie Flatex oder Onvista ordern, reichen schon 1 000 Euro je Einzelaktie, und die Mindestanlagesumme sinkt entsprechend auf 15 000 Euro.

Aber auch wenn Sie mehr als diesen Mindestbetrag anlegen wollen, ist es eine Überlegung wert, ob Sie den erforderlichen Mehraufwand betreiben möchten, den eine Anlage in Einzeltitel gegenüber der Fondsanlage bedeutet.

Aktien auf Kredit kaufen?

Bei Großbanken gehört es zum Tagesgeschäft: Mit den Einlagen der Kunden, also mit Fremdkapital, betreiben Banken auch eigene Wertpapiergeschäfte. Die Differenz aus den niedrigen Einlagenzinsen und den Erlösen aus den Wertpapiergeschäften, die sogenannte Marge, ist der Gewinn der Bank. Nun könnten Anleger in Zeiten sehr niedriger Darlehenszinsen auf die gleiche Idee kommen. Sie könnten mit günstigen Krediten Aktienkäufe im großen Stil finanzieren und damit hohe Gewinne erzielen. Um den nötigen Kredit zu bekommen, gäbe es verschiedene Möglichkeiten. Anleger könnten beispielsweise mit einem Dispokredit das Girokonto überziehen. Allerdings sind die Dispozinsen sehr hoch. Günstiger wären Ratenkredite oder Darlehen, bei denen zum Beispiel das Eigenheim als Sicherheit dient.

“ Grundsätzlich sollten Sie äußerst vorsichtig beim Kauf von Aktien auf Kredit sein. Börsenanfänger sollten dies nie tun.

Aber: Grundsätzlich sollten Sie äußerst vorsichtig beim Kauf von Aktien auf Kredit sein.

Börsenanfänger sollten dies nie tun. Sie gehen damit ein doppeltes Risiko ein. Läuft die Aktie nicht wie erhofft, ist womöglich nicht nur das darin investierte Geld weg, sondern zusätzlich muss noch der Kredit zurückgezahlt werden. Das war für viele schon der Weg in die Schuldenfalle.

Überdies kann die Crashgefahr am Aktienmarkt steigen, wenn eine zu große Anlegermasse Aktien auf Kredit kauft. Bereits bei kleinen Kursrückgängen werden diese Anleger nervös und verkaufen ihre Papiere, was wiederum den Kursrückgang beschleunigt und eine Abwärtsspirale in Gang setzen kann.

Ebenfalls nicht empfehlenswert ist es, mögliche Sondertilgungen beim Eigenheimdarlehen zugunsten von Aktienkäufen zu unterlassen. Jeder Euro, den Eigenheimbesitzer beim Immobilienkredit tilgen, verringert ihre Zinsbelastung und ist damit ein sicherer Ertrag. Ob hingegen die Rechnung aufgeht, mit Aktien höhere Renditen zu erzielen, als sie an Immobiliendarlehenszinsen zahlen müssen, ist ungewiss.

▶ Wertpapierkredite

Für erfahrene Aktienanleger können Wertpapierkredite (auch „Lombardkredite") eine Möglichkeit sein, ihren finanziellen Rahmen etwas zu erweitern. Wer bereits ein Wertpapierdepot besitzt, kann dazu seine Wertpapiere als Sicherheit für einen einfach zu erlangenden und relativ günstigen Kredit geben. An einen Lombardkredit könnten vor allem Anleger denken, die aktuell besondere Chancen am Aktienmarkt sehen und noch Aktien zukaufen wollen. Aber auch für Anleger, die kurzfristig Geld zum Beispiel für Reparaturen oder Ersatzbeschaffungen benötigen, dafür aber nicht ihre Aktien verkaufen möchten, kann ein Wertpapierkredit eine Alternative sein.

Ein Wertpapierkredit funktioniert in der Regel so, dass der Anleger die Aktien, die er im Depot hat, an seine Bank verpfändet und dafür einen Kreditrahmen erhält. Die Höhe des Kreditrahmens bestimmt sich nach dem Wert der Aktien und deren Beleihungswert. Der Beleihungswert ist meist abhängig von der Art des Wertpapiers. So können je nach Bank beispielsweise inländische Aktien mit bis zu 50 Prozent des Kurswertes, ausländische bis 30 Prozent und Euro-Anleihen bis zu 60 Prozent beliehen werden.

Aber Vorsicht: Reduziert sich der Beleihungswert, weil der Wert der Papiere stark gefallen ist, kann die Bank einen höheren Zinssatz verlangen, wenn der eingeräumte Kreditrahmen dadurch überzogen wird. Auch kann es sein, dass die Bank den Darlehensbetrag reduziert, wenn die Wertpapiere unter die angesetzte Schwelle fallen. Dann muss der Anleger einen Teil des Darlehens sofort zurückzahlen oder zusätzliche Sicherheiten erbringen. Auch erfahrene Anleger sollten sich des hohen Risikos bewusst sein, wenn sie „auf Pump zocken".

Ruhig ein- und aussteigen

Aktienkurse bewegen sich nie geradlinig in eine Richtung. Kursschwankungen sind normal. Mitunter kommt es gar zu Börsencrashs, bei denen in einer kurzen Zeitspanne die Kurse teilweise drastisch einbrechen. Ursache für einen Börsencrash kann das Platzen einer Spekulationsblase sein. Bei einer Spekulationsblase werden die Kurse in die Höhe getrieben, weil Anleger sich an einem Aufschwung beteiligen und hohe Gewinne machen wollen. Beruht dieser Aufschwung aber mehr auf Hoffnungen als auf harten Fakten, kommen irgendwann Zweifel auf und erste Anleger verkaufen. Das wiederum zieht häufig weitere Verkäufe anderer Investoren nach sich, die ebenfalls verunsichert werden. Diese Verkaufswelle kann sich dann schnell beschleunigen. Auch äußere Umstände wie Katastrophen, Krieg oder Krisen können starke Kursverluste nach sich ziehen.

Die gute Nachricht ist, dass Anleger mit einem ausreichend langen Anlagehorizont Buchverluste – darum handelt es sich, solange die Aktien nicht tatsächlich verkauft werden – aussitzen können. Das Deutsche Aktieninstitut hat ausgerechnet, dass es beim Dax selbst nach starken Kursverlusten aufgrund von Finanzmarktkrisen in der Vergangenheit nie mehr als gut sieben Jahre gedauert hat, bis Anleger zumindest ihre Einstiegskurse wieder erreicht haben. Dennoch ist es für Einsteiger in den Aktienmarkt mehr als ärgerlich, gerade zum falschen Zeitpunkt Aktien zu kaufen. Wäre ein Anleger beispielsweise zum Höhepunkt der „Dotcom"-Blase im Jahre 2000 eingestiegen, hätte er 7,3 Jahre warten müssen, bis die Kurse wieder auf seinem Kaufniveau angelangt waren, wer zum Höhepunkt der Finanzkrise 2008 gekauft hat, musste rund 5,8 Jahre auf eine Erholung warten.

“ Das Deutsche Aktieninstitut hat ausgerechnet, dass es beim Dax selbst nach starken Kursverlusten nie mehr als gut sieben Jahre gedauert hat, bis Anleger zumindest ihre Einstiegskurse wieder erreicht haben.

Eine Methode, mit der Anleger versuchen, günstige Einstiegszeitpunkte zu finden, ist die Chartanalyse. Daneben ist es bei größeren Anlagesummen empfehlenswert, nicht das gesamte Geld auf einmal zu investieren, sondern den Einstieg und den Anlagebetrag über mehrere Monate zu verteilen. Wer regelmäßig in Aktien sparen will, kann auch einen Aktiensparplan einrichten.

Zu Aktiensparplänen siehe S. 149.

Auch den Ausstieg sollten langfristige Anleger entsprechend planen. Wer kurz davor steht, ein Anlageziel zu erreichen, sollte darüber nachdenken, Schwankungsrisiken aus dem Depot zu nehmen. Um auch hier nicht Gefahr zu laufen, genau am falschen Tag zu verkaufen, kann auch der Ausstieg in Raten verlaufen. Sparen Sie mit Aktienanlagen beispielsweise für die Ausbildung der Kinder oder den Ruhestand, können Sie schon einige Jahre vorher regelmäßig Teile Ihres Aktiendepots verkaufen und in nicht schwankende Geldanlagen wie Tages- und Festgelder umschichten.

Regelmäßig anpassen

Da Ihre Aktienanlagen sich hoffentlich positiv entwickeln, wird nach einiger Zeit deren Anteil am Gesamtvermögen von Ihrer zuletzt geplanten und optimierten Aufteilung abweichen. Möglicherweise spiegelt die neue Aufteilung dann nicht mehr Ihre persönliche Risikoeinstellung so wider, wie Sie sie ursprünglich geplant haben. So kann die Abweichung zum Beispiel dadurch entstanden sein, dass Ihre Aktienquote nach einer guten Börsenphase im Gegensatz zu den festverzinslichen Anlagen prozentual deutlich zugelegt hat.

Beispiel: Hatten Sie eine Aktienquote von 20 Prozent als Ihr Maximum festgelegt und die Aktienwerte sind deutlich stärker als andere Anlagen gestiegen, kann es sein, dass Ihre Aktienquote nun bei 32 Prozent liegt.

Das könnten Sie so hinnehmen mit der Folge, dass Ihre Gesamtvermögensverteilung vielleicht nicht mehr zu Ihrer Risikoeinstellung passt, oder aber Sie nehmen ein „Rebalancing" vor. Das bedeutet, Sie passen die Vermögensklassen an und schichten so um, dass die ursprünglich festgelegte Anlagestruktur wieder eingehalten wird. Hierfür könnten zum Beispiel Aktien verkauft und dafür andere Vermögenswerte wie festverzinsliche Wertpapiere oder Immobilien gekauft werden. Haben Sie neues Geld zum Anlegen, beispielsweise aus einer kleinen Erbschaft, könnten Sie auch gezielt solche Anlagen kaufen, die entsprechend Ihrer ursprünglichen persönlichen Aufteilung derzeit im Gesamtverhältnis unterrepräsentiert sind.

Es gibt zwei Möglichkeiten, ein Rebalancing systematisch durchzuführen: entweder nach einer von Ihnen festgelegten Zeitspanne oder nach einer bestimmten Verschiebung der Wertverhältnisse in Ihrem Portfolio.

1. **Beim Zeit-Rebalancing** sehen Sie sich in regelmäßigen Abständen von beispielsweise sechs Monaten oder einem Jahr Ihre aktuelle Vermögensverteilung an und überprüfen, ob eine Anpassung erforderlich ist. Der gewählte Zeitraum hängt vor allem davon ab, welchen Aufwand Sie mit Ihren Geldanlagen betreiben wollen.
2. **Beim Wert-Rebalancing** richten Sie Ihr Portfolio neu aus, sobald Ihre Anlageklassen um einen bestimmten Prozentsatz von Ihrer Zielaufteilung abweichen. Je nachdem, wie groß diese Abweichung sein darf, kann es sein, dass Sie hierbei öfter nachjustieren müssen, weshalb diese Methode zu höheren Transaktionskosten führen kann. Außerdem müssen Sie bei der Wert-Methode Ihr Portfolio in der Regel häufiger beobachten.

Musterdepots nutzen

Alle Direktbanken bieten Ihnen die Möglichkeit, Musterdepots zu führen. Sie müssen dazu noch nicht einmal Kunde der Bank sein. In einem Musterdepot können Sie alle börsennotierten Wertpapiere, die Sie bei verschiedenen Banken besitzen, zusammenfassen und über-

Rebalancing: Ein Beispiel

Nach einem guten Börsenjahr ist die Aktienquote eines Anlegers viel höher, als es seiner Risikoeinstellung entspricht. Er schichtet seine Anlagen daher so um, dass er wieder seine optimale Asset Allocation erreicht.

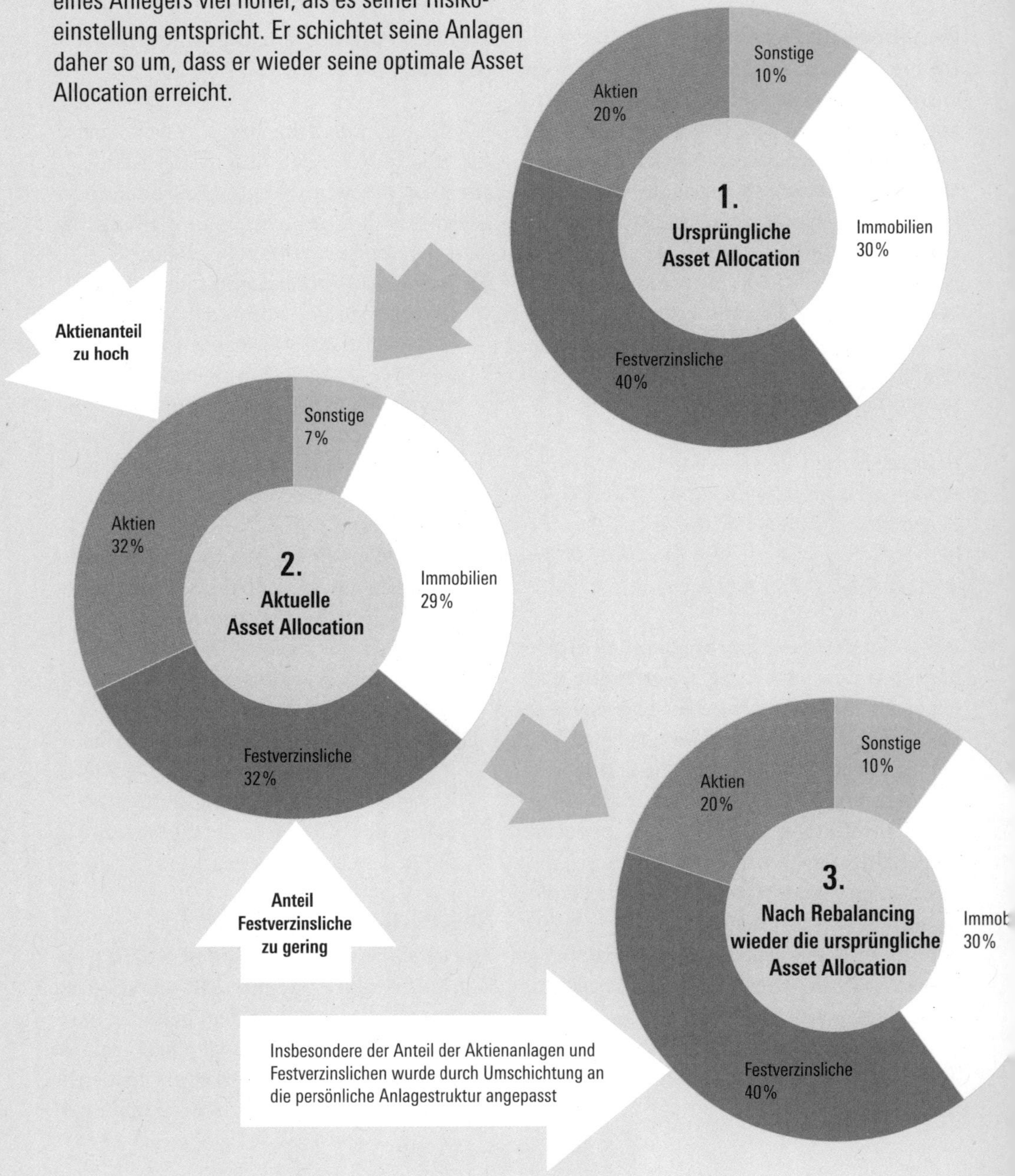

wachen. Oder Sie legen sich eine sogenannte Watchlist an, um Aktien, die Sie interessieren, erst einmal eine Weile zu verfolgen, ohne sie tatsächlich kaufen zu müssen.

Sie können bei Musterdepots auch Limitalarme eingeben. Damit entgehen Ihnen keine Kursrückgänge Ihrer Wertpapiere. Sie können beispielsweise für jedes Wertpapier das Limit auf 10 Prozent unterhalb Ihres Kaufkurses oder des aktuellen Kurses setzen. Rutscht der Kurs unter dieses Limit, erhalten Sie eine E-Mail, die Sie darüber informiert. Sie können dann überlegen, ob Sie handeln müssen, indem Sie das Papier verkaufen, bevor es weiter abwärts geht, oder ob Sie nichts tun oder kaufen, wenn die Aktie einen für Sie interessanten Kaufkurs erreicht hat.

Üben Sie am besten erst einmal

Mit einem Musterdepot können Sie bequem eine Zeit lang den Umgang mit Wertpapieren üben. Kaufen Sie virtuell ein Wertpapier, das Sie für aussichtsreich halten und schauen Sie, wie es sich entwickelt. Verkaufen Sie virtuell die Papiere, denen Sie keine Wertsteigerungen mehr zutrauen. So entwickeln Sie spielerisch ein Gefühl für Wertpapierkurse und das Börsengeschehen.

Fehler, die Sie vermeiden sollten

Anleger machen bei der Aktienanlage oft die gleichen Fehler. Wenn Sie die häufigsten Fehler kennen und vermeiden, können Sie das Lehrgeld sparen, das andere Anleger zahlen.

Bei der Aktienanlage lauern einige Fallstricke auf dem Weg zur guten Rendite. Neben Fehlern bei der Bewertung von Unternehmen und deren zukünftiger Entwicklung befinden sich Anleger häufig auf psychologischen Irrwegen und überschätzen ihre eigenen Fähigkeiten. Analysieren Sie Ihre Aktieninvestments möglichst rational und versuchen Sie, die nachfolgenden häufigsten Anlagefehler zu vermeiden. Das wird die Rendite Ihrer Aktienanlagen positiv beeinflussen.

Wie stark die Rendite unter typischen Fehlern leiden kann, zeigt eine Studie, die die Wirtschaftsprofessoren Andreas Hackethal und Steffen Meyer im Auftrag von Finanztest durchgeführt haben. Sie haben für 2005 bis

Depotbesitzer verschenkten mehr als 5 Prozent Rendite

8,7 Prozent Rendite pro Jahr hätten die Inhaber der untersuchten Depots erzielen können. Voraussetzung wäre die Anlage in eine Mischung aus marktbreiten Aktien- und Rentenindizes gewesen, die ihrer durchschnittlichen Vermögensaufteilung entspricht. Tatsächlich erzielten die Anleger nur 3,1 Prozent. Die Balken zeigen, wie dieses Ergebnis zustande kommt.

Quelle: Berechnungen Hackethal und Meyer, Thomson Reuters. Zeitraum: 1. Januar 2005 bis 31.Dezember 2015.

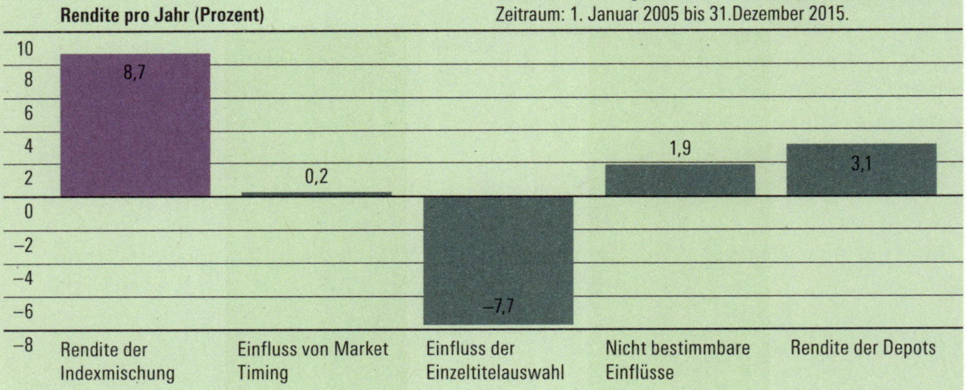

2015 fast 40 000 Wertpapierdepots von Direktbankkunden analysiert. Mit einer durchschnittlichen Rendite von rund 3,1 Prozent pro Jahr blieben Anleger weit hinter den Wertzuwächsen des Gesamtmarktes zurück (➚ Grafik). „Depotbesitzer verschenkten mehr als 5 Prozent Rendite.“ Da die Depots im Schnitt zu rund 80 Prozent Aktienanlagen und nur etwa 20 Prozent Anleihen enthielten, wäre im Untersuchungszeitraum eine Rendite von 8,7 Prozent realistisch gewesen. Depotbesitzer hätten dazu nur mit ETF in den breiten Markt investieren und anschließend stillhalten müssen.

Mangelnde Streuung

Eine mangelnde Streuung der Wertpapiere ist einer der häufigsten Fehler privater Anleger. Entgegen der Börsenregel „Lege nie alle Eier in einen Korb“ tun viele genau dies. Gerade Anfänger konzentrieren sich zu sehr auf eine oder wenige Aktien und teilen ihr Anlagekapital auf diese wenigen Werte auf. Oft kommen diese Aktien aus dem gleichen Land oder der gleichen Branche. Das kann dazu führen, dass ein starker Kursverlust bei einer Aktie oder der ganzen Branche hohe Verluste im gesamten Depot nach sich zieht. Als Faustregel sollten sich Anleger merken: Je mehr Aktien sie miteinander mischen, desto geringer ist ihr Risiko.

Aktive Anleger zahlen drauf

Anleger, die häufig handeln, schneiden schlechter ab als passive Depotinhaber. Auch das zeigte die Studie. Um zu schauen, wie sich häufige Trades auswirken, wurden die untersuchten Depots in fünf gleich große Abschnitte eingeteilt. Die aktivsten Anleger landeten nach Kosten sogar im Minus.

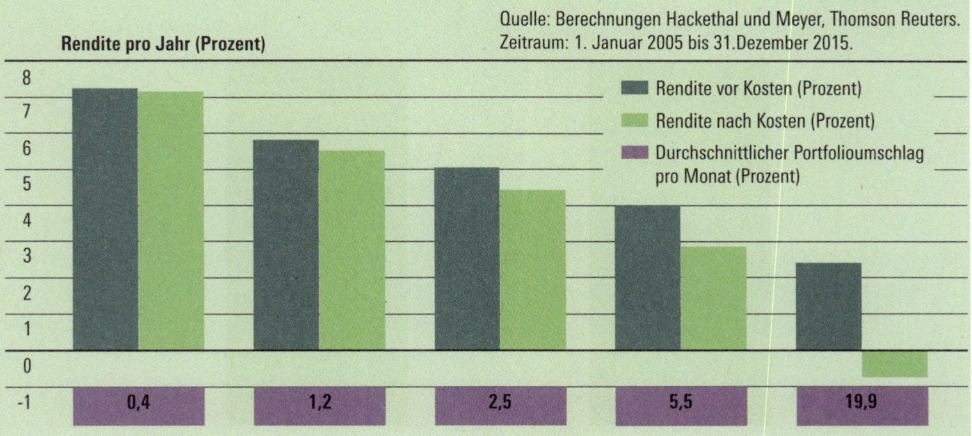

Das unterstreicht die oben genannte Studie der Wirtschaftsprofessoren. In den analysierten Kundendepots lagen im Durchschnitt etwa zwölf Wertpapiere. Da es sich in erster Linie um Einzelaktien handelte, reichte das nicht für eine gute Risikostreuung. Zu empfehlen sind nach dieser Studie mindestens 30 Wertpapiere aus verschiedenen Branchen, wenn Anleger ausschließlich in Einzelaktien investieren und keinerlei Aktienfonds oder ETF im Depot haben.

Die Depots mit den wenigsten Positionen hatten das mit Abstand schlechteste Chance-Risiko-Verhältnis. Manche Anleger hatten ihr gesamtes Anlagevermögen in eine einzige Aktie gesteckt. Wenn es sich dabei auch noch um einen spekulativen Titel handelt, unterliegt das Depot enormen Wertschwankungen.

Übermäßiges Handeln

„Hin und her macht Taschen leer", so eine bekannte Börsenweisheit. Dennoch gibt es private Anleger, die mehr als 100 Käufe und Verkäufe pro Jahr tätigen. Dass sie auf diese Weise keine gute Rendite erzielen können, liegt auf der Hand. Die Kosten sind einfach zu hoch. Bei Filialbanken schlägt eine Order mit Gebühren zwischen 0,5 und 1 Prozent vom Kurswert zu Buche. Selbst wer günstig online handelt, muss mit mindestens 5 Euro pro Auftrag rechnen. Unterm Strich sind eifrige Anleger schnell um einige Hundert Euro ärmer.

Das zeigte sich auch in der Studie von Hackethal und Meyer: Je mehr die Depotbesitzer handelten, desto schlechter war ihr Anlageergebnis. Besonders interessant: Die Handelskosten spielten zwar eine wichtige Rolle, aber die Depotrendite war bei den eifrigen Händlern auch vor Abzug der Kosten am schlechtesten. Im Schnitt verringerte sie sich durch die Kauf- und Verkaufskosten um rund 0,9 Prozentpunkte pro Jahr.

Bei den aktivsten Anlegern waren die Einbußen aber noch viel stärker. Sie verloren durch ihren Übereifer 3,3 Prozentpunkte pro Jahr. Das Fünftel der passivsten Depotbesitzer kam dagegen der Rendite des MSCI World recht nahe (Grafik „Aktive Anleger zahlen drauf").

Siehe Grafik „Aktive Anleger zahlen drauf", S. 135.

Vermutlich liege die Ursache für das häufige Handeln in der Selbstüberschätzung der Anleger. Sie scheinen davon auszugehen, dass sie anderen Marktteilnehmern überlegen sind und durch das richtige Timing beim Kauf und Verkauf den Markt schlagen können. Das gelingt selten.

Wenn Sie von einer Aktie überzeugt sind, behalten Sie diese auch bei zwischenzeitlichen Kursschwankungen. Dies verspricht langfristig eine wesentlich bessere Rendite als häufiges Kaufen und Verkaufen. Generell gar nichts zu tun ist allerdings auch nicht immer die beste Variante. Denn nicht nur übermäßiges Handeln ist schlecht für die Rendite, auch das Gegenteil davon, nämlich alles einfach laufen zu lassen, kann schiefgehen. Sie sollten Ihre Anlagen schon regelmäßig, ungefähr ein- bis zweimal im Jahr, überprüfen.

„Wer immer nur Gewinnerpapiere verkauft, hat plötzlich nur noch Verlustbringer im Depot.

Verlierer aussitzen

Angenommen, ein Anleger braucht Geld und muss einen Teil seiner Ersparnisse auflösen. In seinem Depot befinden sich zwei Wertpapiere. Papier A liegt mit 10 Prozent im Plus, Papier B mit 10 Prozent im Minus. Wie geht er vor? Viele würden Papier A verkaufen. Damit haben sie schließlich Gewinn gemacht. Bei Papier B warten sie lieber erst einmal ab, ob es sich nicht wieder besser entwickelt.

Den Hang, Gewinner zu verkaufen und Verlierer zu behalten, nennen Finanzexperten „Dispositionseffekt". Anfällig für den Dispositionseffekt sind vor allem Anleger, die in Aktien investieren. Wenn sie schlechte Nachrichten über ihre Aktie oder negative Aussichten für das Unternehmen hören, wollen sie oft dennoch mit einem Verkauf warten, bis die Aktie wieder ihren Einstandskurs erreicht hat. Das macht aber kaum Sinn. Denn ein Verlustpapier, das man teuer eingekauft hat, müsste sich dann besser entwickeln als eine gute, günstige Aktie, in die man umschichten könnte, wenn man den Verlustbringer verkauft.

Ein Grund für das Festhalten an Verliererpapieren liegt darin, dass Anleger sich nicht eingestehen möchten, mit ihrem Wertpapier danebengegriffen zu haben. Solange sie die Aktie nicht verkauft und den Verlust realisiert haben, können sie weiter hoffen, dass ihr Investment noch ein gutes Ende nimmt. Schon in den 1970er Jahren haben der Nobelpreisträger Daniel Kahneman und sein Kollege Amos Tversky festgestellt, dass Anleger drohende Verluste ungefähr doppelt so stark bewerten wie gleich hohe Gewinne. Sie betrachten häufig jedes Wertpapier für sich und überlegen nicht, wie sich ihr Depot als Ganzes verändert, wenn sie einzelne Papiere veräußern. Das kann fatale Folgen haben: Wer immer nur Gewinnerpapiere verkauft, hat plötzlich nur noch Verlustbringer im Depot. Möglicherweise kommen diese dann alle aus der gleichen Branche oder Region, sodass zusätzlich noch das Klumpenrisiko steigt.

Hüten sollten Sie sich aber davor, voreilig Aktien zu verkaufen, die gerade nicht gut laufen. Ein Grund abzuwarten kann sein, dass diese im Minus stehen, weil die Aktienmärkte gerade schlecht laufen. Die Erfahrung zeigt, dass in diesem Fall Halten meist die bessere Lösung ist – zumal private Anleger erfahrungsgemäß oft zu den schlechtesten Zeitpunkten handeln. Das hat die Finanzkrise gezeigt, in der viele nervös wurden und ausgerechnet zu Tiefstkursen verkauften.

Gut zu wissen

Vorsicht bei Pennystocks. Besonders verlustreich sind Investments in sogenannte Pennystocks, für die unseriöse Marktakteure gezielt und massiv werben, um die Kurse in die Höhe zu treiben. Diese meist in Cent-Beträgen notierenden Aktien sind besonders manipulationsanfällig, hat die Aufsichtsbehörde Bafin festgestellt. Oft kommen die „heißen Aktientipps" per Fax oder per Mail ins Haus. Die Sender dieser Kaufempfehlungen haben die Aktien kurz zuvor bereits selbst gekauft. Einige Anleger fallen auf die Werbung herein und geben Kaufaufträge für die empfohlenen Aktien. Wegen ihrer niedrigen Marktkapitalisierung und ihres niedrigen Handelsvolumens führt schon eine leicht steigende Nachfrage zu stark steigenden Kursen. Die Tippgeber verkaufen dann ihre Aktien mit hohem Gewinn. Nach kurzer Zeit fallen die Aktien in der Regel wieder und die Anleger machen hohe Verluste.

Spekulative Wertpapiere

Viele Anleger, die sich besonders eingehend mit dem Börsengeschehen beschäftigen, versuchen, die ultimative Gewinneraktie zu finden – sozusagen die nächste Microsoft- oder Google-Aktie. Sie kaufen oft spekulative Aktien, weil sie über vermeintlich besondere Informationen verfügen und annehmen, dass der Kurs der Papiere steigen wird. Sie können

30

SEKUNDEN FAKTEN

20 %

der Marktschwankungen sind nach Studien des Nobelpreisträgers Robert Shiller fundamental erklärbar, der Großteil der Kursbewegungen an der Börse wird hingegen von Emotionen der Marktteilnehmer gesteuert.

1 992 EURO

wurden nach einer Studie der Fondsgesellschaft Fidelity aus 1000 Euro, wenn Anleger diese von 1999 bis Ende Mai 2016 in den MSCI Europe investiert hatten. Das entspricht rund 4 Prozent Rendite pro Jahr.

1 023 EURO

also nur 0,1 Prozent pro Jahr, wären es gewesen, wenn ein Anleger die besten zehn Börsentage in dieser Periode verpasst hätte.

damit durchaus richtig liegen. Viel häufiger überschätzen sie allerdings ihren angeblichen Informationsvorteil.

Bei spekulativen Aktien gibt es etliche Unwägbarkeiten, was die Geschäftsentwicklung in der Zukunft angeht. Ob der aktuelle Börsenwert des Unternehmens angemessen ist, lässt sich nur erahnen. Der Kauf solcher Papiere ähnelt eher einer Wette als einem ernsthaften Investment.

Jagd auf Trends

Die Vorstellung, nur die guten Börsenphasen mitzunehmen und die schlechten nicht, ist sehr verlockend. Dann würde das eigene Depot in kurzer Zeit stark an Wert steigen und man könnte die Zeiten, in denen zwischenzeitliche Kursverluste erst aufgeholt werden müssten, für weitere Investitionen nutzen. Leider funktioniert dies in der Praxis selten, da die Märkte oft unvorhersehbar sind und unregelmäßig verlaufen. Zwar gibt es Muster kurzfristiger Trends, und die langfristige Entwicklung schwankt stets um einen Mittelwert. Doch innerhalb der Muster sind die Verschiebungen so groß, dass sich keine stabilen Handelsregeln ableiten lassen. Das richtige Timing ist häufig Glücksache. Wer zu oft ein- und aussteigt, um aus dem vorherrschenden Trend Vorteile zu ziehen, riskiert, die besten Tage an der Börse zu verpassen und gleichzeitig hohe Transaktionskosten zu produzieren. Wer Trends nachjagt, hat außer Kosten noch ein weiteres Problem: Bei ständigen Käufen und Verkäufen gerät das Depot als Ganzes aus dem Blick. Vor allem dessen Zusammensetzung aus sicheren und chancenreichen Geldanlagen entscheidet jedoch über Erfolg und Misserfolg.

„Home Bias"

Viele Anleger konzentrieren sich vorrangig auf den heimischen Aktienmarkt, weil sie meinen, dass sie in diesem Segment kompetenter sind. Börsenpsychologen nennen dieses Phänomen „Home Bias". Wer aber nicht über den Tellerrand schaut, lässt sich Anlagechancen in anderen Ländern entgehen, in denen Aktien oftmals günstiger sind als deutsche Dax-Titel. Überdies laden sich Anleger zusätzliche Risiken auf, wenn sie übermäßig stark in einem Markt investiert sind. Untersuchungen im Auftrag der Stiftung Warentest haben festgestellt, dass der Deutschlandanteil in Depots von Privatanlegern deutlich höher ist, als es mit Blick auf die globalen Kapitalmärkte sinnvoll erscheint: Im MSCI World ist Deutschland nur mit etwa 3 Prozent vertreten, in den Anlegerdepots waren es dagegen im Durchschnitt deutlich über 40 Prozent.

Wer einzig deutsche Aktien kauft, ist außerdem nicht nur regional eingeschränkt. Es fehlen ihm wichtige Branchen. In Deutschland gibt es zum Beispiel keine Nahrungsmittelkonzerne wie Nestlé, der Ölsektor ist überhaupt nicht vertreten und auch die Rohstoffbranche kaum. Börsennotierte Autofirmen gibt es in Deutschland hingegen zahlreiche. Die Gefahr einer nicht ausreichenden Branchenstreuung ist hier somit groß.

Wer einzig deutsche Aktien kauft, ist außerdem nicht nur regional eingeschränkt. Es fehlen ihm wichtige Branchen.

Nicht aus Fehlern lernen

Auch wenn Sie alle vorgenannten Empfehlungen berücksichtigen, kann es passieren, dass Sie auch einmal einen Fehler machen. Wenn Sie Ihre Anlagen breit gestreut haben, wird Sie das nicht umwerfen. Ein schlimmer Fehler wäre es aber, nicht aus Ihren Fehlern zu lernen.

Wenn es mit Ihren Einzelaktien nicht so läuft, wie Sie es sich vorgestellt haben, machen Sie am besten erst einmal einen Schritt zurück. Schauen Sie sich noch einmal Ihre Strategie und Ihre Einstiegs- und Verkaufszeitpunkte genauer an. Haben Sie vielleicht übereilt gekauft? Oder zu früh/zu spät verkauft? Lernen Sie aus Ihren Fehlern, bevor Sie Ihre nächsten Transaktionen machen, und Sie werden Ihre Erfolge verbessern. Niemand wird zum Börsenprofi geboren. Es kann auch sein, dass Sie nach der Analyse entscheiden, von Einzelaktienanlagen Abstand zu nehmen und lieber ausschließlich in Fonds zu investieren.

Der Weg zur Aktie

Der Aktienkauf ist einfach, wenn man weiß, worauf man achten muss. Am Anfang steht die Auswahl der richtigen Informationen. Am Ende kommt die ganz konkrete Umsetzung.

Informationsquellen

Heutzutage ist es weniger ein Problem, Informationen zu finden, als aus der Flut der Informations- und Nachrichtenangebote diejenigen herauszufiltern, die wirklich wichtig sind.

Eine gute erste Anlaufstelle bei der Aktienrecherche sind die Internetseiten der Direktbanken. Dort finden Sie Übersichten, Kennzahlen, Firmenporträts und Charttools zu vielen Einzelaktien. Geben Sie einfach die Wertpapierkennnummer oder den Namen der Aktien, für die Sie sich interessieren, ein in das Suchfenster auf der Startseite von zum Beispiel:

- www.comdirect.de
- www.ing-diba.de
- www.consorsbank.de

Erweisen sich bestimmte Aktien bei Ihrer Recherche auf den Internetseiten als interessant, sollten Sie tiefer einsteigen. Bei der Detailanalyse helfen Ihnen spezifische Informationsquellen.

Informationen zur Wirtschaftslage

Zur Routine eines Aktionärs gehört es, die laufende Berichterstattung über die internationalen Finanzmärkte zu verfolgen und die wichtigsten Indizes im Blick zu haben. Da viele Faktoren Einfluss auf die Entwicklung der Aktienmärkte haben, reicht es nicht, nur die Aktien zu verfolgen, die sich bereits im Depot befinden. Vor dem Kauf einer Aktie sollten Sie daher auch spezielle Hintergrundinformationen zur allgemeinen wirtschaftlichen Lage sammeln und bewerten. Hilfreiche Internetseiten finden Sie hier:

▶ Statistisches Bundesamt

Eine hervorragende Seite für Anleger, die sich über volkswirtschaftlich relevante Statistiken informieren möchten, ist die Internetpräsenz des Statistischen Bundesamtes (www.destatis.de). Hier finden Sie unter anderem Zahlen und Fakten zu Konjunkturindikatoren, Ländern und Regionen und einzelnen Wirtschaftsbereichen. Weiterhin gibt es zahllose Statistiken zu Bevölkerung, Lebensbedingungen, Infrastruktur, Finanzen und Umwelt.

▶ Deutsche Bundesbank

Unter www.bundesbank.de finden Sie umfangreiche und unabhängige Monatsberichte zur Konjunktur sowie zum Aktien- und Rentenmarkt. Zudem gibt es Links zu EU-Zentralbanken und internationalen Organisationen.

▶ Wirtschaftsforschungsinstitute

Die führenden Wirtschaftsforschungsinstitute erstellen die Frühjahrs- und Herbstgutachten zur deutschen Konjunktur. Jedes Institut setzt dabei eigene Schwerpunkte.

- Deutsches Institut für Wirtschaftsforschung: www.diw.de

- Ifo Institut: www.ifo.de
- Leibnitz-Institut für Wirtschaftsforschung Halle: www.iwh-halle.de
- Rheinisch-Westfälisches Institut für Wirtschaftsforschung: www.rwi-essen.de

Den bekannten Geschäftsklimaindex gibt es beim Ifo-Institut. Den weitesten Blick über die Grenzen wirft das Institut für Weltwirtschaft in Kiel (www.ifw-kiel.de).

Alle Internetseiten sind empfehlenswert, aber nicht immer leicht zu lesen.

Ad-hoc-Meldungen und Unternehmensnachrichten

Aktiengesellschaften müssen kursrelevante Ereignisse in Ad-hoc-Meldungen publizieren. Damit soll gewährleistet sein, dass alle Aktionäre und außenstehenden Anleger eine faire Chance haben, auf neue Entwicklungen bei einem Unternehmen zu reagieren. Zu solchen kursrelevanten Meldungen gehören neben den regelmäßigen Geschäftszahlen zum Beispiel Veräußerungen von Kernbereichen des Unternehmens, Kapitalmaßnahmen, Übernahmen, aber auch die drohende Illiquidität und Überschuldung des Unternehmens.

„Es soll verhindert werden, dass Personen, die Zugriff auf vertrauliche kursrelevante Informationen haben (Insider), aus ihrem Wissensvorsprung Kapital schlagen können.

Es soll verhindert werden, dass Personen, die durch ihre Stellung oder Tätigkeit Zugriff auf vertrauliche kursrelevante Informationen haben – sogenannte Insider –, aus ihrem Wissensvorsprung Kapital schlagen können. Bevor ein Unternehmen eine Ad-hoc-Mitteilung ins Internet stellt, muss es diese der Börsenverwaltung und der Bundesanstalt für Finanzdienstleistungsaufsicht (Bafin) vorlegen, die die Veröffentlichung genehmigen muss.

Damit Unternehmen Ad-hoc-Mitteilungen nicht nutzen, um mit nichtssagenden Mitteilungen die Aufmerksamkeit potenzieller Anle-

Empfehlungen nicht blind folgen Nachdem ein angesehenes Analysehaus oder eine große Bank eine Empfehlung ausgesprochen hat, kommt es häufig zu kurzfristigen Ausschlägen des Aktienkurses. Denn viele Anleger folgen der Einschätzung. Als Privatanleger sollten Sie sich aber besser Ihre eigene Meinung bilden und die Studien und Empfehlungen nur als nützliche Hintergrundinformation betrachten.

ger und Kunden auf sich zu ziehen, unterliegen nicht kursrelevante Meldungen ausdrücklich einem Veröffentlichungsverbot. Wer dies nicht beachtet, kann mit Bußgeldern belegt werden. Wenn Anlegern aufgrund einer unrichtigen, unterlassenen oder verspäteten Veröffentlichung ein Schaden entstanden ist, können sie unter Umständen Schadenersatz von den jeweiligen Mitgliedern der Unternehmensverwaltung (Manager, Aufsichtsräte etc.) verlangen, die dafür verantwortlich sind.

Außerdem sind Mitglieder des Managements börsennotierter Aktiengesellschaften dazu verpflichtet, Geschäfte mit Wertpapieren des eigenen Unternehmens zu veröffentlichen. Aus diesen „Directors´ Dealings" können Anleger Schlüsse ziehen, wie führende Unternehmenslenker die Zukunft ihres Unternehmens sehen. Kaufen diese beispielsweise dessen Aktien, spricht dies dafür, dass sie die weitere Geschäftsentwicklung sehr positiv sehen.

Wenn Sie Ad-hoc-Mitteilungen suchen, werden Sie zum Beispiel auf der Internetseite der Deutschen Gesellschaft für Ad-hoc-Publizität (www.dgap.de) fündig. Sie veröffentlicht Ad-hoc-Mitteilungen, aber auch sonstige Unternehmensmitteilungen.

Eine gute Internetseite, um gezielt Nachrichten über Unternehmen zu suchen, ist www.finanznachrichten.de. Dort werden die Nachrichten und deren Quelle gelistet.

Investor Relations

Um Informationen aus erster Hand zu erhalten, können Privatanleger ebenso wie professionelle Investoren auf die Informationen der Unternehmen zurückgreifen. Börsennotierte Unternehmen bieten auf ihren Homepages nicht nur Informationen über ihre Produkte und Dienstleistungen, sondern betreiben dort auch Beziehungspflege (Investor Relations) zu Aktionären und potenziellen Investoren. Eine gut aufbereitete Internetpräsenz eines Unternehmens enthält meist folgende Punkte:

- Unternehmensprofil und -präsentation
- Bilanzen, Geschäfts- und Quartalsberichte zum Download
- Finanzkalender mit Terminen für Hauptversammlung, Geschäftsberichte etc.
- Archiv der letzten Ad-hoc- und Unternehmensmeldungen sowie Pressemitteilungen
- Vorstellung von Management und Aufsichtsrat
- Hinweise zu Bankstudien – auch zu nicht ausschließlich positiven –, die die eigene Aktie betreffen

Zur Kür in Sachen Investor Relations gehört es, ein Image des Unternehmens und der Aktie zu erzeugen, das die Anleger mit Aktie und Unternehmen zufrieden sein lässt. Denn zufriedene Aktionäre sind in aller Regel treue Aktionäre.

Experteneinschätzungen

Eine interessante Informationsquelle können auch Analysen und sogenannte Research-Reports sein, die Banken, Investmentgesellschaften und Wertpapierbroker regelmäßig erstellen. Am Ende solcher Analysen steht häufig eine Empfehlung, was Anleger hinsichtlich der

Empfehlungen und ihre Bedeutung

Analysten bewerten Aktien und sprechen Empfehlungen dafür aus. Sie verwenden unterschiedliche Begriffe, um ihre Einschätzung auf den Punkt zu bringen.

Einschätzung	Bedeutung
Starker Kauf / Strong Buy	Absolute Kaufempfehlung.
Kaufen / Buy	Der Aktie wird ein überdurchschnittlicher Kursanstieg zugetraut.
Halten / Neutral	Neueinstieg / Kauf lohnt nicht. Wer Aktie schon besitzt, muss aber nicht verkaufen.
Reduzieren	Aktienposition abbauen.
Verkaufen / Sell	Aktie unbedingt meiden beziehungsweise verkaufen.
Outperformer	Aktie wird sich besser entwickeln als der Markt.
Marketperformer	Aktie wird sich in etwa wie der Markt entwickeln.
Underperformer	Aktie wird sich schlechter als der Markt entwickeln.
Long-term Buy	Nur „Langfristig ein Kauf".

Aktie tun sollten (➚ Tabelle „Empfehlungen und ihre Bedeutung").

Analysten verwenden häufig nicht ganz eindeutige Empfehlungen. Wenn sie beispielsweise von „Halten" statt von „Verkaufen" sprechen, klingt das unverfänglicher und macht die Analyse weniger angreifbar, falls sich die Aktie doch positiv entwickelt.

▸ Börsenbriefe

Etliche kostenpflichtige Börsenbriefe buhlen um Kleinanleger. Sie versprechen ihnen hohe Gewinne, wenn sie deren regelmäßig erscheinenden Kaufempfehlungen folgen. In der Realität ist es meist mehr als fraglich, ob Anleger das Geld der Abonnements durch deren Ratschläge wieder hereinholen können. Schließlich kosten diese oft mehrere Hundert Euro. Anleger sollten sich grundsätzlich nicht blindlings auf andere Einschätzungen verlassen, sondern immer selbst „nachdenken".

▸ Internetforen

Ebenfalls mit Vorsicht zu genießen sind Foren im Internet, in denen Aktienfans Tipps und Informationen austauschen. Selten werden dort gewissenhaft recherchierte Informationen weitergegeben. Spekulationen und Gerüchte können relativ ungehemmt verbreitet werden. Es ist sehr wahrscheinlich, dass der Tippgeber die Aktie selbst schon gekauft hat und deren Kurs durch seine Empfehlungen „pushen" will. Das simple Kalkül: Kaufen mehr Anleger diese Aktie, steigt deren Preis.

Wer steckt dahinter?

Eine Information ist erst vollständig, wenn man weiß, von wem sie stammt und wie der Informationsgeber zu seinen Ergebnissen gekommen ist. Fragen Sie sich immer, wem die Information etwas nützt und wie objektiv sie dann noch sein kann.

Aktien handeln

Wenn Sie alle Informationen zusammengetragen und bewertet haben, geht es an die Umsetzung und damit den Aktienkauf oder -verkauf.

Sobald Sie ein Depot bei einer Filial- oder Direktbank eröffnet haben, können Sie Wertpapiere kaufen. Wenn Sie selbst den Wertpapierkauf per Onlinebanking durchführen oder diesen bei Ihrer Bank in Auftrag geben, benötigen Sie die nachfolgenden Informationen.

- **Isin.** Im Zuge der Internationalisierung des Finanzwesens wurde die sechsstellige Wertpapierkennnummer (WKN) von der auf der ganzen Welt gebräuchlichen zwölfstelligen International Securities Identification Number (Isin) abgelöst. Meist werden aber nach wie vor beide Nummern angegeben. In der Schweiz wird noch die Valorennummer (Valor) verwendet. Anhand der Isin kann ein an der Börse gehandeltes Wertpapier eindeutig identifiziert werden. Wenn Sie die Isin oder WKN nicht kennen, finden Sie sie in der Regel über die Suchmaske beim Onlinebanking oder im Internet.
- **Stückzahl.** Als Nächstes müssen Sie die Stückzahl angeben, also wie viele Aktien Sie kaufen wollen. Meist überlegen Anleger sich, wie viel Geld sie investieren wollen. Aus der Division „Kaufsumme durch Stückpreis je Aktie" ergibt sich die Stückzahl, die Sie sich leisten können. Schauen Sie sich zunächst den aktuellen Kurs der Aktie an, um zu ermitteln, wie viele Aktien Sie kaufen können.

Der richtige Börsenplatz

Aktien werden in der Regel an verschiedenen Börsen gehandelt. Die Eingabemasken beim Onlinebanking zeigen meist eine Vorauswahl der Börsen, an denen das Papier gehandelt wird. In Deutschland werden die meisten Aktienorders über den Handelsplatz Xetra an der Frankfurter Wertpapierbörse abgewickelt. Wird ein Wertpapier auch an einer der Regionalbörsen wie Berlin, Düsseldorf, Hamburg-Hannover, München oder Stuttgart gehandelt, können sich die Kurse unterscheiden. Denn die Börsen sind unabhängig voneinander, und die Kurse hängen von Angebot und Nachfrage an der jeweiligen Börse ab.

Privatanleger sollten aber nicht nur auf den zuletzt gehandelten Kurs schauen und dann an der vermeintlich günstigsten Börse kaufen. Auch wenn der Kurs einer Aktie zum Zeitpunkt der Orderaufgabe an einer Regionalbörse am günstigsten war, kann es passieren, dass dort zu diesem Preis kein Umsatz zustande kommt, weil es an entsprechenden Verkäufern fehlt. Im Vergleich zu Xetra werden an den Regionalbörsen oft nur geringe Stückzahlen bei Aktien umgesetzt. Der Spread, also die Differenz zwischen Kauf- und Verkaufskurs ist dort deshalb häufig höher.

Grundsätzlich sollten Sie aber eine Aktie dort kaufen, wo deren größter Umsatz stattfindet.

Grundsätzlich sollten Sie aber eine Aktie dort kaufen, wo deren größter Umsatz stattfindet. Das garantiert in der Regel transparente, marktnahe Preise und eine zeitnahe Ausführung der Order. Vor allem bei den wichtigsten deutschen Aktien ist Xetra daher meist die richtige Wahl. Da auch Großinvestoren dort ihren Handel abwickeln, ist dieser entsprechend rege, und eine Order kann während der Handelszeit fortlaufend ausgeführt werden. Nennenswerte Preisunterschiede gibt es zwischen den deutschen Börsenplätzen nicht.

Wollen Sie ausländische Aktien kaufen, die nicht an einer deutschen Börse gehandelt werden, müssen Sie als Handelsplatz eine ausländische Börse angeben, an der die Aktie gelistet ist. Der Kauf an einer ausländischen Börse kann sich auch anbieten, wenn eine Aktie in Deutschland nur in sehr geringen Stückzahlen gehandelt wird. Dann ist der Spread an der ausländischen Börse meist wesentlich kleiner. Beachten Sie immer die Gebühren, die beim Wertpapierhandel im Ausland entstehen, und mögliche Währungsschwankungen, wenn die Aktien dort nicht in Euro notiert sind. Auch können Sie an Auslandsbörsen nur während der dortigen Handelszeiten ordern. Wenn Sie über eine deutsche Börse ausländische Aktien kaufen, sollte die Auslandsbörse geöffnet haben, damit die Spreads möglichst eng sind.

Umsätze zeigen den richtigen Börsenplatz

Bei einer Direktbank wird in der Übersichtsmaske zu einem Wertpapier die Anzahl der Kurse an den verschiedenen Handelsplätzen angezeigt. Daraus können Sie ableiten, wo der Handel besonders rege und damit transparent ist.

Direkthandel statt Börse

Banken und Discountbroker bieten ihren Kunden an, Wertpapiere außerbörslich direkt per Internet mit einzelnen Wertpapierhäusern zu handeln. Das macht Anleger flexibler und kann Geld sparen. Sie können spätabends oder sogar am Wochenende Ihre Order aufgeben und bekommen einen verlässlichen Kurs. Beim außerbörslichen Kauf oder Verkauf wird ein fester Preis garantiert, den Sie allerdings innerhalb weniger Sekunden akzeptieren oder ablehnen müssen. Das erspart die Ungewissheit, ob der gewünschte Handel tatsächlich stattfindet, und es gibt keine ärgerlichen Teilausführungen. Beim normalen Börsenhandel und vor allem im Handelssystem Xetra werden Aktienorders teilweise portionsweise bedient. Es ist durchaus möglich, dass ein Kauf in mehrere Einzelorders zerlegt wird und so zusätzliche Transaktionskosten entstehen.

Gut zu wissen

Die richtige Limithöhe. Wenn Sie unbedingt an einem bestimmten Tag kaufen möchten, legen Sie das Limit immer etwas oberhalb des aktuellen Kurses fest. Dann kommen Sie mit hoher Wahrscheinlichkeit zum Zug, sofern das Wertpapier gehandelt wird. Wenn Sie jedoch erst kaufen möchten, wenn der Kurs unter eine bestimmte Marke rutscht, dann setzen Sie das Limit entsprechend tiefer als den aktuellen Kurs. Sofern Sie länger auf günstige Preise warten können, setzen Sie das Limit an Ihrem Zielkurs.

Ein Nachteil des Direkthandels ist vor allem die Gefahr, dass Sie wegen geringerer Umsätze und mangels Transparenz mehr bezahlen als beim Kauf über die Börse. Außerhalb der offiziellen Börsenzeiten sollten Sie im Direkthandel nur in Ausnahmefällen handeln, weil es dann keinen aktuellen Börsenkurs als Vergleichsmaßstab gibt.

Limits zur Feineinstellung

Bei einer Wertpapierorder sollten Sie grundsätzlich ein Limit angeben. Damit verhindern Sie, dass Sie zu einem zu hohen Preis kaufen oder zu billig verkaufen. Steigt der Kurs nach Ihrer Kaufordereingabe über Ihr Limit, wird der Auftrag nicht mehr ausgeführt. Bei einem Verkauf bedeutet ein Limit, dass nicht verkauft wird, wenn Sie nicht mindestens den vorgegebenen Preis erzielen. Ohne ein Limit wird die Order „billigst" (bei Kauf) beziehungsweise „bestens" (bei Verkauf) ausgeführt. Das heißt, sobald sich ein Käufer beziehungsweise Verkäufer findet, kommt der Handel zustande. Der Preis kann dann unter Umständen weit von Ihren Vorstellungen entfernt liegen.

Sie können bei Limit-Orders festlegen, wie lange diese gelten sollen. Wird eine Wertpapierorder nicht am Tag der Auftragserteilung ausgeführt, wird die Bank versuchen, diese am Folgetag auszuführen. Sofern Sie nichts anderes angegeben haben, bleibt der Auftrag bis zum Monatsende (Ultimo) gültig.

Ein Nachteil bei Limit-Orders ist, dass manchmal nur ein Teil des Auftrags zum festgelegten Preis ausgeführt werden kann. Die Restausführung erfolgt erst später oder aber gar nicht. Gerade bei seltener gehandelten Wertpapieren kann das dazu führen, dass die Order nur häppchenweise ausgeführt wird und mit jeder Teilausführung Gebühren entstehen. Mit einer Fill-or-kill-Order (erfülle oder vernichte) können Sie festlegen, dass der Auftrag nur vollständig oder aber gar nicht ausgeführt wird.

Verluste mit Limits begrenzen

Sie können auch Limits setzen, um sich vor zu hohen Verlusten zu schützen, falls der Kurs Ihrer Aktie abstürzen sollte. Dazu können Sie eine Stop-Loss-Order erteilen. Dafür müssen Sie einen Tiefstkurs für Ihre Aktie festlegen. Berührt sie diese Schwelle, wird automatisch ein

Verkaufsauftrag ausgelöst und die Aktie zum nächsten Kurs verkauft. Stop-Loss-Orders schützen allerdings nur bedingt vor einem plötzlichen Crash. Denn bei einer Stop-Loss-Order wird der Verkauf zum nächstmöglichen Kurs durchgeführt. Fällt der Preis bei einem Crash aber steil nach unten, kann der nächste festgestellte Kurs weit unter der persönlichen Stoppmarke liegen.

Beispiel: *Der aktuelle Wert einer Aktie beträgt 100 Euro. Der Anleger hat sein Stop-Loss-Limit bei 90 Euro gesetzt. Es soll also ein Verkauf stattfinden, wenn der Preis unter 90 Euro fällt. Stürzt die Aktie während eines Crashs allerdings direkt von 100 auf 80 Euro, würde der Stop-Loss-Auftrag bei 80 Euro ausgeführt.*

Manche Direktbanken bieten daher die Möglichkeit, eine Stop-Loss-Order mit Limit einzugeben. Damit können Sie bei einem Crash vermeiden, dass der Stopp automatisch zum nächstmöglichen Preis eintritt. Er wird nur ausgeführt, wenn ein bestimmter Mindestpreis, den Sie festgelegt haben, nicht unterschritten wird. Das kann aber dazu führen, dass Ihre Order nach Erreichen der Stopp-Schwelle gar nicht ausgeführt wird, weil die nachfolgenden Kurse schlechter als Ihr gewähltes Preislimit sind.

Beispiel: *Sie könnten den Stopp bei 90 Euro und das Limit bei 85 Euro setzen. Wäre der nächste festgestellte Kurs 80 Euro, würde das Limit nicht greifen. Läge der nächste festgestellte Kurs hingegen zwischen 85 Euro und 90 Euro, würde der Verkaufsauftrag ausgeführt.*

Es gibt auch automatisch nachgezogene Stop-Loss-Orders, sogenannte Trailing-Stops. Diese können Sie gut dazu nutzen, Gewinne laufen zu lassen und gleichzeitig Verluste zu begrenzen. Es gibt Trailing-Stops mit prozentualem oder absolutem Abstand von einem festgestellten Kurs. Sichern Sie beispielsweise eine Aktienposition mit einem Trailing-Stop von 10 Prozent ab, wird automatisch mit jedem neuen Höchstkurs der Aktie ein neues Stop-Loss-Limit platziert, das 10 Prozent unter dem jeweiligen neuen Höchstkurs liegt. Sie werden also von dem Aufwand befreit, täglich neue Stop-Loss-Limits einzugeben.

Aktiensparpläne

Wer Einzelaktien kaufen will, braucht dafür normalerweise mindestens 37500 Euro, um eine sinnvolle Streuung zu erreichen und nicht zu viel Gebühren zu zahlen. Bei günstigen Direktbanken reichen zirka 15000 Euro. Anleger, die mit weniger anfangen wollen, können Aktiensparpläne einrichten und bei einigen Direktbanken regelmäßig kleinere Beträge (ab 25 Euro) einzahlen. Die Auswahl der Aktien ist zwar begrenzt, die Direktbanken haben aber Aktien aus Dax, MDax, TecDax und einige internationale Aktien im Angebot.

Die Aktionäre auf Raten können bei einigen Direktbanken Aktien kaufen, die teurer sind als die Sparrate. Sie erwerben dann Bruchstücke. Oder sie können ihre Sparrate auf mehrere Aktien verteilen. Das ist bequem und hat den Vorteil, dass Anleger mit geringen monatlichen Sparraten die Aktien ihrer Wahl ansparen können.

Aktienfonds und -ETF

Ist Ihnen der Aufwand zu groß, viele Einzelaktien auszuwählen und im Blick zu behalten, sind Aktienfonds und -ETF die ideale Lösung. Sie können die Fonds auch als Basisanlage nutzen und sie mit Einzelaktien kombinieren.

So funktionieren Fonds

Investmentfonds bündeln das Kapital vieler Anleger und bieten eine hohe rechtliche Sicherheit.

Für Anleger, die von den Entwicklungen an den Aktienmärkten profitieren wollen, sich aber nicht ständig um die Auswahl und Beobachtung ihrer Aktien kümmern wollen, sind Investmentfonds eine komfortable Alternative. Auch für Anleger, denen das Kapital fehlt, um eine vernünftige Streuung ihrer Aktien zu erreichen, eignen sich Aktienfonds, denn sie ermöglichen es ihnen, sich mit kleineren Beträgen an der Börse zu engagieren.

Das Prinzip eines Investmentfonds ist einfach: Eine Fondsgesellschaft (auch Kapitalverwaltungsgesellschaft genannt) legt einen Fonds mit einem bestimmten Anlageschwerpunkt auf. Anleger können Anteile am Fonds kaufen, indem sie einmalig einen Betrag investieren oder über einen Sparplan regelmäßig Geld einzahlen. So bündelt die Fondsgesellschaft das Geld vieler Anleger im Fonds. Ein professioneller Fondsmanager kümmert sich darum, das gesammelte Geld anzulegen und zu verwalten. Er kann je nach Schwerpunkt des Fonds Aktien, Anleihen, Immobilien, Rohstoffe oder andere Fonds kaufen. Beispielsweise wird der Fondsmanager eines Aktienfonds mit Schwerpunkt Deutschland in deutsche Aktien investieren, bei einem Fonds mit Schwerpunkt europäische Aktien sucht er über Deutschland hinaus auch im Rest Europas nach lukrativen Papieren.

Breite Anlagestreuung

Die Fondsgesellschaft kann an den Finanzmärkten als Großanleger auftreten und zum Beispiel kostengünstiger und wirtschaftlicher investieren, als es für einen Anleger allein möglich wäre. Das Fondsmanagement hat überdies häufig Wissens- und Informationsvorsprünge gegenüber Privatanlegern. So besuchen zum Beispiel viele Fondsmanager die Unternehmen, in die sie investieren wollen, und sprechen mit der Geschäftsführung über die Zukunftsaussichten. Außerdem können Fondsmanager auf einen großen Stab an Analysten und Experten in den Anlageregionen zurückgreifen. Da sie sich täglich mit dem Marktgeschehen auseinandersetzen, können sie schneller als ein einzelner Anleger Veränderungen erkennen und entsprechend reagieren.

Die Fondsgesellschaft unterliegt den Vorgaben des Kapitalanlagegesetzbuches (KAGB). Dieses schreibt unter anderem vor, dass Fonds den Grundsatz der Risikostreuung einhalten müssen. Danach dürfen Aktienfonds grundsätzlich nur maximal 5 Prozent des Fondsvermögens in ein einzelnes Wertpapier investieren. Wenn die Vertragsbedingungen des Fonds dies vorsehen, darf er bis zu 10 Prozent in ein einzelnes Wertpapier investieren – allerdings nur bis zu einer Obergrenze von 40 Prozent.

So funktionieren Fonds

Der Fonds muss also mindestens 16 verschiedene Werte halten (4 x 10 plus 12 x 5). Die meisten Fonds enthalten wesentlich mehr Titel. Ein großer Vorteil von Investmentfonds ist daher, dass Anleger sich mit kleinen Anlagebeträgen beteiligen und dennoch eine breite Streuung (Diversifikation) in unterschiedliche Wertpapiere und Finanzmärkte erreichen können. Am Beispiel eines Aktienfonds lässt sich das leicht verdeutlichen: So müsste ein Anleger in ein Depot aus Einzelaktien deutlich mehr Kapital einzahlen als in einen entsprechenden Aktienfonds, um eine ausreichende Streuung zu gewährleisten. Beim Fonds ist das Verlustrisiko gemessen am Gesamtvermögen erheblich niedriger als bei einem Depot, das nur aus wenigen Einzelaktien besteht. Wenn sich im Fonds einige Werte schlecht entwickeln, gibt es noch viele andere, die dies ausgleichen können. In einem Einzeldepot mit wenigen Aktien wirken sich schlecht laufende Werte hingegen prozentual deutlich stärker aus.

Zu den Anlagebeträgen für eine vernünftige Streuung von Einzelaktien siehe „So gehen Sie mit Aktien um", S. 127.

Sie haben als Fondsanleger nicht das Risiko, genau die „falschen" Titel gekauft zu haben, die sich unabhängig vom Markt schlecht entwickeln.

Der Anteilspreis eines Fonds kann dennoch stark schwanken. Das Marktrisiko bleibt: Wenn die Kurse der Märkte fallen, in denen ein Fonds laut seinen Anlagegrundsätzen investiert ist, wird auch der Wert des Fonds fallen. Sie haben als Fondsanleger aber nicht wie der Direktanleger das Risiko, womöglich genau die „falschen" Titel gekauft zu haben, die sich unabhängig vom Markt schlecht entwickeln.

Hohe rechtliche Sicherheit

Am 22. Juli 2013 löste das Kapitalanlagegesetzbuch (KAGB) das Investmentgesetz in Deutschland ab. Seither ist es die rechtliche Grundlage für Verwalter offener und geschlossener Fonds. Das KAGB brachte einige Begriffsänderungen mit sich. So wurden aus den Kapitalanlagegesellschaft (KAG) genannten Fondsgesellschaften Kapitalverwaltungsgesellschaften (KVG). Die Depotbank wird im KAGB jetzt Verwahrstelle genannt. Die alten Begriffe sind unter Fachleuten aber noch gebräuchlich.

Vorsicht vor geschlossenen Fonds

Anders als offene Investmentfonds werden geschlossene Fonds nicht an der Börse gehandelt. Bei ihnen wird der Anleger Mitunternehmer (in der Regel Kommanditist) mit allen Chancen und Risiken. Investitionsgüter für geschlossene Fonds können neben Immobilien unter anderem Schiffe (Schiffsfonds), Windkraftanlagen, Zweitmarkt-Kapitallebensversicherungen (US-, britische oder deutsche Lebensversicherungen), Venture-Capital/Private-Equity oder Filme (Medienfonds) sein. Während der Beteiligungsdauer von in der Regel sieben und mehr Jahren ist ein Verkauf der Beteiligung selten möglich, und wenn nur mit Abschlägen. Solche Fonds weisen meist ein extrem hohes Risiko auf und sind für Kleinanleger nicht geeignet. Hier geht es nur um „offene Fonds".

Das Fondsvermögen ist rechtlich „Sondervermögen". Dies bedeutet, dass die Anlegergelder im Fonds getrennt vom Vermögen der Fondsgesellschaft bei einer unabhängigen Depotbank verwahrt werden. Deshalb ist es vor einer Insolvenz der Fondsgesellschaft oder einer Veruntreuung durch den Fondsmanager geschützt.

Die Depotbank gibt Anteilsscheine am gesamten Fondsvermögen an die Anleger aus. Dabei wird bis auf drei Nachkommastellen genau berechnet, mit welchem Anteil der jeweilige Anleger Miteigentümer am Fondsvermögen ist. Über die Depotbank können die Anteilsscheine wieder verkauft werden. Die Depotbank berechnet dafür börsentäglich den Preis eines Fondsanteils.

So wird der Wert eines Fondsanteils berechnet

	Tageswert sämtlicher Vermögenswerte des Fonds[1]
+	Summe der liquiden Mittel
–	Verbindlichkeiten des Fonds[2]
=	**Nettoinventarwert des Fonds**
/	Anzahl der ausgegebenen Anteilsscheine
=	**Rücknahmepreis pro Fondsanteil**

1 Bewertung der Wertpapiere zum aktuellen Tageskurs, Immobilien zum Ertragswert. **2** Zum Beispiel Managementkosten, Depotbankgebühr, An- und Verkaufsspesen

Mit der Depotbank haben Sie als Anleger übrigens keinen direkten Kontakt. Sie kaufen die Anteilsscheine zum Beispiel über eine

Bank und verwahren sie in Ihrem Wertpapierdepot bei einer beliebigen Bank. Hier ist also zu unterscheiden zwischen der Depotbank als dem Kreditinstitut, bei dem das Sondervermögen von Investmentfonds hinterlegt und verwaltet wird, und dem Depot des Anlegers bei einer Bank, in dem seine persönlichen Wertpapiere geführt werden.

Sie können jederzeit aussteigen

Sie können die Fondsanteile jederzeit wieder verkaufen. Die Fondsgesellschaft ist grundsätzlich verpflichtet, sie zum dann gültigen Rücknahmepreis zurückzunehmen. Da sich die Kurse der Wertpapiere im Fonds im Laufe eines Tages ständig ändern, wird der Rücknahmepreis meist nur einmal pro Tag festgestellt. Dabei wird eine bestimmte Stichzeit zugrunde gelegt – beispielsweise 13 Uhr. Dieser Preis gilt dann für alle Aufträge, die bis zu einem bestimmten Zeitpunkt (zum Beispiel bis 10 Uhr) bei der Fondsgesellschaft eingehen. Orders, die später eingehen, werden zum Anteilspreis des nächsten Tages abgerechnet.

Neben der Möglichkeit, die Anteile über Ihre Bank an die Fondsgesellschaft zurückzugeben, gibt es mittlerweile für viele Fonds einen regen Börsenhandel, der ebenfalls über die Bank läuft. Fondsinhaber können somit auch außerhalb der Stichzeiten der Fondsgesellschaften zu den Börsenhandelszeiten ihre Anteile an Dritte verkaufen. An den Börsen bestimmt sich der Preis nach Angebot und Nachfrage, orientiert sich aber natürlich an den Rücknahmepreisen der Fondsgesellschaften.

Der Vorteil der Rückgabe an die Fondsgesellschaft ist, dass dies grundsätzlich kostenlos ist, während Anleger beim Verkauf über die Börse die normalen Transaktionskosten bezahlen müssen. Anleger können den Fonds auch dann an die Fondsgesellschaft zurückgeben, wenn sie ihn über die Börse gekauft haben. Andererseits rechnen Fondsgesellschaften nur einmal täglich ab. Für Anleger, die schnell einen Fonds kaufen oder verkaufen wollen, kann sich daher die Abwicklung über die Börse anbieten.

Aktiv gemanagte Fonds und ETF

Bei den aktiv gemanagten Fonds verfolgt ein Fondsmanager eine eigene Strategie und setzt sein Können ein, um die Gelder im Fonds möglichst lukrativ anzulegen. Daneben gibt es börsengehandelte Fonds, die einfach einen bestimmten Index abbilden, sogenannte ETF (Exchange Traded Funds). Ihre Performance bewegt sich parallel zum Index. Ein Dax-ETF bildet den Dax nach, ein ETF auf den S&P 500 eben diesen Index. Da diese Fonds keinen Fondsmanager benötigen, der sich aktiv um die Verwaltung des Fondsvermögens kümmert, spricht man auch von passiv gemanagten Fonds. ETF sind rechtlich ebenfalls Investmentfonds. Auch hier sind die Anlegergelder dadurch gesichert, dass das Fondsvermögen ein von der Fondsgesellschaft getrenntes Sondervermögen ist.

So kaufen Sie Fonds günstig

Beim Fondskauf können Sie viel Geld sparen und so Ihre Rendite deutlich verbessern. Um Investmentfonds zu kaufen, brauchen Sie als Privatanleger einen Zwischenhändler, der Ihnen den Zugang zu den Fondsgesellschaften und zu den Börsen eröffnet. Dafür entstehen natürlich Kosten, da der Vermittler – die Hausbank, eine Direktbank oder ein freier Fondsvermittler – etwas verdienen will. Doch je nach Fonds und Kaufquelle können sich die Kosten erheblich unterscheiden.

Besonders viel lässt sich beim Kauf von aktiv gemanagten Fonds sparen. Denn bei diesen ist ein entscheidender Kostenfaktor der Ausgabeaufschlag. Geht man bei Aktienfonds von einem Ausgabeaufschlag von 5 Prozent aus, lassen sich bei einer Anlagesumme von 10 000 Euro bis zu 500 Euro sparen. Direktbanken im Internet bieten für viele Fonds Rabatte auf den Ausgabeaufschlag von häufig 50 Prozent an. Bei manchen Fonds verzichten sie sogar ganz darauf. Verzichtet die Direktbank nicht vollständig auf den Ausgabeaufschlag, ist es meist für Sie günstiger, den Fonds über eine Börse zu kaufen. Dazu müssen Sie in der Ordermaske der Direktbank als Handelsplatz eine Börse anstatt der Fondsgesellschaft auswählen.

Für Anleger, die sich vorwiegend oder ausschließlich für gemanagte Fonds interessieren, sind freie Fondsvermittler im Internet eine Alternative. Dort erhalten sie fast alle Fonds ohne Ausgabeaufschlag. Die Vermittler besorgen sich die Fonds direkt bei der Fondsgesellschaft und erhalten von dieser eine jährliche Bestandsprovision auf die Depotbestände. Die Fonds müssen bei einer Fondsbank wie der Augsburger Aktienbank oder Ebase gelagert werden.

“ Anleger, denen Ausgabeaufschläge und laufende Kosten gemanagter Fonds zu hoch sind, kaufen besser ETF.

Anleger, denen Ausgabeaufschläge und laufende Kosten gemanagter Fonds zu hoch sind, kaufen besser ETF, also börsengehandelte Indexfonds. Auch dafür müssen sie eine Filial- oder Direktbank mit dem Kauf beauftragen. Sie zahlen je nach Bank unterschiedliche Ordergebühren, aber keinen Ausgabeaufschlag. In der Regel sind Direktbanken günstiger als Filialbanken. Anleger, die ETF bei ihrer Hausbank kaufen wollen, müssen manchmal Stehvermögen beweisen, weil Bankangestellte in der Regel viel lieber aktiv gemanagte Fonds mit hohem Ausgabeaufschlag verkaufen wollen als die für Kunden günstigeren ETF.

Aktienfonds

Aktienfonds sind die bekannteste Fondsgruppe. Manche investieren weltweit, andere nur in kleine Märkte. Die Anlagebedingungen bestimmen, wo und wie ein Fondsmanager investieren darf.

Das Angebot an Investmentfonds ist riesig. Privatanleger können mittlerweile aus Tausenden Fonds wählen. Im Produktfinder Fonds der Stiftung Warentest sind rund 18 000 Fonds gelistet, davon sind weit über 8 000 Aktienfonds. Aktienfonds sind die bekannteste Fondsgruppe. In Deutschland gibt es Aktienfonds seit 1950. Wie der Name sagt, legen sie hauptsächlich in Aktien an. Der Erfolg eines Aktienfonds ist vor allem davon abhängig, wie sich die Kurse der einzelnen Aktiengesellschaften, in die der Fonds investiert hat, entwickeln. Auch Dividenden der Aktien im Fonds kommen den Anlegern zugute. Da Aktienkurse schwanken und Unternehmen Dividenden nur zahlen, wenn sie dies beschließen und sich leisten können, schwanken die Kurse von Aktienfonds.

Innerhalb der Anlageklasse der Aktienfonds gibt es weitere Unterteilungen. So können die Anlagebedingungen eines Fonds dem Fondsmanager vorschreiben, wie er erfolgversprechende Aktien suchen darf, aus welchen Regionen oder Branchen die Papiere stammen müssen, an welchen Märkten er diese kaufen darf und ob er Absicherungs- oder Zusatzgeschäfte mit Finanzderivaten eingehen kann.

Aktienfonds Welt

Weltweit anlegende Aktienfonds suchen auf der ganzen Welt Unternehmen, in deren Aktien sie erfolgversprechend investieren können. In der Regel konzentrieren sie sich dabei auf die Industrienationen, etwa die USA, Deutschland und andere westeuropäische Staaten und Japan. Schwellenländer sind oft entweder gar nicht oder nur zu einem kleinen Teil berücksichtigt. Die Anlagen solcher Fonds sind so in der Regel über viele Länder, Währungen und Branchen verteilt. Für Einsteiger in die Fondsanlage oder Anleger, die nur geringe Sparbeträge zur Verfügung haben, bieten sich weltweit anlegende Fonds daher als Basisinvestment an. Passiv gemanagte ➚ Aktien-ETF sind dabei gerade für Einsteiger oft die erfolgversprechendere und bequemere Anlageform.

Mehr zu ETF siehe S. 159.

Länderfonds

Länderfonds kaufen nur Aktien eines Landes. Anleger können damit gezielt in diese Länder investieren, die Auswahl der einzelnen Aktien aber dem Fondsmanagement überlassen. Länderfonds eignen sich zum Beispiel für Anleger, die für einen überschaubaren Zeitraum eine dezidierte Meinung bezüglich der Entwicklung des Aktienmarktes eines Landes haben. Sie sind manchmal die einzige Möglichkeit für Privatanleger, Aktien bestimmter Länder zu kaufen, wenn der Zugang zu deren Börsen für ausländische Privatanleger beschränkt ist. Die Risiken von Länderfonds unterscheiden sich stark – je nachdem wie gut entwickelt die Wirtschaft und der Aktienmarkt des jeweiligen Landes ist. Während die etablierten oder „klassischen" Aktienmärkte wie USA, Deutschland, Großbritannien, Frankreich, Schweiz und Japan ein breites Universum an börsennotierten Unternehmen bieten, gibt es in manchen Schwellenländern nur wenige Unternehmen, in die ausländische Anleger über Aktienfonds investieren können.

Vor allem die Länderfonds der etablierten Märkte lassen sich nach ihrem Anlageschwerpunkt unterscheiden. So gibt es Fonds, die eher in die großen Standardwerte investieren. Für einen Deutschlandfonds wären dies zum Beispiel insbesondere Aktien von Dax-Unternehmen. Daneben gibt es Fonds, die sich eher auf mittlere und kleine Unternehmen konzentrieren, bei einem Deutschlandfonds beispielsweise auf Werte aus dem MDax, TecDax und SDax.

Die Entwicklung eines Länderfonds müssen Anleger viel stärker überwachen als breiter gestreute Regionen- oder Weltfonds.

Gut zu wissen

Der Fondsfinder der Stiftung Warentest.
Das Angebot an Fonds ist riesig und sehr unterschiedlich. Orientierung bietet der Fondsdauertest von Finanztest, in dem monatlich mehr als 6 000 Fonds bewertet werden. Sie finden ihn im Internet kostenpflichtig unter www.test.de/fonds.

Die Entwicklung eines Länderfonds müssen Anleger viel stärker überwachen als breiter gestreute Regionen- oder Weltfonds, weil auf starke Aufschwungphasen eines Landes häufig stärkere Korrekturen und jahrelange Seitwärtsbewegungen folgen können. Politische Unruhen, Naturkatastrophen oder wirtschaftliche Fehlentwicklungen können den Aktienmarkt eines Landes herunterziehen, während der Rest der Welt davon weitgehend unberührt bleibt. Schwellenländer sind weitaus anfälliger bei solchen Schocks als entwickelte Industriestaaten. Das Fondsmanagement eines Länderfonds kann aber in solchen Abwärtsphasen nicht auf andere Länder ausweichen, da das seinen Anlagegrundsätzen widersprechen würde.

Regionenfonds

Für Anleger, die in mehrere Länder oder die Wachstumsregionen der Schwellenländer investieren wollen, bieten sich Regionenfonds an. Weil sie mehrere Länder einer Region abdecken, ist das Risiko geringer, das falsche Land zu erwischen. Es gibt Regionenfonds unter anderem für die Wachstumsregionen in Asien und im pazifischen Raum, Lateinamerika, aber auch für den Mittleren Osten und Afrika. Auch wenn Sie eher im europäischen Raum anlegen wollen, können Sie auf Regionenfonds zurückgreifen. Europäische Aktienfonds konzentrieren sich vor allem auf West-, Mittel- und Südeuropa sowie Skandinavien. Daneben gibt es Fonds, die ausschließlich Aktien von Unternehmen aus Ländern der Eurozone kaufen. Sie weisen kein Währungsrisiko auf, im Gegensatz zu den breiter aufgestellten Europafonds, die auch in Länder Europas investieren, die nicht den Euro als Währung haben. Dafür fehlen den Euroland-Fonds aber wichtige Börsenländer wie Großbritannien, Schweden und die Schweiz. Auch spielt das Währungsrisiko bei Aktienfonds kaum eine Rolle. Für die Regionen Osteuropas gibt es spezielle Osteuropafonds, die in osteuropäische Schwellenmärkte investieren, ebenso werden Nordeuropafonds angeboten, in denen speziell die skandinavischen Länder vertreten sind.

Aktien-ETF

Bequeme Anleger, die keine Lust haben, ihre Investments ständig im Auge zu behalten, können auf ETF zurückgreifen.

Studien zeigen immer wieder, dass es die meisten aktiv gemanagten Fonds nicht schaffen, langfristig besser als ihr Vergleichsindex, die sogenannte Benchmark, abzuschneiden. Für Anleger, die ihre Fonds nicht ständig überwachen wollen, sind daher Exchange Traded Funds (ETF) eine kostengünstige und transparente Alternative. ETF sind börsengehandelte Fonds, die einen bestimmten Index abbilden. Mit einem ETF können Anleger mit einer einzigen Anlage auf die Entwicklung eines ganzen Marktes oder Teilmarktes setzen.

Niedrigere Kosten und hohe Transparenz

ETF sind wie Aktien jederzeit an der Börse handelbar, und zwar zu den für Aktien üblichen Transaktionskosten . Die Mindestmenge, die gehandelt wird, beträgt lediglich ein Stück. An den wichtigen Börsen in Frankfurt und Stuttgart sorgen professionelle Market Maker dafür, dass ständig verbindliche An- und Verkaufskurse gestellt werden, damit sie laufend gehandelt werden können. Der Unterschied zwischen Kauf- und Verkaufskurs – der Spread

– ist meist gering. Anleger, die ein Wertpapierdepot besitzen, können ETF bei jeder Bank kaufen. Ausgabeaufschläge, mit denen bei aktiv gemanagten Fonds vor allem der Vertrieb bezahlt wird, fallen bei ETF nicht an. Auch die Verwaltungskosten sind bei ETF geringer als bei aktiv gemanagten Fonds, da sich die Auswahl der Einzeltitel nur nach dem zugrundeliegenden Index richtet und kein aufwendiges Fondsmanagement finanziert werden muss. Die jährlichen laufenden Kosten liegen bei ETF im Schnitt bei 0,35 Prozent, bei aktiven Fonds sind es im Schnitt 1,7 Prozent pro Jahr.

ETF sind transparenter als aktiv gemanagte Fonds, weil ihr Wertpapierbestand zum Ende eines jeden Börsentages veröffentlicht wird. Viele aktiv gemanagten Fonds hingegen weisen die Wertpapiere, die sie halten, nur halbjährlich aus.

ETF haben auch Nachteile

ETF haben zwar viele Vorteile gegenüber aktiv gemanagten Fonds, aber es gibt natürlich auch Nachteile, sonst wären Letztere vollkommen überflüssig. Auch wenn nur wenige gemanagte Fonds langfristig einen Mehrertrag gegenüber ihrem Vergleichsindex erzielen, so gibt es doch immer wieder besonders fähige Fondsmanager, denen genau dies durch geschicktes Timing und kluge Einzeltitelauswahl gelingt. Sofern dieses Mehrergebnis noch nach Abzug der höheren Kosten (und gegebenenfalls Erfolgsgebühren) bei aktiv gemanagten Fonds bleibt, war und ist der Manager sein Geld wert. Bei ETF ist eine Mehrrendite über dem Marktdurchschnitt nicht möglich. Sie können den Markt nicht schlagen, da sie ja gerade den Index, der diesen Markt repräsentiert, so gut wie möglich nachbilden wollen. Dessen müssen sich Anleger bewusst sein.

Zumindest in sehr effizienten Märkten, die zum Beispiel die großen Standardwerte der Industrienationen in den USA, Europa und Japan beheimaten und mit denen sich täglich viele Analysten und Investoren befassen, schaffen es aktiv gemanagte Fonds kaum, besser abzuschneiden als der Index. Hier sollten Anleger getrost auf die kostengünstigeren ETF zurückgreifen. Anders kann dies in Spezialsegmenten wie kleinen Schwellenländern, bei kleinen Unternehmen (Small-Caps) oder Übernahmekandidaten sein. Hier können Fondsmanager mit entsprechendem Know-how Perlen entdecken, die sich noch in keinem Index wiederfinden, oder sie können diese höher gewichten. Auch kann ein aktiver Manager, der ebenso wie ein ETF in bestimmten Regionen – zum Beispiel in Schwellenländern Asiens – investiert, gezielt einzelne Länder heraussuchen und übergewichten, deren Konjunktur und Wirtschaftswachstum in den nächsten Jahren voraussichtlich besser laufen werden als die der Nachbarstaaten.

Ein weiterer wesentlicher Vorteil der aktiv gemanagten Fonds ist – zumindest theoretisch –, dass sie nicht immer voll investiert sein müssen. Bis zu 50 Prozent darf ein gemanagter Fonds an flüssigen Mitteln halten. Das kann sich vor allem in Krisenzeiten auszahlen. Wenn der Fondsmanager einen Rückgang der Börsenkurse erwartet, kann er Werte verkaufen und den Anteil der liquiden Mittel erhöhen. ETF sind hingegen immer entsprechend ihrem Index voll investiert. Sie als Anleger müssten hier selbst tätig werden und ETF-Anteile verkaufen, wenn Sie der Meinung sind, dass die Börse fällt. Hat der Manager des aktiven Fonds die Marktlage richtig eingeschätzt, kann er Anleger vor größeren Verlusten bewahren. Andererseits besteht die Gefahr, dass er zu früh aussteigt oder Phasen steigender Börsenkurse verpasst und zu spät wieder einsteigt.

Breite Indizes, Exoten und spezielle Strategien

Anleger, die sich für ETF entscheiden, müssen sich Gedanken bei der Auswahl der Indizes machen. Denn neben marktbreiten Indizes wie dem MSCI World oder dem EuroStoxx 600 gibt es auch Indizes auf spezielle Branchen oder exotische Märkte. Geraten diese Länder oder Marktsegmente in eine Krise, kann dies hohe Verluste für die Indizes und damit die ETF bedeuten. Zwar bieten breit aufgestellte Indizes keinen Schutz vor Börsenkrisen, sie erholen sich aber aufgrund der breiteren Streuung der Branchen und Unternehmen meist schneller als „Exoten-Indizes".

In den letzten Jahren werden darüber hinaus immer mehr ETF angeboten, die spezielle Strategien nachbilden. Das sind zum Beispiel ETF, bei denen die Wertentwicklung eines Index gehebelt wird oder mit denen auf sinkende Kurse gewettet werden kann. Bei sogenannten Smart-Beta-ETF wird ein vom Marktindex abgewandelter Index geschaffen, der aufgrund bestimmter Regeln nur die Unternehmen ausgewählt, die bestimmte Kriterien (zum Beispiel eine niedrige Volatilität oder ein besonderes Momentum) erfüllen. Je komplizierter die Strategien sind, umso weiter entfernen sich die ETF von ihrer ursprünglichen Zielsetzung, einfach und transparent zu sein. Die Berechnungsweise und die Wertentwicklung mancher Strategie-ETF sind für alle, die keine Börsenprofis sind, kaum mehr nachvollziehbar.

Breit gestreute Fonds für Bequeme

Einsteiger und „bequeme" Anleger sollten sich auf Fonds konzentrieren, die einen globalen Börsenindex wie den MSCI World nachbilden. Dieser umfasst allerdings trotz seines Namens nicht die ganze Welt, sondern nur die entwickelten Märkte, also vor allem USA, Westeuropa und Japan. Wer auch auf Schwellenländer setzen möchte, kann stattdessen einen ETF auf den MSCI ACW Index wählen oder zum Beispiel einen ETF auf den MSCI Emerging Markets dazunehmen. Auch kann eine Beimischung eines ETF auf einen breit streuenden Europaindex, zum Beispiel auf den MSCI Europe oder auf den Stoxx 600 Europe Wechselkursrisiken eindämmen, die beim MSCI World dadurch entstehen, dass mehr als 80 Prozent dieses Index auf Aktien außerhalb der Eurozone entfallen.

Anlageideen mit Fonds

Mit Fonds können Sie die Risiken Ihrer Aktieninvestments streuen und damit verringern. Sie können sie auch mit Einzelwerten kombinieren.

Für Anleger, die damit anfangen, sich ein Depot aus aktienbasierten Anlagen aufzubauen, eignen sich Fonds als Basisinvestments. Die einfachste Variante ist es, mit einem weltweit anlegenden Fonds zu starten. Damit lässt sich eine breite Streuung der Aktienwerte über verschiedene Regionen und Branchen am leichtesten realisieren. Kostengünstig und langfristig vielversprechend ist ein weltweit anlegender ETF auf den MSCI World oder den MSCI ACWI World, der auch Schwellenländer umfasst.

Sie sollten sich vor Augen führen, dass die individuell passende Aufteilung zwischen schwankungsreichen Aktien/Aktienfonds-Anlagen und festverzinslichen Anlagen wichtiger ist als die Auswahl konkreter Produkte. Daher sind für Einsteiger, aber auch für bequeme Anleger, die sich nicht ständig um ihr Depot kümmern wollen, die von Finanztest kreierten Pantoffel-Portfolios eine erfolgversprechende Lösung. Die Portfolios bestehen zu einem gewissen Prozentsatz aus Aktien-ETF auf einen marktbreiten Index. Für den sicheren Anteil des Depots können Anleger Rentenfonds mit Staatsanleihen aus Euroland oder einlagengesicherte Festgelder nutzen. Je höher Ihre ➚ Risikobereitschaft und -tragfähigkeit ist, desto höher kann der Anteil an Aktien-ETF sein. Bei der vorsichtigen Variante beträgt der Anteil an Aktien-ETF 25, bei der ausgewogenen 50 und bei der risikoreichen 75 Prozent. Ein Hauptvorteil dieser Strategie ist die einfache Umsetzung. Je nach Präferenz können Sie für den Aktienanteil zwischen verschiedenen Varianten wählen. Zum Beispiel:

Zur Risikobereitschaft und -tragfähigkeit siehe „Welche Anlagen für welchen Anlegertyp?", S. 27.

- **Welt-Pantoffel:** Der Aktienanteil des Welt-Pantoffel-Portfolios kann einfach durch einen ETF auf den MSCI World abgebildet werden.
- **Europa-Pantoffel:** Anleger, die nicht auf weltweite Aktienfonds setzen wollen, können stattdessen einen Europafonds wählen, am besten einen ETF auf den MSCI Europe oder den Stoxx Europe 600.
- **Substanz-Pantoffel:** Anleger, die sich von Dividendenwerten auf Dauer einen höheren Ertrag versprechen, können den Aktienanteil zum Beispiel mit einem ETF auf den Stoxx Global Select Dividend 100 Index oder den MSCI Europe Value Index ausfüllen.
- **Tiger-Pantoffel:** Er setzt nicht nur auf Firmen aus Industrienationen, gelistet im MSCI World, sondern auch auf einen Anteil an Schwellenmärkten. Es gibt zwei Arten, ihn zu konstruieren. In der klassi-

schen Variante besteht er aus drei statt aus zwei Fonds, einem ETF auf den MSCI World, einem auf den MSCI Emerging Markets und einem Renten-ETF. Er ist ein wenig komplexer als die Zwei-Fonds-Modelle und daher eher für Fortgeschrittene geeignet. In der Variante für Risikofreudige beträgt der Anteil des MSCI World 60 Prozent, der Anteil an Rentenfonds auf Staatsanleihen 25 Prozent, 15 Prozent entfallen auf den Schwellenländer-ETF. Beim ausgewogenen Typ wäre die Gewichtung 40/50/10, beim sicheren 20/75/5. Allerdings empfiehlt sich für die beiden letztgenannten Varianten das Drei-Fonds-Modell nicht. Die Gebühren beim Umschichten wären zu hoch. Vielmehr sollten Anleger hier den Aktienanteil mit einem ETF auf den MSCI-All-Country-World-Index bestreiten. In diesem Index sind Schwellenländer zu etwa 10 Prozent beigemischt.

▶ Mehr zu Pantoffel-Portfolios finden Sie unter www.test.de, Suchwort „Pantoffel".

Fonds und Einzelaktien kombinieren

Wenn Sie Spaß daran haben, sich mit der Suche nach erfolgversprechenden Einzelaktien zu beschäftigen und den Aufwand dafür nicht scheuen, können Sie die Anlage in Fonds und Einzelaktien kombinieren. Die Fonds dienen dazu, eine solide Basis und Streuung der Aktienanlagen im Depot sicherzustellen. Ein Mix aus verschiedenen ETF und/oder aktiv gemanagten Fonds bildet sozusagen das Rückgrat des Aktiendepots und stabilisiert die Wertentwicklung.

Sie können verschiedene Strategien nutzen (zum Beispiel Fundamentalanalyse, Bottom-up- oder Top-down-Analyse, Value-Investing), um dazu besonders aussichtsreiche Einzelaktien zu suchen. Wichtig ist, dass Sie mit der Beimischung der Einzelaktien keine unverhältnismäßig hohen Risiken eingehen. Behalten Sie daher im Blick, dass sich der Kapitaleinsatz Ihrer Aktienanlagen im Verhältnis zum Gesamtdepot in den Grenzen hält, die zu Ihrer Risikobereitschaft passen.

▶ Ausführliche Informationen zu Fondsstrategien finden Sie im Ratgeber „Alles über Fonds" aus dem Programm der Stiftung Warentest, erhältlich im Buchhandel oder unter www.test.de/shop.

Hilfe

Fachbegriffe erklärt

Abgeltungsteuer: Kapitalerträge, das heißt, Gewinne aus Wertpapierverkäufen, Zinsen und Dividenden, die oberhalb eines Sparerpauschbetrags von 801 Euro für Singles und 1602 Euro für Verheiratete liegen, werden pauschal mit 25 Prozent besteuert. Hinzu kommen der Solidaritätszuschlag und gegebenenfalls Kirchensteuer.

Aktiv gemanagter Fonds: Fondsmanager wählen die Titel im Fonds aus, in die sie das Geld der Anleger investieren. Sie orientieren sich dabei mehr oder weniger eng an einem Index. Siehe auch: Passiv gemanagter Fonds.

Anleihe: Verzinsliche Schuldverschreibung mit meist fester Laufzeit. Anleihen werden von Einrichtungen der öffentlichen Hand (Bund, Länder, Gemeinden), Unternehmen oder Banken herausgegeben und an der Börse gehandelt. Die Zinshöhe ist abhängig von der Laufzeit und Kreditwürdigkeit des Herausgebers (Emittent). Der Emittent ist verpflichtet, dem Gläubiger (Anleger) zum Laufzeitende den Nominalwert, also den bei Emission der Anleihe verbrieften Betrag, zurückzuzahlen. Wird die Anleihe während der Laufzeit verkauft, kann der Kurswert vom Nominalwert abweichen, Anleger können also einen Kursgewinn oder -verlust erzielen.

Asset Allocation: Die prozentuale Aufteilung der Geldanlagen in Anlageklassen und Anlagemärkte.

Assetklasse: Asset ist das englische Wort für Vermögenswert. Aktien sind eine Asset- oder Anlageklasse,

Anleihen eine andere. Dazu kommen zum Beispiel noch Immobilien oder Rohstoffe. Die einzelnen Klassen können weiter unterteilt werden, zum Beispiel Aktien in Werte großer, mittlerer und kleiner Unternehmen oder Anleihen in Staats- und Unternehmenspapiere.

Ausgabeaufschlag: Differenz zwischen Ausgabe- und Rücknahmepreis eines Fonds. Je nach Kaufquelle gibt es auf den Ausgabeaufschlag einen Rabatt oder der Aufschlag entfällt komplett. Der Ausgabeaufschlag ist eine Vergütung für den Vertrieb.

Ausschüttender Fonds: Ein ausschüttender Fonds zahlt Erträge aus Wertpapieren wie Zinsen oder Dividenden regelmäßig an die Anleger aus. Anders verfahren thesaurierende Fonds.

Basiswert: Als Basiswert, englisch underlying, bezeichnet man ein Wertpapier, auf das sich ein Derivat bezieht. Als Basiswerte können außer Wertpapieren wie Aktien und Anleihen auch Rohstoffe, Indizes, Währungen oder Zinssätze dienen.

Benchmark: Maßstab, um die Leistung von Fonds zu messen. Meist wird dazu ein Index herangezogen, der die Marktentwicklung widerspiegelt, wie zum Beispiel der Dax oder der Weltaktienindex MSCI World.

Blue Chips: Blue Chips ist die Bezeichnung für Aktien von großen Unternehmen mit tendenziell hoher Bonität und Ertragskraft, auch Standardwerte genannt.

Börse: Die Börse ist ein Marktplatz für den Handel von Wertpapieren. Früher waren es Menschen, die schnell Angebot und Nachfrage erfassen und einen Preis festsetzen mussten, um möglichst viele Käufer und Verkäufer zusammenzubringen. Heute wird der Großteil der Aktiengeschäfte automatisch von Computern abgewickelt. Anleihen werden noch häufig direkt zwischen zwei Parteien, etwa einer Bank und einer Fondsgesellschaft, und damit nicht über eine Börse gehandelt.

Bond: Englisch für Anleihe.

Bonität: Die Bonität bezeichnet die Kreditwürdigkeit eines Unternehmens, eines Staates oder eines Bankkunden. Gute Bonität bedeutet hohe Kreditwürdigkeit.

Bottom-up-Analyse: Ein Fondsmanager oder Analyst untersucht zunächst die einzelnen Unternehmen ausführlich, bevor er deren gesamtwirtschaftliches Umfeld betrachtet. Er geht „von unten nach oben vor". Oft geht die Bottom-up-Analyse mit dem Value-Ansatz einher.

Briefkurs: Preis, zu dem Verkäufer bereit sind, Wertpapiere zu verkaufen. Er liegt immer über dem Geldkurs.

Dachfonds: Fonds, der nicht direkt in Aktien oder Anleihen investiert, sondern in andere Fonds – etwa in mehrere Aktienfonds oder in Aktien- und Rentenfonds.

Dax: Der deutsche Aktienindex, abgekürzt Dax, ist der Leitindex der Deutschen Börse. Er enthält die 30 wichtigsten Aktiengesellschaften Deutschlands.

Dax-Werte: Aktien, die im Leitindex der Deutschen Börse (Dax) gelistet sind.

Depot: Wertpapiere, etwa Aktien, Anleihen und Fonds, werden in einem Depot verwahrt. Es ist eine Art Konto, auf dem Zu- und Abgänge verbucht werden. Die Depotstelle – eine Bank oder Investmentgesellschaft – kümmert sich darum, dass Geld aus Verkäufen oder Ausschüttungen dem Girokonto gutgeschrieben oder wieder angelegt wird; sie schickt dem Anleger regelmäßig Abrechnungen über alle Buchungen sowie einen Depotauszug. Dafür verlangt sie meist Depotgebühren.

Derivat: Derivate sind Wertpapiere, deren Wertentwicklung von der anderer Wertpapiere wie Aktien oder Anleihen abhängt, der „Basiswerte". Derivate sind zum Beispiel Zertifikate, Futures, Optionen oder Swaps.

Diversifikation: Streuung von Geldanlagen auf mehrere Anlageklassen wie zum Beispiel Aktien, Festzinsanlagen, Immobilien, Rohstoffe mit dem Ziel, das Risiko zu reduzieren.

Dividende: Der Anteil am Gewinn einer Aktiengesellschaft (AG), der pro Aktie an den Anleger ausgeschüttet wird. Die Höhe der Dividende wird auf der Hauptversammlung der AG festgelegt.

Dividendenrendite: Kennzahl zur Bewertung von Aktien. Sie ergibt sich, wenn man die Höhe der Dividende durch den aktuellen Aktienkurs dividiert.

Drawdown: Auch maximum drawdown. Englische Bezeichnung für den maximalen Verlust.

Duration: Englisch für Dauer. Die Duration beschreibt, wie lange das Geld in einer Anleihe oder einem Rentenfonds im Schnitt gebunden ist. Sie ist kürzer als die Restlaufzeit der Anleihen, weil der Anleger während der Laufzeit Zinsen bekommt. Je länger die Duration, desto empfindlicher reagieren Anleihen und Rentenfonds auf Zinsänderungen.

Emerging Markets (Schwellenländer): Staaten, die den Stand eines Entwicklungslandes verlassen haben und sich auf der Schwelle zu einer bedeutsamen industrialisierten Volkswirtschaft befinden. Dazu zählen zum Beispiel die Türkei, China, Südkorea oder Brasilien.

Emittent: Der Herausgeber eines Wertpapiers, zum Beispiel einer Anleihe oder eines Zertifikats.

Emittentenrisiko: Gefahr, dass sich die Kreditwürdigkeit des Herausgebers einer Schuldverschreibung (Anleihe, Zertifikat) verschlechtert oder er pleitegeht. Dies kann zum (teilweisen) Ausfall von Zinszahlungen und im Pleitefall zum Totalverlust führen.

Erfolgsgebühren: Fondsgebühren, die abhängig davon sind, wie gut der Manager gewirtschaftet hat.

ETC: Abkürzung für Exchange Traded Commodity.

ETF: Abkürzung für Exchange Traded Funds.

Euribor: Abkürzung für Euro Interbank Offered Rate. Er gibt an, zu welchem Zinssatz sich Banken im Euroraum gegenseitig kurzfristig Geld ausleihen. Er wird für verschiedene Laufzeiten berechnet und veröffentlicht.

Exchange Traded Commodity: Abgekürzt ETC. Börsengehandelte Wertpapiere, mit denen Anleger auf Rohstoffe setzen können. Im Unterschied zu ETF handelt es sich bei ETC nicht um Fonds, sondern um Schuldverschreibungen. Das heißt, das Geld der Anleger ist bei einer Insolvenz des Emittenten nicht durch ein Sondervermögen geschützt.

Exchange Traded Funds: Abgekürzt ETF. Börsengehandelte Fonds. In der Regel bilden ETF einen Index ab. Es handelt sich um börsengehandelte Indexfonds. Für ETF gelten höhere Anforderungen an den Börsenhandel als für andere Fonds. Market Maker müssen an der Börse für bestimmte Ordergrößen verbindliche An- und Verkaufskurse stellen. Das soll – zusammen mit weiteren Regeln – gewährleisten, dass ETF so präzise bewertet wie möglich an der Börse gehandelt werden können.

Fonds (Investmentfonds): Eine Fondsgesellschaft sammelt Geld der Anleger und bündelt es in einem Sondervermögen, dem Investmentfonds. Ein Fondsmanager entscheidet, in welche Werte entsprechend der Strategie des Fonds angelegt wird. In Betracht kommen vor allem Aktien (Aktienfonds), festverzinsliche Wertpapiere (Rentenfonds), beides (Mischfonds), Geldmarktinstrumente (Geldmarktfonds), Immobilien (offene Immobilienfonds) und andere Fonds (Dachfonds).

Fondsanteil: Das Vermögen eines Investmentfonds wird in kleine Fondsanteile gestückelt – gewissermaßen die kleinsten handelbaren Einheiten des Fondsvermögens. Bei Fondssparplänen können allerdings auch Bruchteile gehandelt werden.

Fondsgesellschaft: Offiziell heißen Fondsgesellschaften Kapitalverwaltungsgesellschaften, früher Kapitalanlagegesellschaften.

Fondsmanager: Fondsmanager verwalten das Vermögen der Anleger eines Fonds und entscheiden, oft gemeinsam mit Analysten aus ihrem Team, welche Wertpapiere sie kaufen oder verkaufen.

Fondsvermögen: Wert eines Investmentfonds, das heißt, die Summe aller Vermögensgegenstände und Forderungen abzüglich der Verbindlichkeiten.

Freistellungsauftrag: Anleger können ihrem Geldinstitut einen Freistellungsauftrag erteilen (Alleinstehende: bis 801 Euro, Ehepaare: bis 1 602 Euro). Dann werden bis zu dieser Summe keine Steuern von den jährlichen Erträgen – etwa Zinsen, Dividenden und realisierte Wertsteigerungen bei Wertpapieren – abgezogen. Der Betrag kann auch auf mehrere Banken verteilt werden.

Futures: Futures sind börsengehandelte und standardisierte Terminkontrakte. Sie beziehen sich auf einen Basiswert. Mit Futures können sich Unternehmen etwa gegen Preis- oder Wechselkursänderungen absichern. Finanzinvestoren nutzen Futures zum Beispiel, um auf fallende oder steigende Kurse zu spekulieren.

Geldkurs: Preis, zu dem Käufer bereit sind, Wertpapiere zu erwerben. Der Geldkurs liegt immer unter dem Briefkurs.

Geschlossener Fonds: Geschlossene Fonds werden nicht an der Börse gehandelt. Es handelt sich meist um unternehmerische Beteiligungen, bei denen der Käufer Mitunternehmer (in der Regel Kommanditist) mit allen Chancen und Risiken wird. Wenn sich genügend Anleger (Mitunternehmer) beteiligt haben, um in ein geplantes Investitionsgut zu investieren, wird der Fonds geschlossen und keine weiteren Mitunternehmer mehr aufgenommen. Investitionsgüter für geschlossene

Fonds können neben Immobilien auch Schiffe (Schiffsfonds), Flugzeuge oder Windkraftanlagen sein. Während der Beteiligungsdauer von in der Regel sieben und mehr Jahren ist ein Verkauf meist kaum möglich.

Growth-Ansatz: Beim Growth-Ansatz wählt der Fondsmanager oder Aktienanleger Unternehmen, von denen er eine besondere Wachstumsdynamik erwartet, sogenannte Wachstumswerte.

Handelsspanne: Siehe Spread.

Hebel, gehebelt: Eine Geldanlage ist gehebelt, wenn sie stärker steigt oder stärker fällt als ihr Basiswert.

Hedged: Hedged, abgesichert, steht oft als Namenszusatz bei Fonds mit Währungsabsicherung. Ein Fonds, der zum Beispiel US-Anleihen kauft, das Dollar-Risiko aber in Euro absichert, trägt den Zusatz „Euro hedged".

Hedgefonds: Hedge heißt absichern. Heute benutzt aber nur ein kleiner Teil von Hedgefonds Absicherungen. Einige sind sehr riskant. Im Unterschied zu normalen Fonds benutzen sie oft einen größeren Hebel, können nicht täglich gehandelt werden, verwenden eventuell in großem Maße Leerverkäufe oder dürfen in nicht börsennotierte Firmen oder Rohstoffe investieren.

Immobilienfonds: Siehe Offene Immobilienfonds.

Index: In einem Index werden ausgewählte Basiswerte zusammengefasst und deren Wertentwicklung über einen bestimmten Zeitraum dargestellt. Er dient als Marktbarometer. Paradebeispiel ist der Dax. Er ist das Marktbarometer für den deutschen Aktienmarkt.

Indexfonds: Fonds, der einen Index abbildet. Da so aktive Managemententscheidungen überflüssig werden, nennt man Indexfonds auch passive Fonds. Zu den bekanntesten Indexfonds zählen ETF (börsengehandelte Indexfonds), wobei nicht alle ETF Indexfonds sind. Dennoch werden die Begriffe meist synonym verwendet.

Investmentfonds: Siehe Fonds.

Investment Grade: Bezeichnung für Anleihen mit gutem Rating. Der Investment Grade umfasst die Noten AAA, AA, A und BBB (nach der Definition der Ratingagentur Standard & Poor's).

Isin: Abkürzung für International Securities Identification Number. International gültige zwölfstellige Kennnummer für Wertpapiere.

Junk Bonds: Englische Bezeichnung für Ramschanleihen, also Anleihen mit schlechter Bonität.

Kapitalverwaltungsgesellschaft: Eine Kapitalverwaltungsgesellschaft (KVG) – auch Fondsgesellschaft genannt – verwaltet die Fonds für die Anleger.

KGV: Abkürzung für Kurs-Gewinn-Verhältnis. Kennzahl zur Bewertung von Aktien. Man erhält es, indem man den aktuellen Kurs einer Aktie durch den erwarteten Jahresüberschuss je Aktie teilt.

KIID: Abkürzung für Key Investors Information Document. Auch KID genannt, Key Investors Document. Siehe auch Wesentliche Anlegerinformationen.

Korrelation: Die Korrelation misst die Beziehung, die die Wertentwicklungen zweier verschiedener Anlagen (zum Beispiel Gold und Aktien) haben. Liegt keine gemeinsame Entwicklung zwischen beiden Werten vor, ergibt sich eine Korrelation von 0. Bei einem Korrelationsgrad von 1 entwickeln sich beide Werte gleich, bei minus 1 gegenläufig.

Kursindex: Siehe Preisindex.

Laufende Kosten: Die laufenden Kosten (englisch Ongoing Charges) werden in den Wesentlichen Anlegerinformationen ausgewiesen. Dazu zählen die Vergütung für das Management, die Kosten für die Geschäftsführung oder den Wirtschaftsprüfer sowie Betriebskosten. Handelskosten für den Kauf oder Verkauf der Wertpapiere sind nicht enthalten. Auch Erfolgsgebühren gehören nicht dazu. Die laufenden Kosten berücksichtigen im Unterschied zur Kennzahl TER bei Dachfonds die laufenden Kosten der enthaltenen Zielfonds.

Leerverkauf: Verkauf von Wertpapieren, die einem nicht gehören. Dazu leiht sich der Leerverkäufer meist gegen eine Gebühr die Wertpapiere, zum Beispiel von Fondsgesellschaften oder Versicherungen. Ziel ist, die Wertpapiere später, wenn der Kurs gefallen ist, billiger zurückzukaufen und an den Verleiher zurückzugeben.

Limit: Zusatzangabe bei einer Wertpapierorder, dass nur zu einem bestimmten Preis gekauft oder verkauft werden soll.

Liquidität: Fähigkeit, Zahlungsverpflichtungen kurzfristig erfüllen zu können.

Long: Wer „long" geht, kauft Wertpapiere in Erwartung steigender Kurse.

Market Maker: Professionelle Börsenhändler, die für bestimmte Wertpapiere kontinuierlich verbindliche Kauf- und Verkaufspreise stellen und damit eine ausreichende Marktliquidität (Handelbarkeit) sicherstellen.

Marktkapitalisierung: Die Marktkapitalisierung zeigt den Börsenwert von Aktiengesellschaften. Sie berechnet sich aus der Anzahl der ausgegebenen Aktien multipliziert mit dem Börsenkurs. Davon abgeleitet wird auch der Streubesitz.

Marktnähe: Die Marktnähe zeigt, wie stark die Entwicklung eines Investmentfonds vom Marktgeschehen beeinflusst war. Am größten ist die Marktorientierung bei marktbreiten ETF (Indexfonds). Je geringer die Marktorientierung, desto mehr eigene Ideen und Strategien verfolgt der Manager des Fonds.

Maximaler Verlust: Er bezeichnet den größten Kursverlust eines Fonds in einem bestimmten Zeitraum.

Mid Caps: Aktien von mittelgroßen Unternehmen. Für Mid Caps gibt es eigene Fonds und Indizes.

Mischfonds: Fonds, die in Aktien und Anleihen investieren.

MSCI World: Index der Firma MSCI, der aus über 1600 Werten besteht. MSCI ist ein bekannter amerikanischer Indexanbieter. Viele ETF, die weltweit investieren, bilden den MSCI World ab.

Nennwert: Der Wert, auf den eine Anleihe lautet, auch Nominalwert genannt. Am Ende der Laufzeit zahlt der Herausgeber den Nennwert an die Anleger zurück.

Nominalwert: Siehe Nennwert.

Nominalzins: Zins, der auf den Nennwert einer Anleihe gezahlt wird. Mit Nominalverzinsung bezeichnet man allgemein die Verzinsung vor Abzug von Steuern und Inflation.

Offene Immobilienfonds: Offene Immobilienfonds investieren in Immobilien (meist gewerbliche). Sie legen außerdem einen Teil des Geldes flüssig an, damit Anleger, die ihre Anteile verkaufen, ausgezahlt werden können. Im Unterschied dazu sind geschlossene Immobilienfonds keine Investmentfonds, sondern unternehmerische Beteiligungen.

Optionen: Spekulative Finanzinstrumente, mit denen Anleger auf steigende oder fallende Kurse zum Beispiel von Aktien, Indizes oder Rohstoffen setzen können. Gewinne oder Verluste steigen dabei überproportional zum Basiswert.

Passiv gemanagter Fonds: Fonds, der kein aktives Management betreibt, sondern – passiv – einen Index abbildet. Siehe auch Indexfonds bzw. ETF.

Performance-Index: Ein Performance-Index misst nicht nur Kursbewegungen, sondern berücksichtigt alle Erträge, die die Papiere im Index erwirtschaften, also Dividenden oder Zinsen. Der Dax ist zum Beispiel ein Performance-Index.

Pfandbrief: Festverzinsliches Wertpapier, das zusätzlich abgesichert ist, zum Beispiel mit einer Hypothek.

Physische Replikation: Ein ETF bildet einen Index dadurch nach, dass er alle Einzeltitel, aus denen sich der Index zusammensetzt, entsprechend deren Gewichtung im Index kauft und verkauft.

Portfolio: Bezeichnung für den Gesamtbestand an Geldanlagen eines Anlegers. Ein breit gestreutes Portfolio beinhaltet eine Mischung aus Aktien, Anleihen, Immobilien, Rohstoffen und liquiden Geldanlagen.

Preisindex: Bei einem Preisindex wird im Gegensatz zu einem Performanceindex nur die Kursentwicklung von Aktien- oder Rentenpapieren wiedergegeben und diese nicht um Zins- und Dividendenzahlungen korrigiert. Die meisten bekannten Indizes (z.B. der Dow Jones, Nikkei 225) werden als Preisindex dargestellt.

Quellensteuer: Steuer, die direkt an der Quelle abgezogen wird, zum Beispiel auf Dividendenzahlungen im Ausland.

Rating: Bei Zinsanlagen ist ein Rating eine Einschätzung der Kreditwürdigkeit des Herausgebers (Emittent).

Ratingagentur: Unternehmen, das Wertpapiere wie etwa Anleihen und deren Herausgeber bewertet.

Realzins: Nominalzins nach Abzug der Inflation.

Rendite: Die Wertentwicklung einer Anlage in einem bestimmten Zeitraum. Sie wird in der Regel für ein Jahr berechnet.

Renten: Anderer Ausdruck für Anleihe.

Schuldverschreibung: Anderer Begriff für Anleihe.

Schwellenländer: Siehe Emerging Markets.

Short: Englische Bezeichnung für eine Verkäuferposition. Wer „short" geht, kauft Wertpapiere per Leerverkauf oder per Derivat in Erwartung fallender Kurse.

Small Caps: Aktien kleiner Unternehmen. Für Small Caps gibt es eigene Fonds und Indizes.

Sondervermögen: Investmentfonds werden typischerweise als Sondervermögen aufgelegt. Die Vermögensgegenstände des Sondervermögens werden von einer Kapitalverwaltungsgesellschaft verwaltet und von einer von ihr unabhängigen Verwahrstelle verwahrt, der Depotbank. Die Kapitalverwaltungsgesellschaft verwaltet das Sondervermögen treuhänderisch für die Anleger und getrennt von ihrem eigenen Vermögen. Der Anleger ist dadurch bei einer Insolvenz der Kapitalverwaltungsgesellschaft vor dem Verlust seiner Fondsanteile geschützt.

Spread: Handelsspanne bei börsennotierten Wertpapieren. Der Spread ist der Unterschied zwischen dem An- und dem Verkaufskurs. Ein geringer Spread zeigt an, dass ein Papier häufig gehandelt wird, was für Anleger günstig ist.

Staatsanleihen: Anleihen, die von Staaten herausgegeben werden.

Stop-Loss-Limit: Auftrag an die Bank, bei der der Anleger sein Depot führt, eine Aktie automatisch zu verkaufen, wenn ein bestimmter Kurs unterschritten wird.

Substanzwerte: Aktien von Unternehmen mit guter Marktstellung, die weiterhin ein stabiles Geschäft versprechen. Siehe auch: Value-Ansatz.

Swap: Ein Swap ist ein Tauschgeschäft. Ein Swap-ETF enthält beliebige Wertpapiere und tauscht deren Wertentwicklung gegen die des Index, den er abbilden will. Tauschpartner ist meist die Mutterbank des Fondsanbieters. Bekannt sind Swaps zum Beispiel auch für den Tausch fester gegen variable Zinsen.

TER: Abkürzung für Total Expense Ratio, deutsch: Gesamtkostenquote. Sie zeigt, welche Kosten bei einem Investmentfonds jährlich zusätzlich zum Ausgabeaufschlag anfallen. Die TER ist mittlerweile durch die Kennzahl der laufenden Kosten abgelöst worden.

Thesaurierende Fonds: Thesaurierende Fonds zahlen im Gegensatz zu ausschüttenden Fonds die laufenden Erträge der im Fonds enthaltenen Werte nicht an die Anleger aus, sondern legen sie im Fondsvermögen an, sodass sich das Fondsvermögen erhöht.

Top-down-Analyse: Ein Fondsmanager oder Aktieninvestor analysiert für die Unternehmensauswahl das wirtschaftliche Umfeld der Regionen und Branchen.

Unternehmensanleihen: Anleihen, die Unternehmen herausgeben.

Value-Ansatz: Ein Fondsmanager oder Aktieninvestor bevorzugt werthaltige Unternehmen mit guter Marktstellung, die weiterhin ein stabiles Geschäft versprechen. Er setzt auf sogenannte Substanzwerte.

Vergleichsindex: Siehe Benchmark.

Verwaltungsgebühren: Gebühren für das Management eines Fonds.

Volatilität: Statistisches Maß für Marktschwankungen. Die Volatilität zeigt an, welche Wertschwankungen ein Wertpapier, insbesondere eine Aktie, über einen bestimmten Zeitraum aufweist. Je stärker und häufiger die Wertschwankungen, desto höher ist die Volatilität und damit auch das Risiko.

Wachstumswerte: Unternehmen mit besonderer Wachstumsdynamik. Siehe Growth-Ansatz.

Währungsabsicherung: Absicherung einer Anlage gegen Wechselkursrisiken. Währungsgesicherte Fonds erkennt man oft an dem Zusatz „hedged".

Wertpapier: Urkunde, die ein Vermögensrecht verbrieft. Dazu gehören zum Beispiel Aktien, Anleihen, Schecks und Wechsel.

Wertpapierdepot: Siehe Depot.

Wertpapierkennnummer: Sechsstellige Kennzahl für Wertpapiere. Siehe auch Isin.

Wertpapierleihe: Fonds verleihen Wertpapiere gegen Gebühr an Investoren, die spekulieren oder Absicherungsgeschäfte betreiben. Die Fonds wollen dadurch Zusatzerträge erwirtschaften. Sowohl ETF als auch aktiv gemanagte Fonds können Leihgeschäfte betreiben.

Wesentliche Anlegerinformationen: Die Wesentlichen Anlegerinformationen (WAI) sollen den Anleger bei Investmentfonds auf zwei Seiten über die wichtigsten Details wie Ziele und Anlagepolitik, Risiko und Ertragsprofil, Kosten und die frühere Wertentwicklung des Fonds aufklären. Die WAI werden von den Fondsgesellschaften erstellt. Der englische Begriff ist KIID.

WKN: Abkürzung für Wertpapierkennnummer.

Zertifikat: Ein Zertifikat ist rechtlich eine Schuldverschreibung (Anleihe). Ihre Wertentwicklung hängt von der Entwicklung eines Basiswerts ab. Bekannte Beispiele sind Indexzertifikate oder Hebelzertifikate.

Zins: Der Zins einer Anleihe setzt sich aus mehreren Bestandteilen zusammen. Je länger die Laufzeit der Anleihe, desto höher ist er. Der Zins würdigt zudem das Risiko, dass Anleger ihr Geld nicht wiederbekommen. Je unzuverlässiger der Herausgeber, desto höher ist er. Und er schafft einen Ausgleich für die Inflation, die allgemein für die Laufzeit angenommen wird. Je höher die Inflationserwartungen, desto höher der Zins.

Zinsänderungsrisiko: Wenn sich am Markt die Zinsen ändern, verändert sich auch der Preis der umlaufenden Anleihen. Steigen die Zinsen, sinkt ihr Kurs. Der Effekt ist umso stärker, je länger eine Anleihe noch läuft. Sinkt der Zins, ist der Effekt genau umgekehrt.

Stichwortverzeichnis

F

G & H

I

J & K

L

M

N

O & P

Q & R

S

T

U & V

W

X & Z

2., aktualisierte Auflage

Stiftung Warentest
Lützowplatz 11–13
10785 Berlin
Telefon 0 30/26 31–0
Fax 0 30/26 31–25 25
www.test.de
email@stiftung-warentest.de

USt-IdNr.: DE136725570

Vorstand: Hubertus Primus
Weitere Mitglieder der Geschäftsleitung:
Dr. Holger Brackemann, Daniel Gläser

Programmleitung: Niclas Dewitz

Autoren: Stefanie Kühn, Markus Kühn
Projektleitung/Lektorat: Ursula Rieth, Philipp Sperrle
Mitarbeit: Merit Niemeitz
Korrektorat: Hartmut Schönfuß
Fachliche Unterstützung: Karin Baur, Simeon Gentscheff. Außerdem: Stefan Fischer, Tom Krüger, Yann Stoffel
Titelentwurf: Josephine Rank, Berlin
Layout: Martina Römer
Grafik, Satz: Anne-Katrin Körbi
Bildnachweis: istock/U4
Infografiken/Diagramme: Martina Römer, René Reichelt

Produktion: Vera Göring
Verlagsherstellung: Rita Brosius (Ltg.), Romy Alig, Susanne Beeh
Litho: tiff.any, Berlin
Druck: brandenburgische universitätsdruckerei, potsdam

ISBN: 978-3-7471-0112-4

Wir haben für dieses Buch 100 % Recyclingpapier und mineralölfreie Druckfarben verwendet. Stiftung Warentest druckt ausschließlich in Deutschland, weil hier hohe Umweltstandards gelten und kurze Transportwege für geringe CO_2-Emissionen sorgen. Auch die Weiterverarbeitung erfolgt ausschließlich in Deutschland.